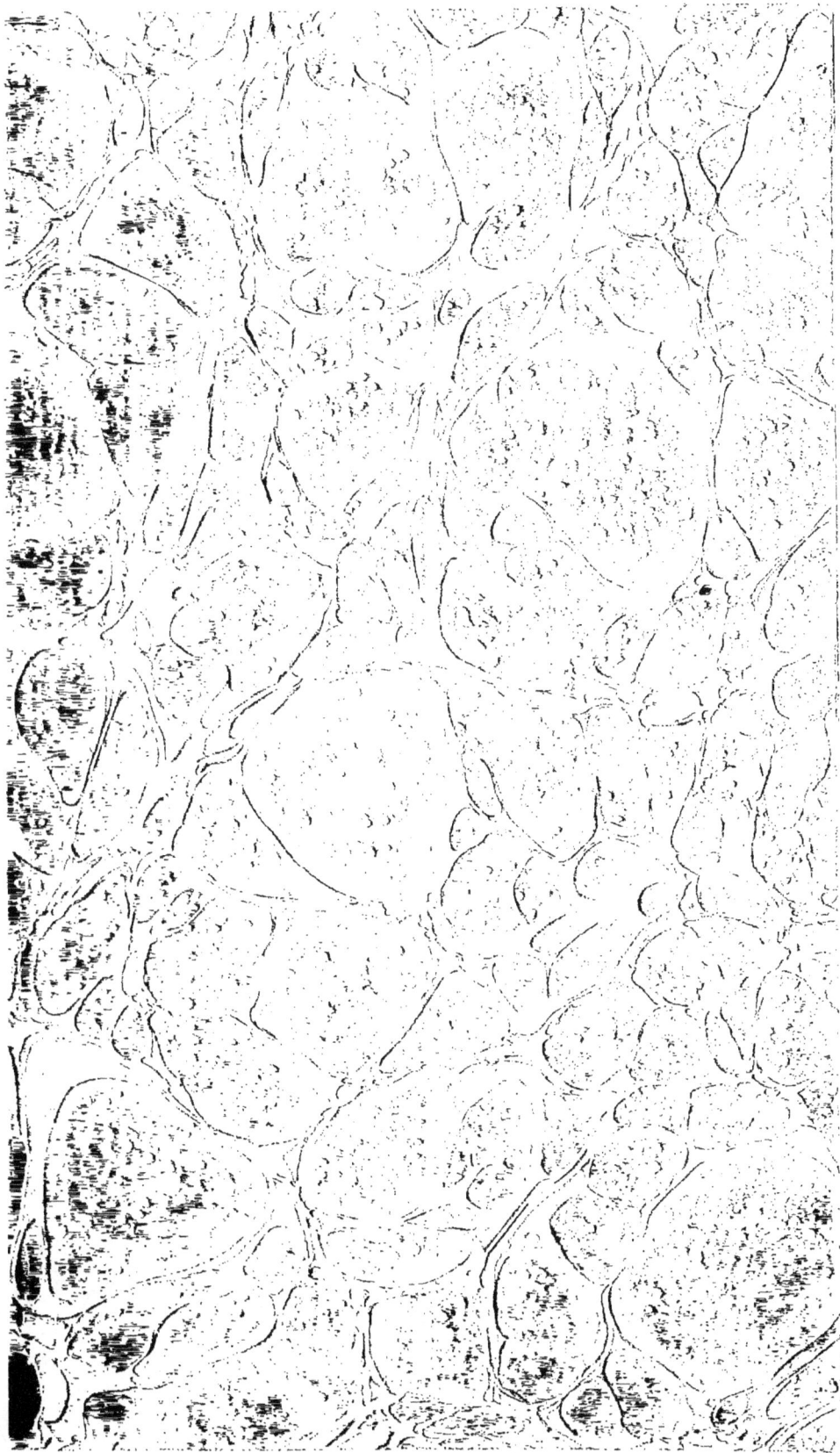

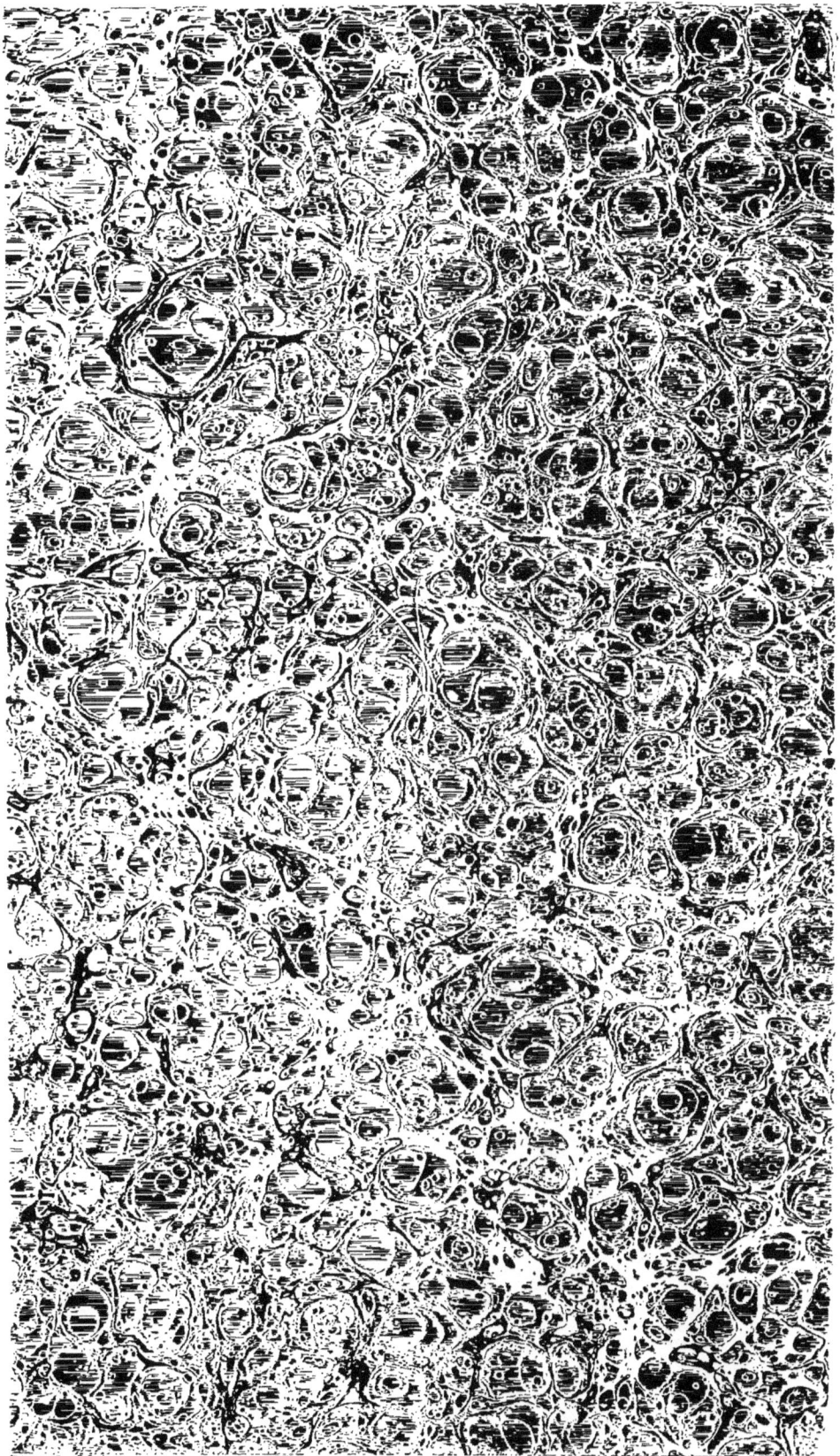

HISTOIRE

DES AVOCATS.

TOME PREMIER.

DE L'IMPRIMERIE DE P. DIDOT L'AINÉ.

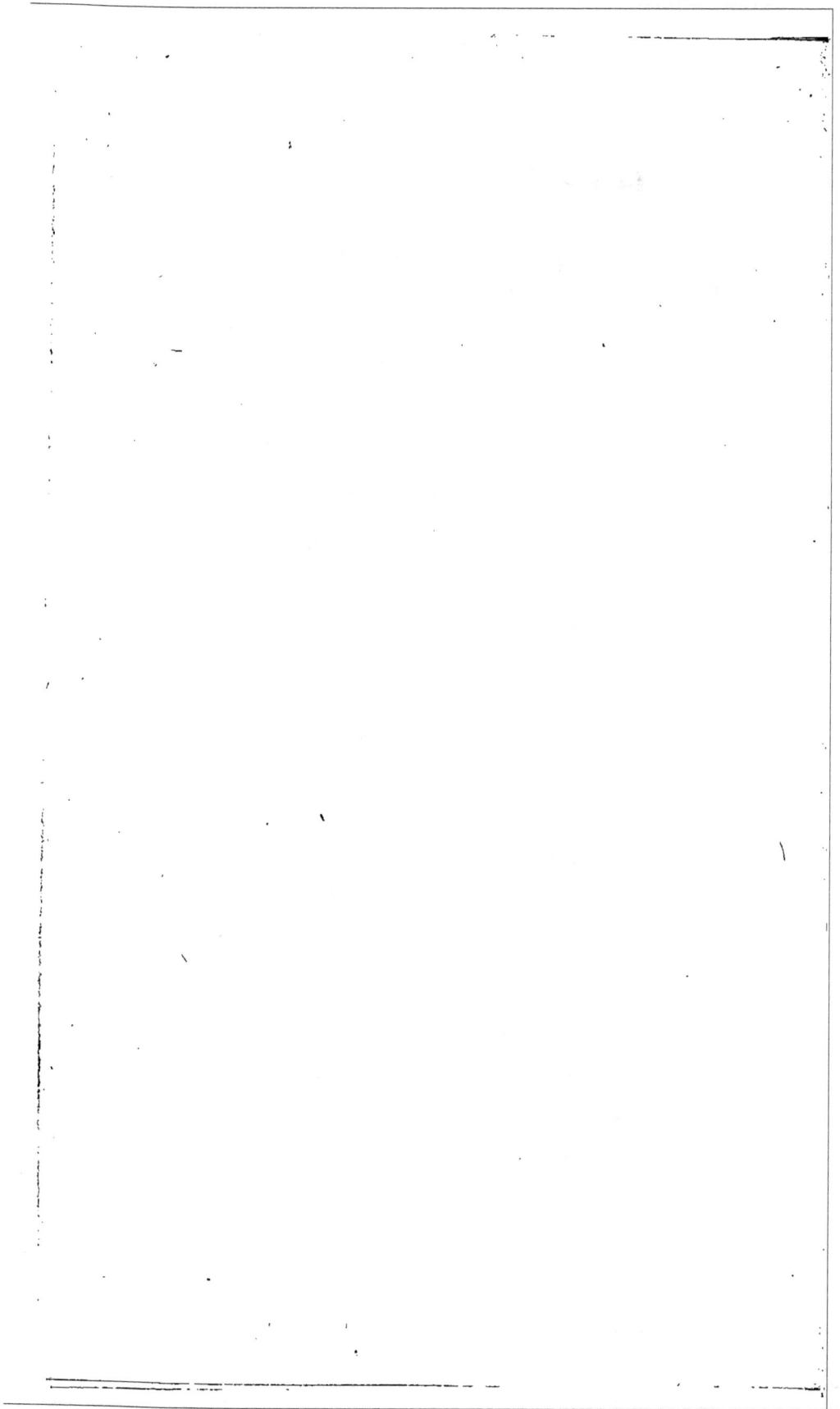

HISTOIRE
DES AVOCATS

AU PARLEMENT

ET

DU BARREAU DE PARIS

DEPUIS S. LOUIS JUSQU'AU 15 OCTOBRE 1790;

PAR M. FOURNEL,

ANCIEN AVOCAT AU PARLEMENT DE PARIS.

236

« Vous devez vous efforcer de conserver à notre
« *ordre* le rang et l'honneur que nos ancêtres lui
« ont acquis par leur mérite et leurs travaux, pour
« le rendre à vos successeurs. »

(PASQUIER, *Dialogue des avocats.*)

TOME PREMIER.

~~~~~~~~

A PARIS,

CHEZ MARADAN, LIBRAIRE,

RUE DES GRANDS-AUGUSTINS, n° 9.

M. DCCCXIII.

PRÉFACE.

I. **Plusieurs** personnes pourront s'étonner que l'on ait pensé à faire une HISTOIRE de l'*ordre* des *avocats*, qui semble n'annoncer que celle d'intérêts privés, de dissentions intestines, de rivalités et autres détails peu dignes d'occuper l'attention du public.

Mais ce seroit prendre une bien fausse idée de cet ouvrage. L'*individualité* des avocats en est le moindre objet. C'est en masse qu'ils sont considérés et sous leur rapport avec le *ministère, le parlement, le clergé, la législation, les officiers ministériels, etc.*

II. Cette histoire embrasse l'espace qui s'est écoulé depuis Saint-Louis, en 1250, jusqu'en 1790, c'est-à-dire, *cinq cent quarante ans* divisés en dix époques.

Or, il y a peu de ces époques où l'on ne voie l'*ordre* des *avocats* figurer avec plus ou moins d'éclat.

Ce qui s'explique aisément par la nature

même des fonctions de l'avocat et les talents qu'elles supposent.

En effet, il ne faut pas juger des avocats
pris *collectivement,* comme on jugeroit d'un
ou plusieurs d'entr'eux.

Les individus s'étant partagé les diverses
branches de la jurisprudence, leur *ensemble* offre nécessairement une réunion de lumières qui, dans quelques circonstances,
doit avoir une grande influence.

Ajoutez l'habitude de la parole, le pres-
tige de l'art oratoire, l'habileté de la discussion, et vous ne serez pas étonné que,
dans les agitations politiques, tous les
partis se soient empressés de mettre de leur
côté une classe d'hommes d'une aussi grande
ressource, et cet ouvrage en fournira des
exemples mémorables.

III. L'histoire du *parlement* se trouvoit
naturellement liée à celle des avocats :

Perpétuellement en présence l'un de
l'autre, professant les mêmes principes,
animés du même esprit, ces deux grands

corps avoient formé une espèce de pacte d'alliance qui, dans l'occasion, les rendoit auxiliaires l'un de l'autre. Durant 5oo ans, et plus, de leur coexistence, on ne connoît qu'une époque (celle du mois de mai 16o2) où cette harmonie fut interrompue à la suite d'une intrigue de cour.

Au surplus ce nuage de peu de durée ne porta aucune atteinte à la haute considération que cette auguste compagnie se plaisoit à prodiguer à *l'ordre,* qui, de son côté, acquittoit sa reconnoissance par des témoignages multipliés de son respect et de son inviolable attachement.

IV. Le ministère des avocats les mettant perpétuellement en rapport avec les *officiers ministériels* de l'ordre judiciaire, tels que *greffiers, notaires, procureurs,* etc., ceux-ci ont dû, nécessairement, trouver leur place dans cet ouvrage.

V. Il auroit manqué quelque chose à l'exécution de mon plan si j'avois omis d'indiquer à chaque époque, les variations survenues dans la *législation,* la *jurisprudence,* la *procédure*, et même dans les *usages* et *costumes* du palais : c'est un point que je n'ai eu garde d'oublier, et les chapitres qui contiennent ces détails ne seront pas les moins intéressants de l'ouvrage.

VI. J'ai placé à chaque demi - siècle un *aperçu* des avocats qui se sont distingués durant cette époque.

Commencée en 1303, au moment où des *avocats* se sont grouppés autour du parlement rendu sédentaire à Paris, cette indication s'est continuée jusqu'en 1790.

Ces *tableaux partiels*, en se succédant l'un à l'autre, forment un *tableau général* qui réunit dans un même cadre des individus séparés par la distance de plusieurs siècles.

Espèce de *tableau de famille* qui remet en présence, les *aïeux* et *arrière - petits enfants ;* ou bien encore, espèce de *phantasmagorie* qui reproduit aux yeux de l'avocat du xixe siècle, ses antiques confrères exerçant les mêmes fonctions, plaidant dans la même salle , et peut - être même assis à la même place.

Les tableaux des *cinq siècles* précédents n'ont été produits que par *fragments*, mais celui de 1789 m'a paru mériter une exception particulière, et ce n'est pas sans des motifs puissants que je l'ai annexé, en *entier*, en tête de cet ouvrage.

On ne peut contester que *Loisel*, en nous transmettant les tableaux de 1524 et de 1599, n'ait donné un nouveau prix à son *dialogue*.

Le petit ouvrage d'*Antoine Bruneau* n'est considéré au barreau que par le *tableau* qui s'y trouve des avocats au parlement de Paris, de *l'année* 1680.

Il existe dans une bibliothèque particulière, une collection unique des *tableaux annuels* des avocats, depuis 1687 jusqu'en 1785, qui est recherchée par les amateurs.

Le TABLEAU de 1789 offre un intérêt bien supérieur à celui des tableaux précédents.

Il a, d'abord, l'avantage d'être le dernier tableau de l'ordre *des avocats au parlement de Paris*, et par cette seule qualité de *dernier tableau*, il prend sa place parmi les monuments historiques et littéraires.

Tous les individus portés sur le tableau de 1789 n'étoient pas, assurément, du même mérite ni de la même célébrité, mais ils appartiennent *tous* à l'histoire; car on sait que dans les grandes catastrophes, la curiosité s'étend encore jusque sur les *témoins* et les *victimes*.

On ne parlera jamais de la chute du parlement de Paris, sans y mêler le souvenir de cet *ordre* fameux qui s'étoit si ouvertement associé à sa destinée, et qui, par la force des circonstances, s'est vu obligé d'assister à la dissolution de son illustre allié, et de recueillir, pour ainsi dire, ses derniers soupirs.

J'ajouterai une autre considération, c'est que ce tableau doit fournir d'utiles renseignements pour les annales de notre temps.

Les chances révolutionnaires qui ont agité le barreau du parlement de Paris aux époques désastreuses de 1356, 1383, 1418 et 1588, se sont reproduites sur le barreau de 1789, et ont influé sur la condition de ses membres.

Les uns s'élançant dans la *révolution* y ont laissé de longs souvenirs de leur passage, et ont imprimé à leur nom une célébrité qui les rend justiciables de la postérité.

Plusieurs ont vu finir leur carrière au milieu des massacres revêtus de toute espèce de formes, au fond des prisons, sur les places publiques, sur les échafauds, dans les déserts de l'Amérique.

Et d'un autre côté, comme si la fortune eût voulu expier tant de calamités, par la compensation de quelques faveurs, elle a prodigué l'éclat, l'illustration et les honneurs sur ce même *tableau,* en appelant plusieurs de ses membres aux dignités les plus éminentes de l'administration, et de la magistrature.

Par là, le TABLEAU de 1789 acquiert un nouveau degré d'intérêt. Ce rapprochement des vicissitudes du sort lui donne le caractère d'une pièce historique, que les familles viendront un jour consulter comme un monument de leur gloire ou de leurs malheurs.

VII. Je regrette beaucoup que le plan de de mon ouvrage ait arrêté ma plume à l'époque du 15 *octobre* 1790.

S'il m'eût été permis d'outre-passer cette
ligne de démarcation et de pénétrer jusqu'au
barreau actuel, quelle satisfaction n'aurois-
je pas éprouvée à proclamer la résurrection de
l'ORDRE, avec toute la pureté de ses principes
et la sévérité de son ancienne discipline!

J'aurois signalé des talents brillants qui
annoncent des successeurs aux orateurs des
dix-sept et dix-huitième siècles, et qui ont
placé les espérances à côté des regrets.

Mais je laisse à ceux qui me succéderont
le soin de remplir cette tâche, trop heureux
moi-même, si l'on trouve que j'ai honorablement rempli la mienne.

TABLEAU

DES AVOCATS

AU PARLEMENT,

Mis au greffe de la cour par Mᵉ Claude-Nicolas SAMSON, *ancien avocat, et bâtonnier en* 1786 *et* 1787, *et encore* BATONNIER *en* 1788 *et* 1789, *à cause du décès de Mᵉ* GERBIER DE LA MASSILLAYE, *le 8 mai* 1789.

———

Nota. La *lettre italique* est employée pour les avocats décédés, ou retirés du barreau.

La PETITE CAPITALE désigne les *avocats* qui ont été élevés en dignités, ou revêtus de fonctions de magistrature.

Enfin, le *romain* indique les *avocats* qui exercent aujourd'hui leur profession.

———

Jean-Baptiste *Forestier.*
Jean-François *Bouju.*
Joseph *Masson.*
Antoine *Gaspard Boucher d'Argis.*
Antoine *Bouteix.*
Jean-Baptiste *Duverne.*
Denis-Nicolas *Delpech.*

Louis-Thomas *Daudebert.*

Achilles *Le Begue.*

Didier *Horry.*

Pierre-Henri *Caillau.*

Gabriel-Nicolas *Maultrot.*

Louis-Adrien *Le Paige.*

Anselme-Joseph *d'Outremont.*

Jean-Michel *Tirrion.*

François-Martin *Duvert de Boutemont.*

Antoine-Etienne *Cothereau.*

François-Anselme *Maignan de Savigny.*

Marc-Antoine *Laget Bardelin.*

Pierre-Olivier *Pinault.*

Claude-Geneviève *Coqueley de Chaussepierre*

Jacques-Philippes *Jouhannin.*

Guillaume-François-Philippes *de Lagoutte.*

François-René *Allouard.*

Jacques-Mathurin *Colombeau.*

Sylvain *Prunget des Boissières.*

Jacques-Louis *Thétion.*

Antoine-Philippes *Blanchet.*

Louis-Nicolas *Clément de Malleran.*

Pierre *Roussel.*

Nicolas *Pleney.*

Guillaume *Leblanc de Kirby.*

Louis-François *De Calonne.*

Bertrand-Louis *Le Camus d'Houlouve.*

André-Jacques *Vancquetin*.

Pierre *Desparviés*.

François *Maizières*.

Etienne *Rousselot de Chambriant*.

Claude *Mey*.

Charles-Jacques *Boudequin de Varicourt*.

Christophe-Henri *Pelart*.

Claude *Grau*.

Jacques *Montagne*.

Jean-Baptiste *Gaulme de la Velle*.

François *Lorry*.

Charles-Pierre *Angelesme de Saint-Sabin*.

François-Théodore *Rouhette*.

Etienne-René *Viel*.

François *Richer*.

Alexandre-Julien *Procope Couteaux*.

Claude-Nicolas *Sanson*.

François-Denis TRONCHET (1).

---

(1) **Mort en 1808, sénateur.** Il avoit été élu *bâtonnier* au mois de mai 1789, à l'époque de l'ouverture des états généraux; et c'est le dernier *bâtonnier* de l'ancien barreau.

Ce fut sous son exercice que l'ORDRE, et même la dénomination d'AVOCAT furent abolis.

(Voy. les détails de cette abolition au tome II, pag. 540).

En considération de cette qualité de *dernier bâtonnier* de

Jacques-François-Henri *Doillot*.

Nicolas-Antoine *Douet d'Arcq*.

Claude-André *Reynaud*.

Jean-François *Limanton*.

André-Claude de *Hansy*.

Odot *Briquet de Mercy*.

Julien-François *Boys*.

Pierre *Gissey de Fontenay*.

Jean-Edilbert *Mauclerc*.

Pierre-Jean-Georges *Caillière de l'Etang*.

Jean-Louis *Godard de Sergy*.

Claude-Louis *Thuillier de Bonnée*.

Jean-Jacques *Piales*.

François *Charpentier de Beaumont*.

Claude-Rigobert *Lefèvre de Beauvray*.

Jean-Baptiste *Boussenot*.

Daniel-Antoine *Boureau du Beau-Séjour*.

Georges François-Monique *Michaut de Larquelais*.

---

l'ordre, jointe à l'éminente dignité dont il étoit revêtu à son décès, le barreau de Paris, lui décerna l'honneur d'un *service* solennel; cette cérémonie fut terminée par une oraison funèbre, où M. de Lamalle, alors avocat, et depuis conseiller d'état, déploya les talents précieux qui lui avoient acquis une si brillante réputation.

L'orateur se montra supérieur à son sujet, et il mérita pour son propre compte autant d'éloges qu'il en avoit donné lui-même.

Quentin-Vincent *Tennesson.*

Jean-Baptiste-Claude *Cadet de Saineville.*

Anne-Michel *Bélime de Maison-Neuve.*

Jean-Baptiste *Oudet.*

Guillaume *Fincken d'Autemarche.*

Claude *Saintin Leblan.*

Jean-Henri *Dorival.*

Alexis-Louis *Guérin de la Bréhardière.*

Jean-Baptiste-Claude *Vaubertrand.*

Pierre *Gaborit.*

Pierre-Bernard *Bruhier de la Neuville.*

François-Laurent-Dominique *Sionnest.*

Jean-Baptiste-Michel *Mauduison.*

Marie-Philippe-Auguste *Belot.*

Pierre-Claude *Le Moyne de Grandpré.*

Jean-François Dufour.

Etienne-Pierre-Germain *Godard.*

François-Marin *le Prévost du Rivage.*

Claude-Nicolas *Collet (1).*

Guy-Jean-Baptiste Target (2).

Antoine-Louis *Delaune.*

Christophe-Jean-François *Beaucousin.*

Jean-Jacques *Savet.*

---

(1) Mort à Lyon, fusillé révolutionnairement, profond juris-consulte, et jouissant au palais de la plus haute considération.

(2) Mort en 1809, conseiller de la Cour de cassation.

Jean-François Lesparat.

Henri-Louis *de La Fortelle*.

Guillaume *Poncet de La Grave*.

Jean-Etienne *Le Sage*.

Jean-Baptiste-François *Guyet*.

Thomas-Anne *Carteron*.

Jacques *Texier*.

Pierre-Alexandre-Charles *Timbergue*.

Dominique *Aubin de La Forêt*.

François *Huet*.

Alexandre-César-Michel *Perron* (1).

Henri *Breton*.

Jean-Baptiste *Vulpian*.

Louis *Le Roi*.

Claude-François *Lochard*.

Antoine *Rivière*.

Annet *Recolène*.

Denis *Durouseau*.

Pierre-Michel VERMEIL (2).

---

(1) Massacré en *prison* dans la journée du 2 septembre 1792.

(2) Mort en 1809, conseiller en la *Cour de cassation*.

Il avoit été long-temps un des membres les plus distingués de l'ancien barreau, où il s'étoit fait une réputation par des mémoires d'éclat.

Jean-Simon *Aved de Loizerolles* (1).

---

(1) *Aved de Loizerolles*, reçu en 1754.

La fin d'une longue carrière parcourue au sein des vertus sociales et domestiques a été signalée par un dévoûment héroïque, dont la mémoire doit être conservée.

Pendant le régime affreux de 1793, *Loizerolles* et son fils (âgé de 22 ans) étoient détenus dans la maison de S. Lazare, avec plusieurs centaines de citoyens distingués, pour y attendre le moment de monter à l'échafaud révolutionnaire.

Il étoit d'usage, dans cette prison, de proclamer, à haute voix, chaque soir, la *liste* des malheureux destinés à l'échafaud du lendemain.

Le 7 *thermidor an 2* (25 août 1794), sur les six heures du soir, le ministre des fureurs de Roberspierre vient, comme à l'ordinaire, attrister les *détenus* par cette épouvantable proclamation.

Parmi ces noms, celui de *Loizerolles* se fait entendre, sans désignation de *père*, ni de *fils*. Bientôt après, survint le guichetier dans la chambre de Loizerolles, père, qui lui signifie l'ordre de descendre au greffe.

Loizerolles est delà conduit à la Conciergerie, espèce d'entrepôt d'où les victimes étoient tirées pour être voiturées à la boucherie. C'étoit là que chaque détenu recevoit son acte d'*accusation* qui équivaloit à un arrêt de mort.

Quelle est la surprise de *Loizerolles*, en parcourant des yeux ce fatal écrit, d'y voir le nom de *son fils* auquel il avoit été substitué par la méprise du guichetier. Aussitôt il conçoit le généreux projet de sacrifier sa vie pour sauver celle de son fils.

Le lendemain 8 *thermidor*, Loizerolles est conduit au tribunal; l'acte d'accusation y est lu *pour la forme* seulement, et

Joseph-Firmin *Le Boucher.*

Henri Brouillet de l'Etang.

Claude-Philibert *Pion de La Roche.*

Jean-Pierre *Siméon.*

Jean-Ange-Maximin *Pelletier de Rilly.*

Joseph-François *Boullyer.*

Pierre-François *Pulleu.*

Pierre-Richard-François *Gudin.*

Philippe *Dumouchet Dubac.*

Antoine *Tessier du Breuil.*

Pierre-Memmie-Louis *de La Fournière.*

Jean-Baptiste *Pierret de Sancières.*

Pierre-Augustin *Guérin de La Cour.*

Pierre-Augustin-Marie *Lohier.*

Claude *Blanchard de La Valette.*

François-Louis *Hutteau.*

Pierre-Geoffroy *Chatelain de Lorgemont.*

Jacques *Costard.*

Jean-Baptiste *Boullemer de La Martinière.*

Pierre *Fossey.*

Pierre-Augustin-Joseph *Lebrun.*

après un simulacre de délibération, il est condamné à mort, sous le nom de *François-Simon de Loizerolles*, *âgé de 22 ans, demeurant à Paris, rue Saint-Victor, n°. 82.* Sans aucune réclamation de sa part, contre des indications aussi fautives qui auroient détruit l'*identité* des personnes.

Le même jour, il consomma ce sacrifice sur la place de la Révolution, accompagné de vingt-neuf autres victimes.

René-Gilbert *Dampol.*

Louis-Etienne *de La Rivoire.*

Claude-Christophe *Courtin.*

Claude-Barthélemi *Le Prestre de La Motte.*

Nicolas-Alexandre *Herbaut Despavaux.*

Gilles *Boucher de La Richarderie.*

Marc-René *Gaigne.*

Jacques-Nicolas *Pauly.*

Louis-Simon *Martineau.*

Marin *Carouge.*

Pierre *Aujollet.*

Pierre-Claude-Simon *Pelletier.*

Armand-Gaston *Camus* (1).

Charles-Pierre-Didier *Desmoulins.*

Marie-Nicolas *Pigeon.*

Louis-François *Hochereau.*

Pierre *Ader.*

Jean BLONDEL (2).

René Gaultier du Breil.

Jean-Baptiste TREILHARD (3).

Charles-Simon *Dinet.*

Pierre-François *Le Prestre de Bois-d'Herville.*

---

(1) Mort le 2 *novembre* 1808 ; garde des archives nationales, membre de l'Institut.

(2) Mort en 1811, président de la Cour impériale du département de la Seine.

(3) Mort en 1810, *conseiller d'état.*

Jean-François *Borderel.*

Jacques-Michel *Canuel.*

René-Aimé *Corbeil.*

Louis-Charles *Fera.*

Louis-Claude *Ricard.*

Annet *Marnier.*

Jacques *Serpaud* (1).

Claude-Ponce *Sarot.*

Pierre-Paul-Nicolas HENRION DE PENSEY (2).

Jean-Michel *Denys.*

Pierre-Marie-Elisabeth *Phélippeaux.*

Thomas-Laurent MOURICAULT (3).

François-Michel Gaignant.

Antoine-Nicolas *Jaillant.*

Pierre-Joseph *Renard.*

Pierre-Léonard *Grapin.*

Jean-François JOLLY (4).

Jean-Nicolas *Durand.*

Jean-Nicolas *Thiercelin.*

Joseph-Madeleine Collet de Baudicourt.

Claude-Nicolas *Leclerc.*

---

(1) Mort sur l'échafaud révolutionnaire.

(2) Baron et président de la Cour de cassation.

(3) Conseiller en la Cour des comptes.

(4) Conseiller en la Cour impériale du département de la Seine.

Jean-Zorobabel *Aublet de Maubuy.*

Jean-Charles-Ambroise *Guillemot d'Alby.*

Charles-François *Bercher du Martray.*

Georges-Etienne *de Courbeville.*

Louis-Claude *Rimbert.*

Joseph *La Caze.*

Alexis-Jean-Baptiste *Durot.*

Jean-François *Didier.*

Pierre-François Giroust.

Guillaume-François-Roger *Molé.*

Cyprien-Athanase *Lasseray.*

Jean-Hilaire *Billard.*

Jacques-Hilaire MENNESSIER (1).

Henri-Augustin *Falourd de Vergier.*

François-Julien *Alix.*

Jean *Rat de la Poitevinière.*

Victor-Simon *OEillet de Saint-Victor.*

Etienne *Firmin d'Auterive.*

Charles-Nicolas *Bidault de Mont-Réal.*

Melchiade-Corentin *Gigot.*

Jacques-Charles *Durand de Miremont.*

Jean-Baptiste *Faré.*

Pierre *Villot de Freville.*

André *Parent.*

Roch-Henri *Prévost de Saint-Lucien.*

---

(1) Premier président du tribunal de *Fontainebleau.*

Charles-Pierre *Bourgoin.*

Jacques *Aubery des Fontaines.*

Paul *Porcher.*

Denis *Metayer.*

Louis-François *Le Roy de Montecly.*

Alexandre-François-Laurent LE POITEVIN (1).

Joseph-Louis *le Comte de Roujou.*

Alexis-Pierre-Nicolas *Coquebert.*

François-Théodore *Regnard.*

Jean-Charles *Mignien Duplanier.*

Jacques-Joseph *Dartis de Marcillac.*

Pierre *Bergeras.*

Louis-Bon *Asport.*

Etienne *Guyot de Sainte-Hélène.*

Charles-Claude Montigny.

André-Louis-François *Pellier des Forges.*

Jean-Etienne *Barré de Boisméan.*

Charles MINIER (2).

Joseph-Vincent DE LA CROIX (3).

André-Etienne *Maignan de Champromain.*

Henri *Jabineau.*

René *Mestivier.*

Bon-Thomas *Pelé.*

---

(1) Conseiller de la cour Impériale.

(2) Conseiller de la Cour de cassation.

(3) Juge au tribunal de Versailles.

Pierre-Augustin Hémery.

Jean *Plaisant de La Houssaye.*

Jean-André *Arsandaux.*

André *Blonde.*

Gilbert *Ameil.*

Joseph *Gaillard.*

Charles-François DE LA SAUDADE (1).

Antoine-Claude *Braquehais.*

Augustin-Jean-Louis *Doulcet.*

Pierre-François-Jean *Des Fontaines.*

Antoine-François-Nicolas *Levasseur.*

Jean-Baptiste-François BAYARD (2).

Jacques *Thétion.*

Jean-Gabriel PORIQUET (3).

Alexandre-Sulpice *Fleury.*

Pierre-Jean AGIER (4).

René *Motron.*

Pierre-François *Bogue.*

Alexandre-Jules-Benoît *de Bonnières* (5).

---

(1) Conseiller de la Cour *de cassation.*

(2) décédé, conseiller de la Cour de cassation.

(3) Conseiller de la Cour de cassation.

(4) Président de la Cour impériale.

(5) *De Bonnières,* mort en 1801 : une élocution facile accompagnée des graces extérieures lui avoient formé une brillante réputation.

Hilaire-Joseph *Hubert de Matigny*.

Jacques François BRUNET (1).

Pierre-Marie *Simon*.

Michel-Nicolas *Le Roy de Saint-Charles*.

Louis-Antoine *Brasseux*.

Gérard-Henri *de Blois*.

Jean-Mathias *Satens*.

François *Brisse*.

Philippe *Foréts*.

Germain *Hullot de Veroncelles*.

Jean-François-Pierre *Levasseur*.

Jean-Louis *Alix de Murget*.

Jean-Jacques-Guillaume *Séran*.

Innocent-Lazare *Mollet*.

François-Alexis-Nicolas *Ferey* (2).

---

(1) Procureur impérial au tribunal civil de première instance de Versailles.

(2) *Férey...* Mort en 1807. Dans l'intervalle de la dissolution de l'*ordre* à son rétablissement, M. *Férey* fut le point de ralliement des membres dispersés, et jouit d'une autorité d'autant plus flatteuse, qu'elle étoit les fruits de l'estime et de la confiance. Il acquit des droits à la reconnoissance du barreau de Paris, par le legs qu'il lui fit de sa *bibliothèque* et d'une rente annuelle destinée à réparer la destruction de l'*ancienne bibliothèque*. Ce témoignage d'attachement lui mérita les honneurs d'un service funéraire célébré avec solennité, le 5 février 1810, qui fut suivi d'un discours éloquent de M. *Bellart*, avocat, qu'on peut considérer comme un excellent modèle de ce genre.

Denis-Foissy *de Trémont.*

Pierre-Charles-Marin *Fournier.*

Pierre-Fournier *de La Chesnaye.*

Léonard *Robin.*

Jean-François Fournel.

Edme-Guillaume *Léger de Monthuon.*

Nicolas *Rathier.*

Pierre *Dubois.*

François-Dominique *de Lavaux.*

Robert-Thomas-François *Jodon de Valtire.*

Louis-Jacques *Boudeau.*

Charles-Gérard *Dauphinot.*

Michel-François *Hoquet.*

Nicolas-Louis-Gabriel-François *Riché.*

Charles-Pierre *Le Paige.*

Jacques-Nicolas *Millet de Gravelles.*

Jacques de La Vigne.

Joseph de la Croix de Frainville (1).

François-Antoine *Marguet.*

Gaspard Gilbert de la Malle (2).

Etienne-Denis *Bureau du Colombier.*

Louis-Charles *Monniot.*

Jean-Baptiste-Laurent *Le Porquier de Vaux.*

---

(1) Batonnier actuel de l'*ordre.*

(2) Premier batonnier de l'*ordre*, depuis sa restauration ; aujourd'hui *conseiller d'état.*

Mathurin *Héron.*

Jean-Baptiste-Pierre *Follenfant de la Douve.*

Célestin-Joseph *Broutin de Longue-Rue.*

François-Laurent Archambault.

Jean-Emmanuel *Godefroy de Montours.*

Jean-Nicolas-François-Alexis *Manen.*

Jean-Baptiste-Jacques *Fontaine de Créteil.*

Jean-Baptiste-Etienne-Benoît *Sorau.*

Denis *de Leymerie.*

Jean *Bonal.*

Hyacinthe *Féart.*

Jean-Baptiste-Nicolas *Canet de Selincourt.*

Pierre-Raphael *Gazon.*

Anne-Joseph-Gille *de La Londe.*

Nicolas-Joseph-Vivier *Delaunay.*

Jacques *Parisot.*

Jean *Dalléas.*

Pierre *Le Cousturier.*

Albert-François-Stanislas *Turquet.*

Roch-Alexandre *Vallet de Senneville.*

Bon-Claude *Cahier de Gerville.*

Jean-Philippe GARRAN DE COULON (1).

Jean-Etienne *Poirier.*

Antoine-René-Constance *Bertolio.*

Charles-Denis *Grouvelle.*

---

(1) Comte-sénateur.

Denis-François *Cohin*.

Jean-Baptiste *Darigrand*.

Denis-Alexis *Bizet*.

Antoine-Guillaume-Géraud *Boudet*.

Robert-Etienne *de Villantroys*.

Jean-Claude-Michel Mordan de Launay.

Claude ROYER (1).

Charles-Edme *Brouet*.

François *Gorguereau*.

Charles-Nicolas GUILLON D'ASSAS (2).

Pierre-Jacques *Brunetierre*.

Antoine-Simon *Lambert*.

Guillaume *Vincendon*.

Antoine-Pierre-Marie *Dubois de Moulignon*.

Jean-Joseph *Fabre*.

Fr.-Hyacinte-Benoît *Vivier de La Chaussée* (3).

Laurent-Jean BABILLE DE PRÉNOY (4).

Claude-Michel *Brodon*.

Louis-Marie *Cauche*.

Pierre *Angot*.

Pierre-Jacques *Bonhomme de Comeyras*.

---

(1) Conseiller de la Cour impériale.

(2) Juge au tribunal civil de première instance du département de la Seine.

(3) Mort sur l'échafaud révolutionnaire.

(4) Conseiller de la cour de cassation.

Jean-Baptiste *Lemoine Desprès.*

Jean-François *Burgat.*

Salomon-Antoine *Mélin.*

Antoine-Nicolas *Hugot.*

Pierre-Cécile *Nau.*

Edme-Marguerite *Lauvin de Montplaisir.*

Jacques-Ambroise-Silvain *Mallet.*

André-Joseph ABRIAL (1).

Louis-Antoine-Laurent *de Courville.*

Louis-Pierre-Etienne *Caffart de Villeneuve.*

Pierre-Jean-Baptiste *Broyart.*

Charles-Pierre *Bosquillon* (2).

Jacques-Edme *Fleury de Villiers.*

Ponce *Le Laurain.*

Etienne-Hénault de Tourneville.

Nicolas OUDARD (3).

Jean-François-Bonami *Tripier.*

Timothée-Arnould *Henry.*

Louis *La Cretelle.*

Charles-Jacques *L'Homme.*

Jacques-René *Ferré.*

Jean-Baptiste *Legras de Vigny.*

Louis-Joseph *Landry.*

---

(1) Comte-sénateur.

(2) *Bosquillon,* massacré dans la prison, au 3 septembre 1792.

(3) Conseiller en la Cour de cassation.

Pierre-Jean-Baptiste *Voguet.*

Pierre-François *Le Conte.*

Jean-François *Perré.*

Charles-Pierre-Michel *Forestier.*

Mathurin-Pierre *Jozeau* (1).

Nicolas Le Verdier.

Jean-Pierre-Victor *Féral.*

Armand-Bernard-Honoré *Brousse.*

François *Marchand du Chaume.*

Jacques-René *Mortier Duparc.*

François-Samuel *Fromentin.*

Marguerite-Louis-François DUPORT DUTERTRE (2).

Nicolas BOUCHARD (3).

Louis-François FÉVAL (4).

François *Hervé.*

Claude-Jacques Vautrin.

Louis-Madeleine *Merlet.*

Laurent *Marcilly.*

Antoine-Nicolas Douet d'Arcq.

Sébastien *Epoigny.*

Charles-Paul-Marie Gicquel.

---

(1) Décapité en 1793 révolutionnairement.

(2) Ministre de la justice, en 1791.... décapité révolutionnairement.

(3) Conseiller de la Cour impériale.

(4) Conseiller de la Cour des comptes.

Julien-Michel Dufour de Saint-Pathus.

Marc-Guillaume Cathala.

Louis-Michel Savy.

Charles-Louis *Lerouge.*

Jean-Louis *Sarradin.*

Jean-Charles *Thilorier.*

Charles *Marteau.*

Jean-Baptiste *Léger.*

Louis *de La Méthérie.*

Gabriel-Félix *Cairol.*

Jacques-Claude-Paschal *Le Page.*

Jean-Léonard *Remy de Méry.*

Jean-Charles *De Saingly.*

Nicolas *Aubertot.*

Jean-Charles *Bitouzé des Linières.*

Jean-Baptiste-François-Joseph *Fleury d'Assigny.*

Jean François *Dubois de Niermont.*

Jean-Antoine *Villedieu.*

Léon D'HERBELOT (1).

Nicolas-Denis *Mascrey de La Haye.*

Louis-René *Chauveau.*

Marin *Levacher de la Térinière.*

Michel *Barbier.*

Jean-Louis *Boulanger.*

---

(1) Vice président du tribunal civil de première instance de la Seine.

Charles Dominique *Thirria de Valsenne.*

François *Marnier Despeux.*

Pierre-Etienne *Bouttevillain de La Ferté.*

Nicolas *Drapier.*

Henri *Carle.*

Silvestre-Antoine *Papon.*

Jacques-Alexis Thuriot de la Rozière (1).

Etienne *Morel.*

Guillaume-Alexandre *Tronson Ducoudray* (2).

Marie-Pierre *Buisson de Champbois.*

Jean-Etienne *Tournemine.*

François-Jean *Choel des Ambrières.*

François-Joseph *Maugue-Massis.*

Louis *Tournemine d'Hurbal.*

Pierre-Michel *de Bussac de Saint-Martin.*

Bernard *Poucy.*

François *Forget.*

Guillaume *Vallée du Chesne.*

Honoré-Marie-Nicolas *Duveyrier.*

Pierre *Colin de Vaurancher.*

Etienne-Guillaume *Regnier.*

Louis-Pierre *Verryer.*

Félix-Julien-Jean Bigot de Préameneu (3).

---

(1) Avocat général à la Cour de cassation.

(2) Déporté, et mort à Sinnamary, à la suite de la révolution de fructidor an 8.

(3) Comte-ministre des cultes.

Pierre-Fidel *Sabarot.*

Jean-Baptiste *Delaporte.*

Louis-Auguste Popelin.

Charles *Cahouet de Neuvy.*

Charles-François *Bidault.*

Etienne Chevillard.

Gilbert Hom.

Thomas-Charles-Alexandre *Jéhanne.*

Ange-François-Nicolas-Simon *Baurlier de Balli-more.*

Pierre-Claude *Lavoisier.*

Alexandre-Remi *Moriceau.*

Louis-Auguste *Legrand de la Leu.*

Louis-François *Duflos.*

André-Alexandre *Boicervoise.*

Jean-Baptiste *Chauchard.*

Joseph-Henri *de La Salle.*

Philippe-Laurent Pons (1).

Christophe *Hureau.*

Vincent *Cellier.*

Mathurin-Etienne *Hulin.*

Pierre-Nicolas Berryer.

Pierre-Gilles *Duvivier.*

Antoine-Augustin-Benoît *du Portail.*

Etienne *Polverel.*

Pierre-Louis *Mathieu.*

(1) Avocat général à la Cour de cassation.

François-*Adolphe* Allard.

Joseph-Germain Chopin de Villy.

René-Mathurin *Clémenceau de la Lande.*

Antoine-Jacques *de La Fleutrye.*

Jean-Claude *Basseville.*

Augustin-Casimir-Crépin *de Miaquère.*

Jean-Baptiste-Philippe *Lefaivre.*

Léon *Lalane.*

Louis-Antoine *Robert.*

Jean *Legrand.*

Augustin-Etienne *Boudot.*

Pierre-Gilles *Chanlaire.*

Henri-François Caillau de Courcelles.

Louis-Charles *Mitouflet de Beauvois.*

Alexandre-Charles Moynat de l'Isle.

Etienne-Xavier *Aubriet.*

Claude-Jean-Clair *de Ferrières.*

Jean-Baptiste-Etienne *de La Rivière.*

Louis-Etienne-Robert *Lhéritier.*

Pierre-François *Anfry.*

Pierre *Boudin.*

Pierre-Claude *Prousteau.*

Louis-Georges-Isaac *Salivet.*

Gilbert *Durif.*

André *Gérard.*

Marc-Louis *Baude.*

Louis *Robin de Mozas.*

Jean-Uladislas-François-Frédéric-Jacques *Trumeau de Boissy*.

Jean-Philippe *Dujardin de Mainville*.

Louis-Joseph FAURE (1).

Louis-Augustin *Bruslé*.

Henri *Cournault*.

François *Dupré de Montdorin*.

Jacques-Bernard-Jean Doillot.

Charles-Henri *Serson de Moitiers*.

Pierre-Barbe *de Pugieu*.

Louis-Antoine *Bernard de Beauvoir*.

René LEGRAND DE SAINT-RENÉ (2).

Etienne-Jean *Panis*.

Charles-Claude-Maximilien *Chanin de Déast*.

François-Alexandre *de La Presle*.

Charles-Albert *Demoustier*.

Claude-François-Charles *Férey*.

Jules-François *Paré*.

Emmanuel *Brosselard*.

Jean-Baptiste *Jahan*.

Pierre-Vincent *Benoist*.

Charles-François-Bernard *de Brindelles*.

Edouard *de Fontaine*.

---

(1) Conseiller d'état.

(2) Juge au tribunal civil de première instance du département de la Seine.

Jean-Baptiste LE BRUIN (1).

Louis-Anne *Louvet de Villiers de Romaincourt.*

Jean *Massé.*

Charles-Louis Rigault.

François-Gilles *Clergeon.*

Jacques-Claude *Rozet de La Saussaye.*

Ambroise-Jean-Baptiste-Pierre-Ignace *Gattrez.*

Alexandre-Jacques *Simonet de Maison-Neuve.*

Louis-Claude-Charles-Denis DAMEUVE (2).

Louis-Joseph *Bastard.*

Augustin-Charles *Guichard de Mareil.*

Claude-Antoine Guyot des Herbiers.

Jean-Baptiste *Oudet.*

Jean-Baptiste *Ponsard.*

Jacques *Godard.*

Pierre *Bernard.*

Alexandre-César *Maillard de Montlhuy.*

Louis-Ferdinand Bonnet.

Didier-François *Horry.*

Achilles-Marin *Pelletier de Vallières.*

Claude-François *Maignien de Saint-Herman.*

Jacques-François-Robert *d'Arbricelle Chasseloup.*

Antoine-Vincent *Rozier.*

---

(1) Vice président au tribunal civil de première instance du département de la Seine.

(2) Juge au tribunal civil de première instance du département de la Seine.

1. C

Michel-Jacques *Carpentier.*

Augustin-Julien *Dufresne.*

Jean-Pierre *Lescalier de Reymond.*

Joseph-André *Laurent.*

Antoine-Julien-Alexis *Dubois Descorbières.*

Louis-Abraham Dommanget.

Claude-François Chauveau de Lagarde.

Alexandre-Joseph *Meunier.*

Pierre-François *Du Larrain.*

Augustin *Lesparat.*

Pierre-Louis *Gudin.*

Simon Gueudar de La Haye.

Louis-Jean *Morin.*

Antoine-Louis-Joseph-Marie *Millet de Marcilly.*

Jean-Olivier *Jobert.*

Emmanuel-Louis-Jacques-André *Castillon.*

Simon-Pierre *Moreau.*

Charles-Antoine *Dufressenel.*

Pierre-Adrien-Jean-Baptiste *de Courtive.*

Jacques *Darrimajou.*

Médéric-Louis-Elie *Moreau de Saint-Méry.*

Vincent-de-Paule *Barbier de Pompancourt.*

Pierre-Maurice *Musnier.*

Louis *Robert.*

Athanase-Jean *Boucher* (1).

---

(1) **Mort** sur l'échafaud révolutionnaire en 1793.

Louis Robet.

Jacques-César *Périer.*

Jean-Denis *Madoré.*

Jean *Bourdereau.*

François-César Lourmand.

Louis-Magloire *Badoulleau.*

Louis *Gérivaux.*

Claude-François-Marguerite *Artaud.*

Clément *Mannet.*

Pierre-Jacques-Calixte Viaud de Bel-Air.

Louis-François-Denis *Calmelet.*

Antoine-Jean *Beaurain.*

Jean-Baptiste-Raimond *Justal.*

Raimond Romain de Sèze.

Jean-Thomas *Langlois.*

Martin-Pierre Larrieu.

Jean-Baptiste-Joseph *Hiver de Popincourt.*

Charles-Joachim *Charié.*

Charles *Noyer.*

Jean-Baptiste-Louis-Philippe HUTTEAU (1).

René-Auguste *Auvray des Guiraudières.*

Eustache-Antoine *Hua.*

Aglibert-Jacques *Regnault.*

Jean-Jacques *de La Ribardière.*

Jean-François *Janniot.*

---

(1) Procureur impérial au tribunal de Fontainebleau.

George-Victor *Vasselin*.

Charles-Etienne *Boursault du Troncay*.

Philippe *Quénard*.

Guillaume *Rogier*.

Charles *Caillat*.

Mathurin *Pineau*.

Nicolas-François Bellart.

Antoine-Florent *Brunel de Livry*.

Clément-Charles-Louis *Berthot*.

Charles-Léon-Eustache *Gillet*.

Jean *Bellet*.

Charles Elisabeth *Martin Daugy*.

Charles *Ganilh*.

Jacques-Nicolas *Billaud de Varennes* (1).

Nicolas-François-Daniel *Frion de Méry*.

Armand-François *Devins*.

Pierre-Claude *Millard*.

Antoine-Louis *Lallemant de Fontenoy*.

Claude-Etienne Delvincourt.

David *Houard*.

Pierre *Barrais*.

Louis-Thomas-Antoine AMY (2).

Joseph-Jeudi *Dumouteix*.

Pierre-Remi *Mascou*.

Claude-Jacques *Daix*.

---

(1) Déporté en Amérique.
(2) Conseiller de la Cour impériale du département de la Seine.

Antoine-Pierre *Condé*.

Mathias-Nicolas *Délon*.

Henri-Catherine *Fauconnier*.

François-Antoine *Closier*.

Antoine-Jacques-Claude-Joseph *Boullay*.

François-Hubert *de Chaillou*.

Jean-Guillaume *Locré*.

Paul-Augustin Moreau.

Jean-Jacques LENOIR DE LA ROCHE (1).

Michel-Germain *Pichoix*.

Pierre-Louis *Baudot*.

Henri *Petit*.

Joseph-Simon *Godineau de Villechenay*.

Nicolas-Philippe-Louis-Charles *Desprez dé La Rozière*.

---

(1) Comte-sénateur.

Supplément au tableau de 1789.

Ce SUPPLÉMENT se compose des avocats reçus au parlement de Paris, à l'époque du 15 octobre 1790, et dont l'*inscription* sur le tableau a été retardée par la force des évènements politiques.

Cette considération les rattachoit au tableau de 1789.

Leur omission auroit été d'autant plus injuste que la grande majorité de ces NOMS se retrouve dans la classe la plus distinguée du barreau actuel.

Antoine *Roi.*

Jean-Baptiste *Billecoq.*

Jacques-Alexandre *d'Yvrande d'Herville.*

Augustin-Louis *Taillandier.*

Jean Piet.

Edme-Jean Blaque.

Jean-André Gairal.

Thomas-Joseph-Charles Caignard de Mailly.

Ange-François Pantin.

Charles-François Quequet.

Christophe-Roc-Martin Gimard.

Jean-Charles Lefèvre.

Jean-Baptiste-Antoine Thévenin.

Théodore-Aimé Bourée de Corberon.

François Girard de Bury.

Ambroise Falconnet.

Eustache-Nicolas Pigeau.

TABLE DES MATIERES

CONTENUES DANS CET OUVRAGE.

———

A.

entre les mains du roi Charles VII, 422. Succès de l'entreprise, *ibid.* Prêtent le serment de fidélité au roi de France, 424. Ordonnance de Charles VI, du 25 mai 1413, qui maintient le mode d'élection des juges en faveur des avocats, 434. Ordonnance de Charles VII, du 28 octobre 1446, qui les appelle aux places de magistrature, 426. Disposition de l'ordonnance de Charles VII, du 26 août 1452, qui défend aux juges des *siéges d'élection* d'admettre le ministere d'avocats, t. II, p. 79. Déclaration dont les avocats accompagnent leur serment, après la réduction de Paris, 339. Les avocats continuent l'exercice de leurs fonctions, pendant la contagion de l'année 1597, 346. Vingt-deux avocats sont frappés à mort, victimes de leur dévouement, 348. Leur mécontentement de l'arrêt du Parlement du 6 mai 1602, qui leur imposoit l'obligation de donner une quittance de leurs honoraires, t. II, p. 388. Histoire de ce démêlé, *ibid.* et *suiv.* Ils vont deux à deux, au nombre de 307, le bâtonnier à leur tête, déposer solennellement au greffe, leurs *chaperons* et leurs *bonnets*, 391. Quarante avocats sont interdits en 1730 par un arrêt du conseil d'état; voyez *consultation.* Suite de cette affaire, 430. L'*ordre* des avocats inculpé gravement, en 1731, par l'*instruction pastorale* de l'archevêque de Paris, demande en réparation, 444. Les avocats interrompent le service de leurs fonctions, 446. Suite de cette affaire. (Voyez EXIL.) Leur conduite dans la révolution de 1771, 481. L'ordre des avocats et même le nom d'*avocat* est aboli, t. II, p. 540.

AVOCATS *du* Parlement : c'étoit la dénomination donnée par l'édit du 17 avril 1771 aux *cent* procureurs *conservés*, avec le droit de plaider sur l'appel, à l'instar des avocats AU *Parlement*, t. II, p. 479. Distinction adoptée par l'opinion publique, entre ces deux especes d'avocats, *ibid.* Leur suppression en 1774, 485.

B.

D.

qui mouroient sans avoir testé au profit de l'Eglise, t. I, p. 113 et 115. Des conciles ordonnoient aux prêtres qui assistoient les moribonds, de les presser vivement de faire un testament contenant un legs pieux , *ibid*; en cas de refus, le moribond étoit privé de l'absolution, du saint viatique et de la sépulture en terre sainte, 116. Les parents du défunt intestat et déconfès étoient admis à faire en son nom un testament en faveur de l'Eglise, et tel que le défunt auroit pu le faire, 116. Exemple d'un pareil testament, *ibid*.

DÉCRÉTALES. C'est le nom donné dans le treizième siècle à la collection des décrets et décisions des papes, t. I, p. 194.

DESMARES ou DESMARETS (Jean), célèbre avocat du quatorzième siècle, t. I, p. 309; est l'un des quatre arbitres nommés pour statuer sur les prétentions des quatre oncles du jeune roi (Charles VI), 309; apaise, par son grand crédit auprès du peuple, la sédition des Maillotins, 311. Importance de ce service, *ibid*; devient le médiateur d'une amnistie, 312. Il est enveloppé dans une sédition qui s'élève deux ans après, 312. Conduit à l'échafaud avec quatre autres avocats, 313. Relation de sa mort, *ibid*. Iniquité de cette exécution reconnue par tous les historiens, 314 et 315. Notice sur Jean Desmarets, 340 et 346.

DEVOIRS et OBLIGATIONS des avocats.

Au nombre de ces devoirs sont ceux-ci:

D'user de modération et de courtoisie dans la réfutation des moyens de leurs adversaires, sans rien laisser échapper d'injurieux, soit dans leurs paroles, soit dans leurs gestes, t. I, p. 27.

De traiter toutes les affaires dans lesquelles ils seront employés, soit pour la plaidoirie, soit pour le conseil, avec soin, diligence et fidélité, t. I, p. 33 et 172; de ne les conserver qu'autant qu'ils les croiront justes, et de s'en abstenir aussitôt qu'il leur apparoîtra du contraire, 133 et 172;

met en 1371 de sa dignité de chancelier en faveur de Guillaume de Dormans, son frere, 356.

E.

L.

P.

dominantes. t. II, p. 56. Exemples de nominations arbitraires, 57. Disposition renouvelée par l'ordonnance de Charles VII, 423. Autre ordonnance du même roi, de 1454, qui confirme le mode de *remplacement*, 81. Réclamation des états-généraux de 1484, pour le maintien du *remplacement* par voie d'élection, 100. Disposition de l'ordonnance de 1493 qui confirme le mode de remplacement des juges par la voie de l'élection, 120. Disposition de l'ordonnance de 1499, sur le même sujet, 121.

RÉPRÉSENTATION. Edouard II, roi d'Angleterre, réclamoit la couronne de France, au décès du roi Charles-le-Bel, en 1328, t. I, p. 62. La question de *représentation*, en pareil cas, formoit une question nouvelle du ressort des jurisconsultes. Les avocats du Parlement de Paris s'en emparent, 163. Service qu'ils rendent à Philippe de Valois et à toute la France, en contribuant à éclairer la nation sur ce point litigieux, 164. (Voyez *Edouard III*.) Leur avis est converti en règle de droit, *ibid*.

RÉSISTANCE aux lettres du roi, autorisée par plusieurs ordonnances. Disposition énergique à cet égard, par l'ordonnance de Louis XII, t. II, p. 115. Pareille injonction par l'article 70 de l'ordonnance de Charles VIII, du 11 juillet 1493, 119. (Voyez *Enregistrement*.) Disposition de l'ordonnance de Henri II, du mois de février 1548, par laquelle le roi donne sa parole royale de n'accorder aucunes provisions des places de magistrature supprimées par l'édit du feu roi, avec injonction au Parlement, si de pareilles provisions lui étoient présentées, de les considérer comme nulles et de nulle valeur, nonobstant quelques lettres dérogatives, et qu'il n'y soit nullement obéi, t. II, p. 213.

RESPECT que les avocats doivent aux juges, t. I, p. 84 et 85. Disposition de l'ordonnance de Philippe de Valois, du 11

S.

T.

TABLEAU des *Avocats* : réglement de Philippe de Valois, du mois de février 1327, qui n'admet à plaider que les avocats inscrits sur le *Tableau*, t. I, p. 166. (Voyez AVOCATS.) Réglement du Parlement, de 1328, qui introduit le mode de la formation du tableau et des conditions nécessaires pour y être inscrit, 172. Nul n'aura le titre d'avocat, s'il n'a été reçu en la Cour après serment, 173. La qualité d'avocat ne donnoit pas le droit de plaider, avant l'inscription sur le *tableau*, 173. Disposition de l'ordonnance de 1667, qui consacre le *tableau* des avocats et lui donne un caractère légal, t. II, p. 399. Autre disposition de l'arrêt de réglement du 17 juillet 1693, relatif à la confection du *tableau*, et qui exige deux ans de stage, 400. Abus qui s'étoient introduits à ce sujet, exposés au Parlement par le bâtonnier en 1751, 487.

TALON (Omer), avocat au Parlement, au 16e siècle, t. II, p. 366. Est incarcéré à la Bastille par les meneurs de la ligue, pour son attachement à la cause de Henri IV, 367. Après la réduction de Paris, rentre au barreau en 1595, *ibid*. Il est la tige d'une famille illustre dans la haute magistrature, *ibid*.

TENCIN (l'abbé), accusé de simonie, t. II, p. 460. Est prêt de se parjurer, 461. Affront qu'il éprouve au Palais dans une audience solennelle, *ibid*. Son ressentiment contre l'avocat adverse, et par suite contre tous les avocats, 462. (Voyez *Archevêque d'Embrun*, *Concile d'Embrun*, *Mandements*, *Prédicateurs*.)

THOU (Christophe de), un des plus brillants avocats sous François Ier, t. II, p. 234. En concurrence avec Pierre Seguier, *ibid*. Devient premier président, *ibid*.

TRAITÉ de *Bretigny*, du 7 mai 1360, t. I, p. 106. Il est né-

V.

Y.

FIN DE LA TABLE DES MATIÈRES.

HISTOIRE

DE L'ORDRE DES AVOCATS

ET DU BARREAU

DU PARLEMENT DE PARIS.

~~~~~~~~~~~~~~~~~~~~~~~~~~~~~~~

LIVRE PREMIER.

De l'état d'Avocat avant et durant le XIIIᵉ siècle.

SECTION Iʳᵉ.

Des Avocats avant S. Louis.

De tous les états de l'Europe, la *Gaule* est celui qui a montré le plus de goût et de disposition pour l'exercice du barreau.

Vif, ingénieux et babillard, le Gaulois se faisoit un spectacle amusant de cette espece d'escrime judiciaire. Le barreau gaulois avoit étendu si loin sa renommée, que les nations étrangères envoyoient leurs jeunes gens en Gaule pour s'y instruire dans l'art de *plaider*.

JUVÉNAL, qui vivoit dans le premier siècle de notre ère, appelle la Gaule *la mère nourrice des avocats* (1), et il nous apprend que c'étoit la Gaule qui formoit les *avocats* des isles britanniques (2).

Effectivement, du temps de *Tibère*, il y avoit à Autun des écoles d'éloquence où l'on comptoit jusqu'à quarante mille étudiants.

Sous l'empereur Constance Chlore (en 297), ces écoles étoient dirigées par l'orateur *Eumène*, qui recevoit un traitement de *six cent mille sesterces* (correspondant à 60,000 fr. (3) de notre monnoie d'aujourd'hui).

Les écoles de Toulouse, de Bordeaux, de Marseille, de Lyon, de Trèves, de Besançon, jouissoient de la même importance.

Lorsque les Francs s'emparèrent de la Gaule, dans le cinquième siècle, ils y trouvèrent l'exercice du barreau porté au plus haut degré de considé-

---

(1) *Nutricula causidicorum, Gallia.*

(2) *Gallia causidicos docuit facunda Britanno.*

(3) A raison de 2 sous ou 10 centimes le *sesterce.*

ration. Cette nation guerrière n'eut garde de contrarier une institution chévaleresque qui offroit l'image d'un combat en champ clos, en mettant aux prises deux champions armés de subtilités pour l'attaque et la défense.

Envisageant cette lutte judiciaire sous ses rapports avec la chevalerie, les plus grands seigneurs ne dédaignerent pas de descendre dans l'arène pour y partager l'honneur d'un exercice qui ne leur présentoit rien que de glorieux.

Ils furent les premiers à proclamer le ministère d'*avocat*, un ministère *noble,* qualification qui lui est restée jusqu'à ce jour ; et on les vit eux-mêmes accepter et solliciter l'emploi d'*avocat* ou d'*avoué* des églises et des monastères.

Or, il ne faut pas croire que le ministère d'*avoué* d'une église se réduisoit à défendre, à *main armée,* les possessions territoriales de l'église, et à les protéger contre les invasions des voisins. La nomination à l'*avouerie* ou *advocacie,* en pareil cas, embrassoit la défense dans les *tribunaux,* à l'*instar* des autres plaidoiries entre particuliers. Le haut baron, *avoué* d'une église, étoit un *avocat* dans toute l'acception du terme, *consultant, écrivant, plaidant,* et recevant des *honoraires.*

C'est ce qui est prouvé par une quantité de

Capitulaires, qui exigent que les *avoués* d'églises soient versés dans la connoissance des lois (1).

Au surplus, il n'est pas étonnant que les seigneurs *francs* eussent une opinion aussi favorable de la profession d'*avocat*.

A l'époque de l'entrée des Francs dans la Gaule, la plupart d'entre eux avoient voyagé à *Constantinople*, à *Rome*, à *Ravennes*, à *Milan*, etc., où ils avoient été les témoins de la haute considération dont cette profession étoit environnée, et eux-mêmes n'étoient pas étrangers aux belles-lettres et à l'art oratoire.

Car, quelle que soit à cet égard l'opinion vulgaire, il ne faut pas considérer les *Francs* comme un amas de guerriers sauvages sans aucune teinture des sciences et des lettres, et qui n'avoient d'autre connoissance que celle de bien manier une hache ou un *angon*. Les Francs du cinquième siècle étoient un peuple exercé aux beaux arts, qui fournissoient aux deux cours impériales de *Constantinople* et de *Ravennes* les hommes les plus polis et les plus aimables de l'Europe (2).

---

(1) *Legem scientes, et justitiam diligentes, et mansueti.* Cap. de Charlem. an. 802.

(2) *Tunc, in palatio, Francorum multitudo florebat.* (Amm. Marcellin, lib. 15. *V.* Etat de la *Gaule*, ouvrage rare et peu

Il ne nous est resté aucun détail sur le barreau des six, sept et huitième siècles; mais il n'y a pas de doute que les avocats, durant le cours de ces trois siècles, ne se soient maintenus dans leur considération.

Les *Capitulaires* de Charlemagne font souvent mention de cette profession, dans laquelle ils vouloient qu'on n'admît que des hommes *doux et pacifiques, craignant Dieu, aimant la justice,* sous peine d'être éliminés du barreau (1); ce qui fait conjecturer que ceux qui y étoient conservés réunissoient toutes ces qualités.

Depuis Charlemagne jusqu'à *S. Louis*, c'est-à-dire pendant quatre siècles, le barreau français se trouve comme perdu au milieu de l'épaisse obscurité qui couvre cette époque de notre histoire, ou au moins n'y rencontre-t-on que quelques foibles lueurs qui attestent son existence.

Ce n'est que sous le règne de *S. Louis* que l'ordre des *avocats* se reproduit avec intérêt, et

---

connu, parceque l'auteur n'en a mis qu'un petit nombre d'exemplaires dans le commerce. Il est cité plusieurs fois dans la *Gaule poétique* de M. Marchangy.

(1) *Si* advocatus *in causâ susceptâ, iniquâ cupiditate fuerit repertus, à conventu honestorum et judiciorum communione separetur. Capit.* tom. 1, p. 10, §. 9.

sous des traits dignes de l'histoire et de la mémoire de tout bon François.

C'est donc à cette époque que je vais m'attacher, en descendant de siècle en siècle jusqu'aujourd'hui.

Je subdiviserai chaque siècle en deux *sections*,
pour encadrer dans chacune les événements qui
lui appartiennent, et fixer leur date d'une manière plus sûre.

Chaque *section* sera accompagnée de plusieurs
chapitres, qui contiendront,

1°. Les *ordonnances*, *édits* et *réglements* qui
sont intervenus dans l'espace d'une époque à
l'autre ;

2°. Les ouvrages de jurisprudence et de pratique ;

3°. Le fragment du *tableau* des *avocats* qui
ont été connus au barreau ;

4°. Les magistrats *dignitaires*, tels que *chanceliers*, *gardes-des-sceaux*, *premiers présidents*,
gens du roi ;

5°. Les *officiers ministériels*, tels que *greffiers*,
procureurs, *notaires*, *huissiers*, *sergents*, etc.;

6°. Les *procès fameux* et *exécutions* qui tiennent une place dans l'histoire;

7°. Les *établissements* et *institutions* relatifs à
l'*ordre judiciaire* ;

8°. Les *usages*, *pratiques* et *costumes* du barreau ;

9°. Enfin, sous un *chapitre* intitulé *variétés* qui termine chaque *section*, se trouveront rassemblés les événements et anecdotes qui n'auroient pas pu s'incorporer dans les autres chapitres sans en rompre le fil.

SECTION II.

1250.

Des Avocats au treizième siècle.

(Depuis l'an 1250 jusqu'à 1300.)

Louis IX (S. Louis.)

Philippe III (dit le Hardi.)

Philippe IV (dit le Bel.)

CHAPITRE PREMIER.

Exposé du régime judiciaire au milieu du treizième siècle ; genre d'occupations des avocats. Altercation de la cour de France avec celle de Rome, au sujet des prétentions des papes ; intervention des avocats sur cette querelle. Service important rendu à S. Louis

par leurs écrits. Reconnoissance du monarque.
Avocat devenu PAPE. *Coopération des avocats à la*
pragmatique sanction de 1268, *et au code de* 1270
*connu sous le nom d'*Etablissements de S. Louis. Chapitre 14 *de ces* établissements *concernant les* avocats.
Etrange décision du concile de Lyon sur les hono-
raires *des avocats. Scandale que cause, en France,*
cette entreprise sur la puissance royale. Mesure
imaginée par la cour de France pour annuller cette
décision. Ordonnance de 1274 *rendue, à ce sujet,*
sur les honoraires *des avocats. Extrait de cette*
ordonnance. Première institution des maîtres des
requêtes. Ordonnance de 1291 *sur la discipline des*
avocats. *Réglement de* 1299 *qui interdit l'accès du*
barreau aux avocats excommuniés.

Imaginez la France couverte de grands et petits
bailliages, de grandes et petites sénéchaussées,
de vicomtés, prévôtés, vigueries, grueries, châtellenies, et juridictions ecclésiastiques.

Joignez-y les *parlements ambulatoires,* et le
conseil du roi, et vous aurez le tableau du régime
judiciaire d'alors, et de la confusion qui devoit
y régner.

Chacune de ces juridictions avoit ses attributions particulières.

Il existoit entre les tribunaux une *hiérarchie*
qui régloit les degrés de juridictions.

Les *petites justices* relevoient d'une *justice* supérieure, laquelle étoit elle-même subalterne à l'égard d'une autre, et toutes, en définitif, venoient aboutir aux *parlements*.

Or, ces *parlements* ne doivent pas se confondre avec ces grandes cours qui ont jeté un si grand éclat jusqu'à l'époque de la révolution, et qui ont été entraînées par le torrent des destructions. Ils n'étoient autre chose qu'une *commission judiciaire*, nommée par le roi pour quelques mois, et choisie parmi les membres de son *conseil* : cette commission transportoit ses *assises* successivement dans le ressort des grandes *sénéchaussées*, ou des *grands bailliages*, pour y expédier les affaires qui lui étoient déférées par la voie de l'*appel*, et pour réformer les abus.

A l'expiration du terme de sa mission, le *parlement* étoit anéanti, et chaque membre rentroit dans ses foyers.

Le roi nommoit un *parlement* à chaque occasion où il le croyoit nécessaire, et quelquefois pour une affaire unique qui présentoit de l'urgence, ou qui exigeoit de la solennité.

Il n'y avoit, pour la convocation du parlement, pour sa durée, pour le choix des personnes ou du lieu, d'autre règle que la volonté du monarque.

Quelquefois les membres en étoient pris parmi

les *hauts barons*, les *prélats*, les *dignitaires*, et ce qu'il y avoit de plus distingué dans l'Etat ; d'autres fois, on y appeloit des *jurisconsultes*, des *légistes*, des *docteurs* en *théologie*, et d'autres personnes recommandables par leur science et leur sagesse.

A l'égard du siége, il étoit quelquefois en province, d'autres fois à Paris, souvent dans le palais même du roi, ou dans un de ses châteaux ou maisons de plaisance, tels que *Fontainebleau, Vincennes, Melun*, etc. etc. etc.

Les diverses attributions des tribunaux, leur compétence, leurs prétentions, formoient déjà une *science* qui étoit propre aux *avocats*, et qui auroit suffi pour leur donner une grande occupation ; mais ce n'étoit rien en comparaison des autres matières avec lesquelles ils devoient être familiarisés.

La jurisprudence d'alors se composoit de trois branches ; savoir : le droit *féodal*, le droit *canonique*, et le droit *civil*.

Le droit *féodal* fournissoit une source inépuisable de contestations souvent du plus grand intérêt, et qui se rattachoient aux premiers temps de la monarchie.

Le droit *canonique* se composoit des *décrétales des papes*, des *collections des canons*, et des *constitutions ecclésiastiques*, parmi lesquelles le recueil du moine *Gratien* avoit obtenu la plus grande autorité.

Cette branche de jurisprudence embrassoit la validité ou la cassation des mariages, l'exécution des testaments, des contrats accompagnés de serment, etc. etc.

Enfin, le droit *civil* se composoit des *ordonnances* et des *diplômes* des rois, des *usages et coutumes*, et s'étendoit sur l'ordre des *successions*, sur les ventes et aliénations, etc.

Un événement imprévu vint fortifier et enrichir cette troisième division de la jurisprudence, et jeter un surcroît d'activité et d'émulation dans le barreau françois; ce fut la découverte toute récente d'un *manuscrit* qui, sous le nom de *Pandectes*, complétoit le *corps du droit romain.*

Trouvé, vers le milieu du douzième siècle, dans le pillage d'*Amalphi*, et transféré, sur-le-champ, à *Pise*, il étoit devenu en peu de temps l'objet d'une espèce d'idolâtrie, qui de l'Italie se communiqua à toute l'Allemagne et en France.

Il y fut reçu comme un ouvrage descendu des cieux, devant lequel toutes les autres lois devoient se taire.

L'*imprimerie* n'étant pas connue alors, des milliers d'écrivains furent employés à multiplier

des copies de ce livre précieux, que les jurisconsultes et les ecclésiastiques s'arrachoient avec
avidité. Il s'éleva à Paris et à Orléans des *écoles*
où le *droit romain* étoit enseigné à une foule
d'étudiants qui, passant de là au barreau, y
répandoient sa doctrine.

Le droit *canonique*, qui jusqu'alors avoit été
en possession de gouverner la France, se vit
dépossédé de sa suprématie, et obligé de fléchir
devant ce nouveau rival; beaucoup d'ecclésiastiques abandonnant l'étude de la *théologie* pour
étudier le *droit romain*.

Cette défection alarma la cour de Rome.

Le concile de Tours, tenu en 1180, et présidé
par Alexandre III, fit défense aux *religieux profès*
de sortir de leurs cloîtres pour aller étudier la
loi *mondaine;* c'est ainsi qu'on qualifioit le droit
romain, par opposition à la sainte origine des
lois canoniques. (Décrétales, *lib.* 3, *tit.* 50,
cap. 3.)

La même prohibition fut renouvelée en 1225,
par le pape *Honorius III*, dans sa fameuse décré-
tale *Super specula*, qui défendoit à tous ecclésiastiques d'*enseigner* et d'*étudier* le droit *civil*,
sous peine d'*excommunication* (1); de sorte que le

_____

(1) « *Firmiter interdicimus et districtiùs inhibimus ne* Parisiis,

droit *romain* devint une science de *contrebande*, que les ecclésiastiques ne pouvoient se procurer que par des voies clandestines, et au risque de leur *damnation*.

Cette exclusion des ecclésiastiques tourna au profit des légistes *laïcs*, auxquels elle donna plus d'importance et d'occupation.

Dans un temps où nulle ordonnance, nulle décision ne pouvoient se passer de l'intervention du droit *romain*, et n'avoient l'autorité aux yeux des peuples qu'autant qu'elles se rattachoient à quelque passage du *Code* ou du *Digeste*, que pouvoit-il arriver de plus avantageux pour la gloire et la fortune du barreau que d'être institué dépositaire exclusif de cette doctrine mystérieuse, et seul admis à en révéler les oracles ?

Au milieu de cette prospérité, un grand événement vint accroître encore la considération des avocats, et leur imprimer un nouveau degré d'importance.

Pour entendre ceci, il faut reprendre les choses de plus loin.

« vel in civitatibus, *seu aliis locis vicinis quisquam* DOCERE *vel*
« AUDIRE *jus civile præsumat; et qui contrà faceret non solùm*
« *à causarum patrociniis interim excludatur, verùm etiam per*
« *episcoporum* EXCOMMUNICATIONIS *vinculo innodetur.* »

Depuis quelque temps, les papes avoient imaginé de se prétendre seigneurs suzerains de tous les empires et royaumes de la terre, et de ne considérer les monarques que comme de simples concessionnaires, révocables à volonté, ou comme des vassaux assujettis à la *confiscation* et à la *destitution*, en cas de félonie et de désobéissance au saint-siége.

Grégoire VII avoit le premier annoncé cette prétention, et ses successeurs l'avoient si habilement mise en œuvre, qu'au *treizième siècle* la cour de Rome en étoit venue au point de proclamer sans déguisement la doctrine extravagante (1) dont voici la substance :

« Qu'au pape seul, en qualité de *vicaire de « Jésus-Christ*, appartenoit la souveraineté du « monde entier, et la propriété de toutes posses-

---

(1) Grégoire VII, dans la bulle d'excommunication contre Henri IV, adressée aux évêques, archevêques et prélats d'Allemagne, s'exprime en ces termes :

Agite nunc, quæso, patres et principes sanctissimi, ut omnis mundus intelligat et cognoscat, quia si potestis in terrâ ligare et solvere, potestis in TERRA, *imperia, regna, principatus, ducatus, marchionatus, comitatus, et omnium hominum possessiones pro meritis cuique tollere et concedere.*

Si enim spiritualia judicatis, quid de secularibus non posse credendum est?

« sions territoriales, tant publiques et domaniales
« que particulières, avec le droit de disposer des
« *empires*, des *royaumes*, des *principautés*, des
« *marquisats*, des *comtés*, pour les ôter aux uns
« et les concéder aux autres à son gré et suivant
« le mérite de chacun ; que cette faculté étoit un
« attribut nécessaire de la puissance de l'église,
« qui disposant du *spirituel*, avoit, à plus forte
« raison, le droit de disposer du *temporel*. »

Par suite de cette doctrine, les papes s'attri-
buoient *exclusivement* la collation des bénéfices
dans toute la chrétienté, depuis le plus modique
jusqu'à la plus haute dignité ecclésiastique.

Ils prétendoient que les biens et revenus de
l'église ne pouvoient être grevés d'aucune espèce
de *contributions* ni *taxes*, sans l'autorisation du
saint siége.

Enfin, ils alloient jusqu'à dire « que la per-
« sonne de tout ecclésiastique cessoit de rester
« sous la puissance des monarques et des princes,
« et qu'étant devenu, par son caractère sacré,
« *l'homme* et le *sujet* de l'église, toutes les causes
« qui le concernoient appartenoient à la juri-
« diction épiscopale, sauf l'appel, en *dernier*
« *ressort*, au saint siége. »

La foiblesse de quelques princes et le défaut
de concert avoient fait, dans quelques endroits,

triompher ces prétentions, et la résistance des
autres avoit été accompagnée de scènes sanglantes.

L'orage approchoit de la France, et ce qu'il y
avoit de plus éclairé dans le conseil de *Louis* regardoit comme un devoir attaché à sa couronne
d'en défendre l'*indépendance*, et de l'arracher à
l'odieuse servitude dont elle étoit menacée.

Mais la circonstance étoit bien critique.

Il n'y avoit rien à espérer du côté de la *noblesse.*

S'il eût été question de vaillance et de faits
d'armes, sans doute que l'honneur de la France
eût été en sûreté, et l'ambition de la cour de
Rome bientôt réprimée ; mais, ici, les grands des-
triers *bardés de fer*, les *lances*, les *massues* n'é-
toient d'aucun usage. La guerre qui s'annonçoit
étoit une guerre d'*opinion* qui bravoit la chevalerie.

Du côté du *clergé*, il n'y avoit nul fond à faire
sur ses secours, puisque c'étoit contre son chef
que la France avoit à se défendre : heureuse
même si elle ne le comptoit pas au nombre de
ses ennemis !

Dans cette extrémité, le *conseil* du roi jeta les
yeux sur un autre ordre d'hommes qui lui annonçoit une plus utile ressource ; c'étoient les *avocats.*

Qui pouvoit-on mieux, en effet, choisir pour opposer à la cour de Rome et aux arguties de ses docteurs et de ses moines?

Savants dans le droit *civil* et le droit *canonique,* ils étoient en état de déconcerter les plus subtils partisans de la doctrine ultramontaine. Leur qualité de *laïcs,* en les dégageant des entraves qui embarrassoient les clercs, leur laissoit toute liberté pour le développement de leurs forces. Habitués, par état, à la *controverse,* ce genre d'exercice leur donnoit une habileté supérieure à leurs adversaires, pour la méthode des discussions, l'art d'entraîner les esprits et de produire la conviction.

Ajoutez qu'en plusieurs occasions ils avoient déjà donné des preuves de courage et d'énergie qui ne laissoient pas craindre qu'ils se laissassent glacer par les menaces de Rome et les clameurs de sa *milice.*

Ce fut donc dans cette classe d'hommes que reposoit le dernier espoir de la cour de France et des bons citoyens.

Ils répondirent à cet appel honorable, en se rangeant, avec empressement, autour du trône, pour en défendre l'*indépendance* contre les attentats de la papauté.

Leur tâche étoit d'autant plus laborieuse, que

la France ne manquoit pas de gens superstitieux, infatués de la puissance de la cour de Rome, et stimulés par les prédications des moines.

Mais ce qui rendoit encore plus critique la mission de ces jurisconsultes, c'est qu'ils alloient combattre sous un roi qui, brave et intrépide en toute autre matière, laissoit voir une foiblesse extrême dans tout ce qui touchoit à la religion.

C'étoit donc le monarque, plus encore que le peuple, que les *jurisconsultes* devoient rassurer contre les attentats de la cour de Rome, en les éclairant sur la démarcation du sacerdoce et de l'empire, et en conciliant les droits des deux puissances.

Pour parvenir à ce but, les *jurisconsultes* inondèrent la France d'écrits nombreux, sous toutes sortes de *formes* et de *titres*, où les propositions avancées par la cour de Rome étoient suivies pas à pas, et réfutées méthodiquement.

On y établissoit :

« Qu'il n'est pas vrai que Jésus-Christ ait institué S. Pierre *son vicaire général* sur la terre pour gouverner les royaumes et empires, et disposer des sceptres et des couronnes (1);

---

(1) Les papes avoient fait insérer dans l'office de S. Pierre : *Tibi tradidit Deus omnia regna mundi.*

« Que Jésus-Christ n'avoit délégué à S. Pierre *en particulier* aucun pouvoir qui excédât celui des autres apôtres ;

« Que le pouvoir que les papes revendiquoient sur le *temporel* des princes, s'il existoit, appartiendroit au dernier des évêques autant qu'à l'évêque de Rome, et que chaque évêque deviendroit donc le seigneur suzerain de son diocèse, ce qui étoit une absurdité intolérable ;

« Que Jésus-Christ, en déléguant sa puissance à tous ses apôtres, ne leur avoit donné que les *clefs* du royaume des cieux et non des royaumes de la terre, *tibi dabo claves regni cœlorum ;*

« Qu'ayant déclaré lui-même que son royaume n'étoit pas *de ce monde*, leur puissance de *lier* et de *délier*, d'ouvrir et de fermer, ne regardoit que le *royaume des cieux*, dont les *clefs* leur ont été confiées ; que tout autre usage qu'ils en feroient ne pourroit être considéré que comme une usurpation ;

« Que ni la *paix* ni la *guerre* n'étoient de leur ressort, et qu'ils n'avoient vis-à-vis les princes que la voie des *exhortations*, des *prières*, et des *remontrances ;*

« Qu'il n'étoit pas vrai que le pape fût l'*évêque* des *évêques*, Jésus-Christ n'ayant pas donné à

S. Pierre de juridiction sur les autres apôtres, qui avoient *tous* été investis d'une égale autorité, de manière que chacun des apôtres devînt également *vicaire de Jésus-Christ.*

« A quoi donc se réduisoit la primauté de
« S. Pierre? A être le chef du collége aposto-
« lique, *primus inter pares;* avantage qu'il mé-
« ritoit pour avoir été appelé le *premier* à la suite
« de Jésus-Christ; que ce fut par ce seul motif
« que les apôtres avoient eu l'attention de lui con-
« server son droit d'*ancienneté*, en mettant son
« nom à la tête des autres (1); qu'on le considé-
« roit comme le *doyen*, comme l'*aîné*, et qu'à
« ce titre il avoit droit à plus de vénération;
« qu'il étoit leur *chef*, et non leur *prince;* que
« sa doctrine n'étoit ni plus pure, ni plus
« sûre; en un mot, qu'il n'étoit pas plus *apôtre*
« ni plus *évéque* que *Jean*, *Philippe*, *Barthé-*
« *lemy*, etc. »

Pour ce qui concerne l'*excommunication* des souverains, arme redoutable dont les papes se servoient pour ébranler leur trône, les *juriscon-sultes* en démontrèrent toute l'illusion, et révé-lèrent les moyens d'en amortir les coups, à l'aide

---

(1) *Assumpsit Jesus Petrum, Jacobum et Joannem.*

d'un *appel au futur concile* de toutes les *monitions*
et *censures* du pape.

Quant à la *collation* des bénéfices, il fut dé-
montré jusqu'à la dernière évidence « que les
rois de France jouissoient, sur ce point, de la
plus entière indépendance, sans avoir besoin
d'aucune *bulle de confirmation* pour les *évêques*,
archevêques ou *abbés*, qui tenoient leur qualité
soit de l'*élection*, soit de la *nomination du roi;*

« Qu'il n'étoit pas plus permis à l'*évêque de
Rome* de se mêler des nominations aux bénéfices
de France, qu'il ne seroit permis à un évêque
françois de s'immiscer dans la nomination aux
bénéfices romains, la qualité des deux *évêques*
étant, à cet égard, d'une parité complète;

« Qu'à l'égard des charges et impositions sur
les biens de l'église, le pape n'y avoit rien à
voir; que les biens *ecclésiastiques* étoient, tout
ainsi que les biens *laïcs*, soumis aux charges
communes du royaume, sans autre affranchissement que celui qu'il plairoit au roi de régler,
sans avoir besoin du consentement du pape, non
plus que le pape n'avoit besoin du consentement
du roi pour l'établissement des impôts sur ses
sujets;

« Qu'il en étoit de même pour la *personne* des
ecclésiastiques, qui, en qualité de *sujets* du roi,

ne devoient reconnoître d'autre puissance que la sienne, quant au *temporel*. »

Ces propositions, développées avec énergie, produisirent une prompte révolution dans les esprits, jusqu'alors peu habitués à entendre de pareilles vérités.

Cette distinction lumineuse entre la *cour de Rome* et le *saint-siége*, mise à la portée de tout le monde, rendit le courage aux consciences timorées qui avoient auparavant adopté, de *confiance* et *sur parole*, la doctrine *ultramontaine*.

Les *évêques*, dont la cause se trouvoit liée aux intérêts de la couronne, saisirent cette occasion pour se relever de l'asservissement honteux sous lequel la cour de Rome les tenoit courbés ; et les déclamations monacales sur la puissance *absolue* des papes ne trouvèrent plus des auditeurs aussi crédules : enfin, la cour de Rome alarmée suspendit ses attaques, et laissa pour quelque temps la France en paix.

Louis, le pieux Louis, qui, tout en défendant l'indépendance de sa couronne, trembloit d'offenser l'église, fut transporté de joie de voir qu'il pouvoit avoir du courage contre le pape sans être schismatique ni *rebelle*, et qu'il lui étoit permis de combattre la doctrine ultramontaine sans se constituer en état de *péché*.

Cette conviction fut pour lui le prix le plus 1260.
doux de sa victoire ; et il ne dissimula pas toute
sa reconnoissance pour les savants hommes qui
l'avoient tiré d'embarras en soulageant sa conscience.

Dès ce moment, il couvrit de la plus haute
protection une profession dont il venoit d'áp-
précier l'utilité.

Le premier acte de sa faveur fut d'appeler
auprès de sa personne et dans son *conseil* ceux
des *jurisconsultes* qui s'étoient le plus distingués,
tels que *Pierre de Fontaines,* et quelques autres ;
mais aucun *avocat* n'en ressentit les effets d'une
manière plus éclatante que *Gui Foucaud,* qui,
depuis long-temps, se faisoit distinguer au barreau
par ses talents et ses vertus (1).

Après avoir été comblé de dignités ecclésiastiques, Gui Foucaud parvint à la *chaire de
S. Pierre* (2), et l'*ordre* des *avocats* put concevoir quelque orgueil de voir un de ses membres
assis sur le premier trône du monde.

---

(1) *Jurisconsultus totius Galliæ sine contentione primarius,
in curiâ regiâ causas integerrimè agens (Platine in vitâ)....*
Famossisimus advocatus. (Cattel, Hist. de Toulouse.)

Voy. ci-dessous, chap. III, la note de Gui Foucaud.

(2) Sous le nom de *Clément IV.*

1268.　Mais ce n'étoit pas assez d'avoir échappé au danger du moment, il falloit encore se faire un appui permanent contre le retour des mêmes événements ; il falloit surtout consigner dans un monument authentique des principes aussi précieux pour l'*indépendance* de la couronne.

Tel fut l'objet de l'ordonnance du mois de mars 1268, si fameuse sous le nom de *pragmatique sanction*.

Par cette *ordonnance*, le monarque assure aux *prélats*, *patrons* et *collateurs* de bénéfices l'exercice de leur droit dans toute sa plénitude, c'est-à-dire sans qu'il soit permis au pape d'y porter atteinte par ses *réserves*, ses *graces expectatives* et ses *mandats*, et autres subterfuges que les papes avoient imaginés.

Le droit d'*élection* est restitué et garanti pour les évêchés et abbayes ;

Les promotions, collations, dignités, bénéfices, ou offices ecclésiastiques, réintégrés sous les règles établies par le droit commun et par les saints conciles ;

Prohibition et réprobation des exactions et *extorsions* insupportables pratiquées par la cour de Rome au détriment du royaume, qui s'en trouvoit appauvri.

Déclaration « qu'à l'avenir aucune contribution

« ni aucune taxe ne pourront être levées en France
« sur les biens de l'église, au nom de la cour de
« Rome, *si ce n'est par la permission expresse* du
« roi, qui s'oblige de ne l'accorder que pour les
« cas de la plus urgente nécessité, et de l'exprès
« consentement de l'église gallicane (1). »

Enfin, la même ordonnance « approuve, con-
« firme et maintient toutes les *franchises*, *im-*
« *munités* et *libertés* de l'église gallicane (2). »
Disposition générales qui entraînoit l'anéantisse-
ment de la doctrine *ultramontaine* sur le *temporel*
des rois.

Cette *pragmatique sanction* est le premier coup
porté, en France, à l'ambition de la cour romaine ;
car, avant cette loi, il n'en existoit aucune qui se
fût aussi fortement prononcée contre l'usurpation des papes.

Le succès de cette première opération fit naître
l'idée d'une seconde, qui viendroit encore à son

---

(1) *Exactiones et onera gravissima per curiam romanam,
ecclesiæ nostri regni impositas.... Nisi duntaxat pro urgentis-
simâ causâ et de expresso consensu nostro, et ipsius ecclesiæ
nostri regni.*

(2) *Libertates, franchisias, immunitates, prærogativas,
jura et privilegia, innovamus, laudamus, approbamus, et
confirmamus per præsentes.*

1270. appui ; c'étoit la confection d'un *code* à l'*instar* de celui de Justinien, qui réuniroit en un seul corps les lois éparses, en y ajoutant les nouvelles dispositions appropriées aux circonstances, et offriroit au peuple françois le bienfait d'un système complet de législation tant au *civil* qu'au *criminel*.

Louis confia ce grand ouvrage à une *commission* composée de quelques membres de son *conseil*, qui se firent assister des plus habiles jurisconsultes (1).

Ce *code* fut en état d'être publié avant la deuxième *croisade* de S. Louis, en 1270 ; et, malgré le défaut d'*ordre* et de *méthode,* on y remarque des traces de la plus haute sagesse.

Toutes les parties du régime *judiciaire* étant embrassées par ce *code*, la profession d'*avocat* n'étoit pas de nature à y être oubliée.

Aussi fait-elle l'objet d'un chapitre particulier. (*Chap.* 14, *liv.* 2.)

La première obligation qui est imposée à l'*avocat* est de ne présenter à la justice qu'une cause juste et loyale ; il lui est enjoint d'user de

_____

(1) « Et furent faits ces Etablissements par grand conseil « de sages hommes et de bons clercs. (Préambule des Eta- « blissements.)

modération et de courtoisie dans la réfutation qu'il fait des moyens de son adversaire, sans rien laisser échapper d'injurieux, soit dans ses paroles, soit dans ses gestes.

« Et toutes les resons a destruire la partie « adverse si doit dire courtoisement sans vilenie « dire de sa bouche ne en fait, ne en dit (1).

Il est défendu à l'*avocat* de faire aucun marché avec son *client pendant le cours du procès:*

« Et si ne doit fere nul marché a celui pour qui « il plaide, *plet pendent;* car droit le défend en « code *de postulando* en la loi qui commence « *quisquis vult esse causidicus;* et ce appartient à « loyal avocat (2). »

Louis ne survécut que peu de temps à cette ordonnance, étant mort à *Tunis* le 25 août de la même année (1270).

Son fils Philippe III, dit *le Hardi*, lui succéda.

---

(1) *Lex* quisquis (*cod. de Postulando*).

Nam si quis adeò procax fuerit ut non ratione, sed probris putet esse certandum, opinionis suæ imminutionem patietur.

Non jurgia vendant. Non iras, non verba locent.

(2) *Præterea nullum cum litigatore contractum, quem in propriá fide recepit, ineat advocatus; nullam conferat pactionem.* V. Ordonnances, tom. 1, p. 261.

1274. Sous son règne, la profession d'*avocat* ne perdit rien de sa considération ; et, quatre ans après l'avénement de Philippe au trône, un événement singulier servit à la mettre en évidence.

Plusieurs motifs avoient déterminé Grégoire X à convoquer un concile à *Lyon*. Il s'agissoit d'y prendre des mesures pour une nouvelle *croisade*, pour le rapprochement de la *communion grecque*, et, enfin, pour la réformation des *déréglements* du clergé, qui scandalisoient l'Europe.

La première session du concile s'ouvrit le 7 mai 1274.

Il s'y trouva cinq cents évêques, soixante-dix abbés, et plus de mille prélats.

Le pape y présidoit en personne, accompagné de quinze cardinaux.

On y vit les ambassadeurs de France, d'Allemagne, d'Angleterre, de Sicile, de Michel Paléologue, empereur des Grecs : en un mot, ce fut la réunion de ce que l'Europe avoit de plus grand et de plus élevé (1).

---

(1) Ce fut dans ce concile que fut établie la formalité du *conclave* pour l'élection des papes.

Le *conclave* étoit un terme nouveau pour exprimer le rassemblement des cardinaux sous une seule et même clef, qui

Croiroit-on qu'au milieu d'affaires si importantes le saint concile consacra une *session* à traiter du salaire des *avocats* de France?

Ceux-ci eurent l'insigne honneur de figurer dans un canon qui régla leur salaire à 20 livres tournois, « avec obligation de renouveler chaque « année le *serment* qu'ils ne recevroient rien au-« delà. »

C'étoit, de la part du *concile,* une étrange chute. Comment, ayant à s'occuper d'intérêts majeurs, qui concernoient le repos de la chrétienté et la gloire de l'église, le *concile* avoit-il pu s'abaisser à un objet aussi chétif, et qui d'ailleurs sortoit de sa compétence?

Cette bizarre disposition s'explique par l'empressement de réintégrer la cour de Rome dans l'administration du *temporel* des rois, et de faire un acte *quelconque* de possession.

Ajoutez que Grégoire, ses cardinaux et ses docteurs n'étoient pas fâchés de l'occasion de

---

ne devoit leur rendre la liberté qu'après la confection du pape.

Si dans les trois jours de leur clôture ils ne sont pas d'accord sur le choix du pape, on ne leur servira les *cinq jours* suivants qu'un seul plat à chacun de leurs repas.

Après les cinq jours, chacun d'eux étoit réduit an *pain et à l'eau,* jusqu'à ce que le pontife fût élu.

vexer une classe d'hommes que la *cour de Rome* trouvoit sans cesse sur son chemin, toutes les fois qu'il s'agissoit de ses prétentions; et c'etoit bien la moindre chose que le pape donnât quelque témoignage de malveillance aux provocateurs de la *pragmatique sanction*, aux rédacteurs des *établissements*, et aux éternels défenseurs des libertés de l'*église gallicane*.

Cette disposition, lorsqu'elle fut connue à Paris, y produisit la plus grande sensation.

Les uns se demandoient si une assemblée de pères de l'église n'avoit pas eu quelque chose de mieux à faire qu'à s'occuper d'un *réglement* de discipline pour les *gens du palais;* et s'il n'eût pas été plus convenable d'employer le reste de son temps à régler la discipline des *gens d'église*, et à réprimer leurs affreuses exactions.

On admiroit, avec dérision, ce mélange de constitutions disparates, qui réunissoit, dans un même cadre, la guerre de la *Palestine* avec la guerre du *barreau*, les *couronnes* des princes de la terre avec le *bonnet* des légistes, le *sceptre* avec la *plume*, le salaire des *avocats* avec les *décimes* sur le clergé.

On exaltoit la sagacité des *pères*, qui les avoit mis, en un instant, au fait des *choses du palais*, au point de leur révéler la juste proportion des travaux d'un *avocat*, en les fixant à 20 liv. tournois, plutôt qu'à 25 ou 30.

D'autres, prenant la chose plus sérieusement, témoignoient la plus forte indignation d'une disposition qui, sous l'apparence d'une simple légèreté, couvroit une politique perfide et attentatoire à l'*indépendance* de la couronne de France.

« Comment, disoient-ils, le *concile* a-t-il osé se « mêler des *réglements de palais*, et s'attribuer « une juridiction sur les tribunaux de France et « sur des sujets du roi? » Ne voit-on pas clairement que c'est le renouvellement de ses prétentions à la *souveraineté temporelle* de tous les royaumes du monde, et de l'odieux système de *monarchie universelle?* A quel abaissement est donc réduite la puissance d'un roi de France, s'il n'est pas le maître dans ses états de régler, comme il l'entend, les frais de *justice*, et s'il faut recevoir la loi du pontife romain pour fixer le salaire de ses *avocats* et *procureurs?*

Cette réclamation générale ayant éveillé l'attention du roi, le plaça dans l'alternative embarrassante ou de réprouver hautement cette entreprise sur sa puissance, ou de compromettre par son silence l'*indépendance* de sa couronne.

Mais le conseil du roi imagina un parti mitoyen qui sembloit concilier les ménagements

dus à la cour de Rome, avec l'autorité du roi ; ce
fut de rendre une ordonnance du *propre mou-*
vement du roi, qui contiendroit un réglement de
discipline sur l'exercice de la profession d'*avocat,*
sans y rien admettre de ce qui avoit été statué
par le *concile de Lyon.*

Ce fut d'après ce système que *Philippe* fit
publier l'*ordonnance* de 1274, dont voici la
substance :

D'abord cette *ordonnance* n'embrasse aucune
autre partie de l'organisation judiciaire ; il n'y
est question ni des *juges,* ni des *procureurs,* ni
des *greffiers,* ni d'aucuns autres officiers ministériels ; elle est exclusivement consacrée aux
avocats ; circonstance bien essentielle à remarquer, en ce qu'elle révèle l'intention du conseil.
En effet, par quelle raison cette ordonnance se-
roit-elle ainsi tombée des nues pour s'appliquer
isolément aux *avocats,* sans mélange d'aucune
autre disposition ? Observez qu'il n'y avoit alors
que *quatre ans* d'écoulés depuis la publication
des *établissements,* qui les avoit compris dans un
chapitre *ex expresso :* or, à quoi bon reprendre
le même sujet en sous-œuvre, sans qu'aucun
événement pût justifier cette superfétation ? Mais
cela s'expliquoit fort bien par l'intention de sup-

primer tacitement la disposition du *concile*, en 1274. lui substituant une autorité plus légitime.

Il est bon d'observer encore que cette ordonnance ne dit pas un mot du *concile de Lyon;* silence gardé exprès pour ne point laisser à entendre que la cour de Rome eût le droit d'influencer l'autorité d'un roi de France.

Au surplus, l'ordonnance de 1274 se réduit à cinq articles :

Le *premier* impose aux *avocats,* sous peine d'exclusion du barreau, l'obligation de prêter serment, sur les saints évangiles, de traiter toutes les affaires dans lesquelles ils seront employés, soit pour la *plaidoirie,* soit pour le *conseil,* avec soin, diligence et fidélité; de ne les conserver qu'autant qu'ils les croiront justes, et de s'en abstenir aussitôt qu'il leur apparoîtroit du contraire.

Le *deuxième* article règle l'*honoraire* en proportion de l'*importance du procès* et de l'*habileté de l'avocat,* à condition néanmoins que dans aucune affaire l'*avocat* ne recevra au dessus de 3o livres tournois.

Le *troisième* article interdit à l'*avocat* de rien recevoir directement ni indirectement au dessus de 3o livres tournois.

Enfin, le *quatrième* article ordonne que ce

1.   **3**

1285. serment sera renouvelé, et que l'ordonnance sera LUE, chaque année, dans les bailliages et sénéchaussées.

Cette mesure, de la part du conseil du roi, calma l'effervescence des deux partis. Le *barreau* se soumit, avec respect, à une loi émanée de l'autorité du roi, et qui n'offroit aucune trace d'une domination étrangère ; et la cour romaine, de son côté, présenta cette ordonnance comme un acte de ratification du concile de Lyon.

Le reste du règne de *Philippe-le-Hardi* ne fournit rien de particulier sur le barreau.

PHILIPPE IV, son fils (si connu sous le nom de *Philippe-le-Bel*), lui succéda en 1285, âgé de dix-sept ans.

Durant les quinze premières années de son règne, le *parlement* continua de rester *ambulatoire ;* mais Philippe ne fut pas long-temps sans s'apercevoir qu'il auroit quelque jour besoin de la présence habituelle des légistes pour le soutenir contre les attaques de la cour de Rome ; et déjà il avoit conçu le projet de rendre le parlement *sédentaire* à Paris.

En attendant un moment favorable pour cette innovation, il s'occupa de perfectionner l'administration de la justice, par la création d'une

commission de *maîtres des requêtes*, tirés de son 1291.
conseil.

L'ORDONNANCE qui contient cet établissement
fut rendue dans le parlement de la Toussaint
de 1291, et ce fut pour le barreau de Paris un
nouveau germe d'une nombreuse occupation.

On crut nécessaire de clore cette ordonnance
par une disposition qui renouveloit, à l'égard
des avocats, celle de Philippe-le-Hardi, du 13
octobre 1274 : cette mesure étoit provoquée par
les circonstances.

L'importance que l'opinion publique avoit attachée à cette profession, devenue de jour en jour
plus nécessaire et plus *lucrative*, avoit précipité
vers le barreau une foule d'hommes nouveaux,
peu familiarisés avec les devoirs de cet état.

Les *anciens avocats*, nourris dans la connoissance et la pratique de ces devoirs, furent les
premiers à solliciter un réglement capable de
maintenir la pureté du barreau.

C'est ce qui donna lieu à l'ordonnance du mois
de novembre 1291, dont voici la substance :

« Les avocats, tant du parlement que des bailliages et autres justices royales, *jureront* sur les
saints évangiles de ne se charger que des causes
justes, de les abandonner dès qu'ils viendroient
à reconnoître le contraire.

1299·   « Les avocats qui se refuseroient à ce serment seront interdits du *barreau* jusqu'à ce qu'ils l'aient prêté.

« Il leur est défendu de solliciter des délais frustratoires, et de se refuser aux *remises* que leur partie adverse demanderoit pour justes motifs ;

« D'alléguer un fait *faux*, et qu'ils connoîtroient pour tel ;

« De dénaturer, par une fausse interprétation ou citation infidèle, les *réglemens* et les *coutumes.* »

Quant à leurs *honoraires*, cette ordonnance n'en donne aucune fixation précise ; elle se borne à dire que les avocats se conformeront aux réglemens existans, sans user d'aucune voie indirecte pour les éluder.

Les neuf années qui s'écoulèrent depuis cette *ordonnance* jusqu'à la clôture du *treizième* siècle n'offrent rien qui soit particulier aux *avocats*, si ce n'est le *mandement* adressé le 23 avril 1299, par Philippe-le-Bel, aux baillis de Touraine et du Maine, pour leur défendre d'admettre les *excommuniés* aux fonctions d'*avocat*. *Ad patrocinandum excommunicatos non recipiatis.* (Ordon. du L., tom. I, pag. 332.)

C'est dans le même intervalle que commença à

se développer le germe des *démélés* de Philippe avec *Boniface VIII*, qui firent tant de bruit en Europe, et dans lesquels le *barreau* de Paris prit une grande part.

CHAPITRE II.

Ordonnances, lois et réglements qui formoient la jurisprudence du treizième siècle.

I. Il faut placer en tête les *coutumes locales* des diverses provinces, cantons et seigneuries qui ressortissoient du domaine du roi.

Ces *coutumes* étoient variées à l'infini, et, ce qui augmentoit les difficultés, la plupart n'étoient pas *écrites*, mais seulement établies par *tradition* et par acte de *notoriété*.

Ce n'étoit donc pas un médiocre travail pour les avocats de se mettre au fait de ces législations particulières qui changeoient avec chaque affaire.

Et, sur cela, les juges se trouvoient souvent obligés de s'en rapporter de confiance à la citation qui leur étoit faite d'une *coutume locale*, vu l'impossibilité et les lenteurs d'une vérification.

C'est ce qui explique pourquoi les ordonnances de *S. Louis*, de *Philippe-le-Hardi*, de *Philippe-*

le-Bel insistent sur le *serment* à faire de la part de l'avocat, qu'il n'alléguera jamais de *fausses coutumes.*

II. ORDONNANCE *de S. Louis, du   décembre* 1254, *sur l'ordre judiciaire.* (Ord. du Louv., tom. I, p. 67.)

III. ORDONNANCE *de S. Louis, de* 1256, *pour l'utilité du royaume.* (Ord. du Louv., tom. I, p. 77.)

IV. La *pragmatique sanction* du 12 mars 1268; elle se rattache à l'histoire du barreau par plusieurs côtés.

D'abord parcequ'elle fut l'ouvrage de quelques avocats, qui l'avoient préparée par leurs écrits, conçue et rédigée.

En second lieu, parceque, comme portion intégrante du *droit public,* cette loi devint, entre les mains des avocats, un instrument nécessaire pour leur profession.

La qualification de *pragmatique sanction* avoit déjà été adoptée dans une ordonnance de *Philippe Auguste,* de 1105, qui porte : *Per pragmaticam sanctionem nostram firmamus,* etc.

Mais il faut remarquer que cette qualification

ne se trouve pas dans l'*ordonnance* de S. Louis, qui ne prend d'autre titre que celui d'*Edictum consultissimum.*

Ce furent les *jurisconsultes* du temps qui lui appliquèrent le titre de *pragmatique sanction*, par analogie avec quelques constitutions impériales (1).

En effet, dans le moyen âge, on appeloit *pragmatique sanction* une *constitution impériale* qui avoit été délibérée avec les grands et les docteurs, et qui étoit destinée à devenir une loi fondamentale.

Mais on entendoit aussi par *pragmatique sanction* une ordonnance qui avoit été provoquée et rédigée par les *gens de loi*, qu'on appeloit *pragmatici* (dont est venu le mot *praticiens*), *deducto verbo quod, pragmaticis et viris peritis in consilium adhibitis, interponebatur.*

C'est dans ce dernier sens que les ultramontains donnèrent à cette ordonnance le titre de *pragmatique sanction*, affectant de la regarder

---

(1) *Pragma* est un mot grec qui signifie affaire, *negotium;* et, selon Justinien, *sanction* signifie la partie de la loi qui contient la *pénalité. Sanctiones vocamus eas legum partes quibus pœnas constituimus adversus eos qui contra leges fecerint.* (Institut. de rer. divis. 5. 8.)

moins comme l'ouvrage du monarque que comme celui des *praticiens et gens de loi* qui avoient égaré sa religion.

Telle est l'origine de cette dénomination qui, ayant été consacrée par les deux partis opposés, n'a éprouvé aucune contradiction.

La *pragmatique* est rédigée en *latin*, nouvelle preuve que c'étoit l'ouvrage des jurisconsultes *laïcs;* car il n'y avoit que ceux de cette classe et les gens d'église qui fussent en état d'écrire en cette langue, et l'on pense bien que ces derniers n'y mirent pas la main.

V. Etablissements *selon l'usage de Paris et d'Orléans, et de cours de baronnie* (1270.)

Ce *code* fut publié par S. Louis *dans toutes les cours du royaume et de la prévôté de France,* avant son départ pour Tunis.

Quelques personnes avoient imaginé de contester à S. Louis le mérite de ce grand ouvrage, sur le prétexte qu'on y trouve de fréquentes citations du *code* et du *digeste,* qui, à peine, commençoient à être connus en France ; objection bien futile, et qui sert même de nouvelle preuve de l'influence que les avocats du temps ont eue sur cette compilation, puisqu'il n'y avoit qu'eux en état de faire une pareille application.

Ces *établissements* sont distribués en deux livres, l'un de 168 articles, et l'autre de 42 seulement (en tout 210.)

Les rédacteurs mirent à contribution les *lois romaines*, les *canons*, les *conciles*, les *décrétales* ou *épîtres des papes*, les différentes *coutumes* de la monarchie, et les *anciennes ordonnances*.

Nota. Ces *établissements* se trouvent dans la collection des *ordonnances du Louvre*, avec des notes de Delaurieres, et à la suite d'une histoire de S. Louis par *Ducange*. Il y en a une édition assez récente publiée par M. l'abbé de Saint-Martin.

VI. ORDONNANCE *de Philippe-le-Hardi, donnée dans le parlement du mardi avant la S. Simon S. Jude, le 23 octobre 1274, concernant les avocats.*

L'origine et l'occasion de cette ordonnance ont été rapportées ci-dessus page 32. Elle est exclusivement consacrée à la *discipline des avocats*, sans mélange d'aucune autre disposition étrangère.

VII. ORDONNANCE *de Philippe-le-Bel, donnée dans le parlement de la Toussaint de* 1287.

Les ecclésiastiques s'étant emparés des tribunaux séculiers, soit à titre de juges, soit à titre de *procureurs,* ils s'obstinèrent à traiter toutes les matières par les principes et la pratique du droit canonique; ce qui ravaloit l'autorité royale, en soumettant le sort et la fortune des François à la domination de la cour de Rome.

Ajoutez que ces officiers *clercs* se prétendoient exempts de la puissance séculière en cas de malversation.

Ce fut pour corriger cet abus que Philippe rendit, en plein parlement, l'ordonnance de 1287, qui exclut les ecclésiastiques de l'exercice des *justices temporelles,* et des *emplois de procureurs.*

VIII. LETTRES PATENTES *de Philippe-le-Bel, de* 1290.

Nota. Ces lettres patentes introduisent plusieurs dispositions favorables aux prélats et dignitaires ecclésiastiques.

La première est une dispense pour *plaider par*

procureur, tant en *demandant* qu'en *défendant;* car à cette époque on ne connoissoit pas l'institution d'un corps de procureurs en *titre d'office:* chaque partie devoit comparoître en personne, et assister son avocat à l'audience.

La seconde faveur accordée au clergé est d'avoir ses causes *commises* (1) directement au parlement. Premier exemple qu'on connoisse du droit de *committimus.*

Le troisième privilége accordé aux prélats est la connoissance attribuée à leur juridiction, des matières de *douaire,* de *testament,* de *legs pieux* (2).

IX. Ordonnance *de Philippe-le-Bel, donnée dans le parlement tenu dans les trois semaines après la Toussaint* 1291.

Cette ordonnance a pour objet l'expédition

---

(1) *Item quod causæ ordinariæ prælatorum in parlamento tantummodo agitentur.*

(2) *Item quod non impediantur dicti prælati de testamentis, legatis vel fideicommissis, dotibus aut dotalibus cognoscere.*

Veruntamen in quantum testamentum, legatum vel fidei-commissum, realem tangat actionem, vel hereditatis petitionem, vel si dos aut dotalitium ad personale servitium teneatur, cognitio hujus ad secularem dominum pertinebit.

des affaires portées au parlement et la discipline du palais.

A la suite des dix premiers articles vient celui concernant les *avocats*.

ADVOCATI *insuper juramenta præstant. V.* Ord. du L., tom. 1, p. 322 (art. 11).

X. Enfin, il faut aussi ranger le *code Justinien* au nombre des lois de ce temps, puisque ce fut à cette époque qu'il vint prendre sa place dans la législation françoise, et acquérir une autorité imposante.

Nous ne pouvons pas nous dispenser ici de dire un mot de son introduction au barreau.

Sous les deux premières races des rois de France, les *pandectes* de Justinien étoient perdues absolument pour toute l'Europe, et il n'étoit échappé du corps du droit romain que quelques débris du *code* et des *novelles,* qui étoient enseignés dans l'*Italie,* en *Allemagne;* mais ces morceaux épars et décousus ne servoient qu'à faire regretter davantage les *pandectes,* et le recouvrement de cette collection paroissoit au nombre des choses inespérables.

Au moment où l'on s'y attendoit le moins, un événement imprévu vint produire au jour ce qui sembloit destiné à une éternelle obscurité.

On en eut l'obligation à une guerre survenue entre deux soi-disant papes, Innocent II et Anaclet II, qui se disputoient la chaire de S. Pierre, en se foudroyant mutuellement par des anathèmes.

Chacun de ces deux pontifes, trop foible par lui-même, avoit cherché du secours auprès des puissances séculières.

Clothaire II, empereur d'Allemagne, avoit pris parti pour *Innocent*, et Roger, roi de Sicile, s'étoit rangé du côté d'*Anaclet*.

Clothaire, s'étant mis à la tête d'une forte armée, marche vers la Sicile, pénètre dans la Pouille, et demande le passage aux habitants de Pise, pour aller assiéger la ville d'*Amalphi*, où se tenoit Anaclet.

Les Pisans accordent le passage, au grand contentement de Clothaire, qui les assure de sa reconnoissance, quelle que soit l'issue de son entreprise.

Le sort des armes se décida pour lui. Le roi Roger est vaincu, la faction d'Anaclet dissipée ; et Amalphi, après avoir été pillée, est obligée de reconnoître *Innocent* pour vrai pape, et de se soumettre à *Clothaire*.

Or, dans le pillage d'Amalphi, un soldat avoit trouvé un vieux *manuscrit*, qui n'avoit mérité son attention que parcequ'il étoit enveloppé d'une couverture peinte de plusieurs couleurs, qui paroissoient lui donner quelque importance.

Ce livre fut porté à l'empereur, qui ne tarda pas à y reconnoître les *pandectes de Justinien,* qui faisoient depuis si long-temps l'objet des vœux des légistes.

Dans l'enthousiasme de cette découverte, on pensa que ce manuscrit étoit *authographe,* vrai original, appartenant à Justinien, et dont les autres n'avoient été que des *copies.*

On appuyoit cette conjecture sur la beauté de l'écriture, sur la forme des caractères, qui paroissoient être du sixième siècle, tracés de la main d'un Grec de Constantinople.

Quoi qu'il en soit, Clothaire jugea ce manuscrit d'un assez grand prix pour acquitter sa dette envers les Pisans, et il leur en fit présent, à la charge néanmoins qu'ils en laisseroient tirer des copies.

De retour en Allemagne, Clothaire ordonna que le droit romain auroit force de loi dans l'Empire.

Ce *code,* en peu d'années, devint le droit commun de l'Allemagne et de l'Italie.

Il trouva le même accueil en Bohême, dans la Hongrie, en Suède, en Pologne, en Angleterre, en Ecosse, en Irlande, en Espagne ; et enfin vers le milieu du *treizième siècle* il devint partie intégrante du droit françois.

Il ne s'écoula pas beaucoup de temps sans que l'Europe ne fût inondée de commentaires de toutes espèces, et sous toutes sortes de *titres, sommes, épitomes* et *enchiridions*, etc. etc., surtout de la part des docteurs *allemands* et *italiens*.

Les légistes françois cherchèrent aussi à se mettre sur les rángs, et j'en citerai quelques-uns au chapitre suivant.

CHAPITRE III.

Ouvrages de jurisprudence qui composoient la bibliothèque d'un jurisconsulte vers la fin du treizième siècle.

Dans tout le cours du treizième siècle, on ne connoît que *trois* ouvrages de jurisprudence et de pratique écrits en françois, savoir :

I. Le Conseil de *Pierre de Fontaine à son ami*, composé en 1253.

L'objet de cet ouvrage est de former un *jeune gentilhomme* dans la science des *lois romaines* et de l'*ordre judiciaire*, afin de le mettre en état de gouverner ses affaires, et de parvenir aux emplois distingués auxquels la profession de légiste conduisoit.

C'est le premier ouvrage françois qui ait paru sur cette matière, ainsi que l'auteur le dit lui-même dans sa préface : « *Nul n'emprit onque* « *mais* cette cause DEVANT moi. »

L'auteur embrasse plusieurs parties de la *jurisprudence* et de la *pratique*, et il ne manque pas de citer le *droit romain*.

Ce petit traité reçut depuis le titre de *livre de la reine Blanche*, parcequ'il s'est trouvé un exemplaire qui portoit cette note au dos, et c'est sous cette qualification qu'il est cité par *Chopin* sur Anjou, chap. 75, pag. 590.

Le CONSEIL de *Pierre de Fontaine* se trouve à la suite de la vie de S. Louis par Ducange. (Paris, 1668.)

II. Le livre « *des coutumes et usages de Beau-* « *voisins selon ce que il corroit au temps que ce* « *livre futs fait, c'est à savoir en l'an de l'incar-* « *nation de Notre Seigneur* 1283. (Par Philippe « de Beaumanoir.)

Cet ouvrage se compose de 70 *chapitres*, qui traitent fort au long de diverses matières sur l'*ordre judiciaire* de ce temps-là, et avec beaucoup d'exactitude.

III. Les *Assises du royaume de Hierusalem*

vers l'an 1250, rédigées par Jean d'IBLIN, comte de *Japhe* et *d'Ascalon*.

C'est une compilation des lois, usages et coutumes de France, adoptés pour le royaume de *Jérusalem* par Godefroy de Bouillon en 1185.

Ce *code* est appelé *assises*, parcequ'il est composé de diverses lois arrêtées dans les *assises* ou *assemblées* des grands du royaume ; monument précieux de notre ancien droit, transporté par les *croisés* dans la Terre-Sainte.

Ces *assises* furent mises en ordre et réunies vers 1250 par *Jean d'Iblin*, comte de Japhe et d'Ascalon, seigneur de *Boruth* et de *Rames*, qui mourut en 1266.

En 1690, *La Thomassière* publia ces *assises* copiées sur un manuscrit de la bibliothèque vaticane, et moins complet qu'un autre manuscrit qui se trouvoit à la bibliothèque de Venise.

En 1788, M. *Agier*, alors avocat au parlement de Paris, ayant conçu le projet de donner une édition plus correcte de ce *manuscrit*, le gouvernement protégea cette entreprise, et obtint de la république de Venise une copie de son *manuscrit* (qui est aujourd'hui à la *bibliothèque impériale*).

L'intention de M. Agier de donner une nouvelle édition de cet ouvrage n'a pas eu de suite, et il est à regretter que des occupations importantes l'aient détourné d'un travail qui, dans ses mains, auroit acquis le plus haut degré d'intérêt.

Les lacunes que laissoient les *ordonnances*, les *coutumes locales* et les *livres françois*, étoient comblées par le *droit romain*, qui s'étoit impatronisé dans notre législation.

Ainsi la bibliothèque de l'avocat étoit encore fournie, indispensablement, d'un *corps de droit* tel qu'il étoit alors possible de se le procurer, dans un temps où l'*imprimerie* n'étoit pas en usage.

Mais, à cette époque, il y avoit déjà une foule de *commentateurs*, qui s'étant exercés les uns sur l'ensemble du droit romain, les autres sur des portions seulement, devoient trouver place dans la bibliothèque d'un avocat.

De ces *docteurs* et *commentateurs*, je ne vais citer que ceux qui faisoient autorité, et qui étoient d'un usage habituel.

D'abord le fameux *Irnerius*, nom latinisé de *Warner*, Allemand, qui vivoit sur la fin du *douzième* siècle, s'étant trouvé en Italie à l'époque où le manuscrit des *pandectes* fut découvert, il montra tant d'enthousiasme sur l'importance de cet événement, que l'empereur Clothaire créa pour lui une chaire de *droit romain* à Bologne.

Arrivé à ce poste, il redoubla d'activité pour étendre l'autorité du droit romain ; il se servit de son crédit auprès de l'empereur pour obtenir que toutes les lois émanées de Justinien, *pandectes, code, institutes, novelles*, remplaceroient le *code Théodosien*, et seroient citées comme ayant force de loi ; innovation qui lui acquit une grande considération.

Il fut le premier qui rassembla tous les livres du *code*, et qui mit les ouvrages de Justinien dans l'ordre où ils sont aujourd'hui.

Comme les *novelles* de Justinien contenoient beaucoup de redites et d'obscurités, il rendit aux étudiants le service de réduire les *novelles* en abrégé, en n'y laissant que les dispositions législatives et substantielles.

De plus, il distribua ces *novelles* dans le même ordre que le *code*, et les rangea à la suite des lois auxquelles elles servoient de modification ou d'interprétation. Ce sont ces *novelles* abrégées qui furent si connues, par la suite, sous le nom d'AUTHENTIQUES, et qui firent oublier l'original. Ce travail lui mérita le nom de flambeau et de restaurateur du droit, *lucerna juris*.

On le considère comme le père et la tige dés *glossateurs*. Il fut le premier en Italie qui ouvrit une école publique de droit romain, et qui introduisit la cérémonie du doctorat.

Azon étoit aussi un des docteurs du droit romain dont les ouvrages jouissoient d'une grande autorité dans les tribunaux françois.

Il florissoit à Bologne au milieu du *douzième siècle*, et mourut dans le commencement du *treizième*. Il publia une SOMME OU APPARAT sur le *code* et sur le *digeste*, qui eut un grand succès. On l'appeloit la lumière de jurisprudence, fontaine des lois, vase d'élection : *fons legum, vas electionis, lumen jurisconsultorum.*

Mais tout cédoit au fameux François ACCURSE, qui employa sa longue carrière à la concordance et à l'explication des lois romaines.

Le travail qui l'a immortalisé est sa *grande glose*, qui est encore aujourd'hui une base fondamentale des bibliothèques de droit, et qui, à plus forte raison, n'étoit pas oubliée dans celles du *treizième siècle*.

Il mourut en 1229, laissant sa mémoire en vénération.

Il y eut aussi des jurisconsultes françois qui vinrent se mêler aux *glossateurs* étrangers, et qui méritoient une place dans la bibliothèque des avocats de ce temps.

De ce nombre étoit GUILLAUME DURAND, si connu sous le sobriquet de *Speculator,* à cause de son ouvrage intitulé *Speculum juris,* publié en 1261.

DURAND avoit fait encore un autre ouvrage intitulé *Repertorium juris*, qui s'est reproduit de nos jours sous le titre de *Répertoire de jurisprudence.* Je reviendrai sur lui au chapitre suivant.

Un autre jurisconsulte françois qui s'exerça sur le droit romain fut ce GUI FOUCAUD ou FOULQUES, dont j'ai parlé comme d'un des principaux défenseurs de la puissance temporelle des rois, et qui en fut récompensé par son exaltation sur la chaire de S. Pierre.

Il étoit l'auteur de deux ouvrages estimés des jurisconsultes, sur le droit romain ; l'un sous le titre de *Quæstiones juris,* et l'autre sous celui de *Recipiendarum actionum ratione.*

Il n'est pas permis de douter que les avocats de ce temps ne se fissent un devoir de donner une place distinguée dans leur bibliothèque aux ouvrages d'un pareil collègue.

A ces ouvrages de droit civil il faut joindre ceux qui concernoient le droit *canon,* tels que les *décrétales* et quelques commentaires.

CHAPITRE IV.

AVOCATS *et* **JURISCONSULTES** *vivant au treizième siècle, depuis* 1250 *jusqu'à* 1300.

PIERRE DE FONTAINE (auteur du CONSEIL à son ami, dont nous avons parlé au chapitre précédent), originaire du comté de Vermandois, et de noble extraction. Son goût pour la science des lois en fit un jurisconsulte habile *en l'un et l'autre droit*, parcequ'alors cette étude s'allioit avec la plus haute naissance, et devenoit le chemin des dignités. Il fut un de ceux qui mirent la main *à la pragmatique sanction et aux établissements*. Il jouissoit d'une grande considération auprès du roi, qui le fit *maître* du parlement, c'est-à-dire conseiller.

PHILIPPE DE BEAUMANOIR. Il étoit bailli de Clermont en Beauvoisis sous Robert, comte de Clermont, fils de S. Louis, et bailli de Senlis en 1295. J'ai parlé au chapitre précédent de son ouvrage sur les coutumes du Beauvoisis.

GUI FOUCAUD, natif de Saint-Gilles, près Narbonne.

Après avoir porté les armes pendant quelques années, il se livra à l'étude des lois et à l'exercice du barreau, où il se fit connoître de la manière la plus distinguée : *in curia regia causas integerrime agens*. Ses succès et ses hautes qualités, accompagnés de la plus sincère piété, lui méritèrent l'attention du saint roi, qui le retira du barreau pour se l'attacher en qualité de secrétaire intime et membre de son conseil.

Il étoit alors marié, et avoit des enfants ; mais, peu de temps après, ayant perdu sa femme, il embrassa l'état ecclésiastique, plus conforme à ses goûts.

Ce changement d'état le conduisit, par la faveur du roi, aux plus hautes dignités. Il devint d'abord évêque du Puy en Velay, ensuite archevêque de Narbonne, et enfin cardinal sous le titre de S. Albin, et légat en Angleterre.

Enfin, en 1265 il monta sur le saint siége, ce qui étoit alors le *nec plus ultra* des honneurs de ce monde. Il y prit le nom *Clément IV*, et conserva sur le trône pontifical la même simplicité de mœurs.

L'histoire en donne pour preuve une lettre écrite, aussitôt après son exaltation, à PIERRE LEGROS, son neveu, qui dévoile toute la candeur de son ame.

(*V*. Loisel, pag. 688 et 690, et le Dictionnaire histor., *verbo* pape.)

Ce pontife honora la chaire de S. Pierre.

« C'étoit, dit Vély, véritablement un homme
« d'une rare probité, d'une vie pénitente, austère,
« d'une grande pureté de mœurs, surtout d'un
« détachement et d'une modestie depuis long-
« temps inconnus à la cour de Rome. » Clément IV
n'occupa le saint siége que quatre ans environ. Il
mourut à Viterbe au mois de novembre 1268.

Ives, d'une famille noble de Kaermartin, près
Rennes en Bretagne.

Il étudia, à Paris, en *théologie* et en *droit
canon*, et alla ensuite faire ses études de *droit
civil* à Orléans.

Il parut avec éclat au barreau de Paris sous le
règne de *Philippe-le-Hardi*, et s'y fit remarquer
par son savoir et son zèle ardent pour la justice,
la régularité de ses mœurs, et par sa sincère
piété.

Ses vertus lui valurent une place parmi les
saints. On ne connoît guère que lui, dans l'ordre
des avocats, qui ait obtenu cet honneur.

Dans plusieurs provinces, les légistes ont eux-
mêmes rendu hommage à sa mémoire, en le prenant pour patron plutôt que pour modele.

Guillaume Durand, connu sous le titre de
Speculator, né dans le diocèse de Diez en Pro-
vence. Après avoir étudié le droit à Lyon en 1250,

et parcouru l'Italie, il revint en France, où il se fixa dans la carrière du barreau. Ses lumières dans la science du droit canonique lui acquirent la protection du cardinal *Ottoboni*, qui fut depuis pape sous le nom d'Adrien V, et lui firent obtenir l'évêché de Mende.

Son traité intitulé *Speculum juris* eut le plus grand succès.

Les jurisconsultes du siècle suivant le comblèrent d'éloges.

Paul de Castres, sur la loi *Properandum* (Cod. de judic.), regarde le *Speculum* comme le meilleur traité sur les matières de droit, après les écrits du savant *Barthole.*

Mais Dumoulin, dans son commentaire sur la coutume de Paris, rabat beaucoup le mérite de cet ouvrage, auquel il reproche de n'être qu'une compilation des ouvrages d'autrui.

« Guillelmus Durandus dedit prolixum illud « *Speculum;* ex scriptis potissime et praxim sui « temporis compilavit. »

Mais quand il seroit vrai que le *Speculum* ne fût que le tableau de la pratique de ce temps, il n'en seroit que plus curieux aujourd'hui. (*V.* les Recherch. de Pasquier, liv. 5, ch. 35; et Taisant, pag. 174.)

CHAPITRE V.

Des magistrats dignitaires dans le treizième siècle.

§. Iᵉʳ.

Chanceliers gardes-scel.

Dans le cours du treizième siècle, la *chancellerie* avoit peu de consistance.

Quelquefois elle restoit vacante, d'autres fois elle étoit occupée par un membre du conseil du roi, commis à la garde du sceau.

Cette variation ne permet pas de consigner ici le tableau des *chanceliers* et *gardes du scel* de cette époque.

Je me bornerai à citer *Jean de Vassoigne*, qui fut appelé à cette éminente dignité en 1283, après avoir exercé avec succès la profession d'avocat au parlement.

Dans un manuscrit de ce temps-là, il en est fait mention en ces termes :

« Homo graciosus, jurisperitus, expers et ex-
« cellens, magister *Joannes de Vassoniâ*, qui fuit
« advocatus in parlamento et post, fuit effectus
« *cancellarius* Franciæ. »

(Hist. chronol. de la chancellerie, p. 19.)

§. II.

Premiers présidents.

Cette dénomination n'étoit pas connue avant que le parlement eût été *sédentaire* à Paris.

§. III.

Procureurs et avocats généraux.

Dans les bailliages et sénéchaussées royales, il y avoit un officier chargé des intérêts du roi et de l'ordre public, sous la qualification de *procureur du roi.*

Au parlement, cette fonction étoit exercée par les *baillis* et *sénéchaux*, qui plaidoient pour le roi, ainsi qu'on le voit par plusieurs arrêts du parlement, entre lesquels se trouvent un arrêt de 1262, au profit de Mathieu de Montmorency, contre le roi S. Louis; un autre de l'an 1270, contre le même roi, au profit de la dame de Château-Gontier; un troisième de 1282, contre le roi Philippe III, au profit des maire et échevins de la Rochelle, qui porte : « *Senescallo nostro* « *Xenton, pro nobis et nostro nomine prædicta ne-* « *gante et contrarium asserente.* »

Enfin, un quatrième arrêt de 1295, pour Jehan, comte d'Eu, à l'*encontre* du roi Philippe III, où il est dit : « Cùm *inter ballivum nostrum Ambia-* « *nensem* NOMINE NOSTRO ex unâ parte, etc. »

Mais sous le siècle suivant, nous verrons les baillis et sénéchaux remplacés dans cette fonction par un *procureur spécial du roi*. (Id. p. cxiii.)

CHAPITRE VI.

Officiers ministériels dans le treizième siècle.

§. Ier.

Greffiers.

Il n'y avoit pas encore de greffier en *titre d'office*; bien plus, le nom de *greffier* n'étoit pas même connu dans les bailliages, sénéchaussées, prévôtés, et autres juridictions subalternes.

Les *baillis, sénéchaux* et autres juges faisoient remplir ces fonctions par leurs *clercs,* d'où vient la qualification de *clerici* donnée aux greffiers.

Ils étoient aussi appelés *notaires,* comme il est prouvé par les anciennes ordonnances, qui se servent indistinctement du nom de *clercs* ou de *notaires.*

Les juges alloient même jusqu'à faire exploiter cette place par leurs *domestiques*, à *compte et demi;* ce qui ne contribua pas peu à jeter la fonction de *greffier* dans une espèce d'avilissement.

Mais, sous le règne de *Philippe-le-Bel*, nous verrons cet abus réformé, et la fonction de *greffier* prendre quelque considération.

§. II.

Procureurs.

Comme *officiers instrumentaires* et *ministériels*, ils étoient parfaitement inconnus.

On donnoit ce nom à des particuliers pourvus de la *procuration* de quelques plaideurs qui avoient obtenu en chancellerie des *lettres de grace à plaidoyer.*

Nous verrons, dans le cours de cet ouvrage, les succès progressifs de ces *fondés de pouvoir.*

§. III.

Notaires et tabellions.

On distinguoit alors deux espèces de *notaires,* les notaires proprement dits, et les notaires-*tabellions.*

Le *notaire* étoit l'officier public qui recevoit sur une *minute* la *note* des *actes, traités* et *conventions* des parties. « Propriè is NOTARIUS est « qui NOTIS scribit. (Livre 40, au dig. *de testam. milit.*)

Et souvent le *notaire* n'étoit autre que le *clerc* ou *greffier* du tribunal, qui réunissoit les deux fonctions, lesquelles n'étoient pas incompatibles. (Traité des offices, p. 218.)

Le *notaire* qui avoit reçu ces *notes* ou *minutes* n'étoit pas autorisé à les conserver pardevers lui; au contraire, il étoit tenu de les porter à un autre officier public connu sous le nom de *tabellion,* ou gardien de l'acte (*tabularius*), pour rédiger et mettre en ordre les clauses *minutées,* et en délivrer des *grosses,* en *forme exécutoire,* aux parties; ce qui fit aussi donner à ces officiers le nom de *gardes-notes.*

On disoit d'un acte expédié par le *tabellion* qu'il étoit *tabellionné.* Les *notaires* et les *tabellions* étoient à la nomination du roi dans les justices royales, et à celle des seigneurs dans les justices seigneuriales. C'est ce droit dont il est si souvent parlé dans les anciennes coutumes sous le titre de *tabellionage.*

Au surplus, le *tabellion* avoit foi en justice sur la sincérité de son expédition, comme le *notaire*

l'avoit sur la véracité de la *minute*. « *Uterque fide*
« *publica utitur*. »

Il résulte de là que l'office de *notaire*, tel qu'il
existe aujourd'hui, se partageoit alors en deux.

Mais comme peu à peu les *notaires* s'emparèrent des fonctions du *tabellion*, en expédiant
eux-mêmes les copies de leurs actes, les deux noms
de *notaire* et de *tabellion* se confondirent dans
l'acception commune. « *Plerumque pro eodem*
« *accipiuntur*. »

J'indiquerai, sous les règnes suivants, les divers changements survenus dans cet état jusqu'à
l'époque de la révolution. (V. les ordonnances
du Louvre, tom. 2, p. 144.)

§. IV.

Huissiers et sergents.

Dans le *treizième siècle*, le nom d'*huissier* étoit
peu usité ; il étoit remplacé par celui de *bedeau*
et de *sergent*.

Les *bedeaux* étoient des officiers publics attachés à un tribunal, tel que bailliage, sénéchaussée
et justices inférieures, etc. pour les *significations*
et l'*exécution* des sentences.

L'ordonnance de S. Louis, du mois de décembre 1254, défend aux baillis et sénéchaux d'avoir un trop grand nombre de *bedeaux*, et leur enjoint, au contraire, de les réduire à la moindre quantité possible.

« ITEM. Nos baillis se pregnent bien garde et « aussi nos autres officiaux que ils n'aient *multi-* « *tude de bedeaux*; ainçois s'en facent au moins « que eulx seuls pouvront, pour mettre à exe- « qution les commandements des cours. »

Ces *bedeaux* devoient être nommés en pleine *assise*. C'étoit là le seul mode de nomination capable de leur conférer le caractère d'officier public.

« Si les nomment en pleine et commune assise, « ou autrement, *ils ne soient ja tenus pour* « *bedeaux*. »

Il leur étoit défendu d'exploiter hors du ressort de la juridiction.

CHAPITRE VII.

Procès et jugements notables, exécutions, dans le treizième siècle.

En 1251, Charles, comte d'Anjou (frère de S. Louis), avoit un procès contre un gentilhomme, son vassal, pour la possession d'un château.

Le gentilhomme ayant perdu son procès devant les officiers du prince, il en appela à la *cour du roi.*

Charles, piqué de sa hardiesse, le fit mettre en prison. Le roi en fut averti. Il mande, sur-le-champ, au comte de venir le trouver. « Croyez-« vous, lui dit-il avec un visage sévère, qu'il doit « y avoir plus d'un souverain en France, et que « vous serez au dessus des lois parceque vous êtes « mon frère ? »

En même temps il lui ordonna de faire rendre la liberté à ce malheureux vassal, pour pouvoir défendre sa cause au parlement.

Il ne restoit plus qu'à instruire l'affaire; mais le gentilhomme ne trouvoit ni *procureurs,* ni *avocats,* tant on redoutoit le caractère violent du prince.

Louis eut encore la bonté de lui donner d'*office* un *procureur* et un *avocat.*

La question fut scrupuleusement discutée, le chevalier réintégré dans ses biens, et le frère du roi condamné.

(Vély, tom. 5, p. 158).

En 1267, un chevalier du comté d'Artois, nommé *Renti,* fut convaincu, par *informations,* d'avoir assassiné un jeune gentilhomme, nommé *Sélingant*, à la suite d'une querelle sur la propriété d'une pièce de terre.

Ce meurtre, dans toute autre circonstance, auroit été puni de mort ; mais le délit avoit été commis en *Artois*, où la procédure *par information* avoit jusqu'alors été inusitée, et où de pareilles affaires se décidoient par le *duel*.

S. Louis ne voulant pas porter atteinte à la justice du comté d'Artois, « le coupable fut con- « damné à demander pardon à genoux au père « du défunt, à faire 40 livres de rente, en terre, « à ses enfants ; enfin, à vuider le royaume pour « aller passer cinq ans au service de la Terre- « Sainte. » (*Idem*, p. 275.)

Cet arrêt est digne d'attention, en ce qu'il sert à prouver que, dans ce temps, la voie de l'*information* en *matière criminelle* étoit une nouveauté ; qu'elle n'étoit admise que dans les domaines du roi, et non dans les justices des grands vassaux, lesquels ne vouloient connoître d'autre manière de chercher la *preuve* que celle du *combat en champ clos*. On y voit encore que le *pélerinage* de la Terre-Sainte étoit une des peines usitées dans ce temps.

(*Voyez* ci-dessous au chapitre *variétés*.)

En 1275, après avoir perdu sa première femme,

Isabelle d'Arragon, Philippe s'étoit marié en secondes noces avec *Marie de Brabant*. Ce monarque avoit admis dans sa plus intime confiance *Pierre de la Brosse*, natif de Touraine, qui, de simple *barbier,* s'étoit élevé à la dignité de chambellan.

Celui-ci, alarmé du crédit que la nouvelle reine prenoit de jour en jour, imagina de la perdre, en jetant dans l'esprit du roi des soupçons sur la mort de *Louis,* fils aîné du roi, âgé de onze ans. Il lui insinua que le jeune prince étoit mort de poison ; que c'étoit la reine qui avoit commis ce crime ; qu'elle avoit formé le dessein de se défaire également des deux autres enfants du premier lit (Philippe et Charles), pour assurer la couronne aux enfants qui naîtroient du second lit.

Il alla jusqu'à suborner un malheureux, qui accusa publiquement la reine d'avoir donné du poison à l'héritier présomptif de la couronne.

Marie couroit les risques d'être *brûlée vive*, si le duc de Brabant, son frère, n'eût envoyé un chevalier pour justifier son innocence par *le combat.*

Le dénonciateur n'ayant pas eu le courage de soutenir la calomnie l'épée à la main, il fut *pendu.*

Peu de temps après, la calomnie de la Brosse

fut révélée au grand jour, par la découverte de papiers qui contenoient ses projets criminels.

Il fut arrêté, conduit dans les prisons de Paris, et ensuite dans la tour de Janville en Beauce, puis ramené dans la capitale, où il fut *pendu* aux fourches patibulaires, en présence du duc de Bourgogne, du comte d'Artois, et du duc de Brabant.

Quoique ces jugements aient été consommés sans aucune instruction juridique, ni intervention d'*avocats*, ils n'en appartiennent pas moins à notre sujet, en ce qu'ils servent à indiquer certains cas d'exception où leur ministère étoit éludé. *Brutus et Cassius præfulgebant, eo ipso quod non invisebantur.*

Aussi l'histoire nous apprend que cette *clandestinité* d'instruction occasionna de grands mouvements parmi le peuple, qui cessa de voir un coupable dans celui qui n'avoit pas été condamné juridiquement.

(Vély, tom. 6, pag. 335.)

CHAPITRE VIII.

Institutions, établissements, qui datent du treizième siècle.

§. Iᵉʳ.

Enregistrement.

Avant S. Louis, il n'y avoit pas de *registres publics* pour y transcrire les lois ; elles étoient conservées dans les archives du palais du roi, qui étoient confiées à la garde du chancelier.

Le *chancelier* les adressoit aux baillis, sénéchaux et prévôts, qui les faisoient proclamer à leur audience et dans les places publiques.

Lorsque ces ordonnances intéressoient le *clergé*, elles étoient envoyées aux archevêques, qui, de leur côté, les faisoient passer aux évêques suffragants et aux abbés, pour tenir la main à leur exécution.

S. Louis fut le premier qui adressa ses ordonnances *au parlement, au châtelet,* et aux autres auditoires des bailliages et sénéchaussées du royaume, pour y être *enregistrées;* formule jusqu'alors inusitée. (*V.* Vély, tom. 4, p. 388.)

Mais depuis que le parlement eut été rendu sédentaire à Paris, la formalité de l'*enregistrement* des édits et ordonnances prit un autre caractère, et devint une partie intégrante de la *formation de la loi.*

§. II.

Prévôt de Paris.

Dans les commencements de la troisième race, l'administration de la justice, de la police et des finances appartenoit aux *comtes* de chaque province.

Ceux-ci avoient sous eux des *vicomtes,* qui, en cas d'absence, les remplaçoient dans leurs fonctions.

Hugues Capet, comte de Paris, étant parvenu à la couronne, supprima le titre de *comte* de Paris, et lui substitua un *prévôt,* d'où le ressort de Paris prit le nom de *prévôté.*

Jusqu'à ce que le parlement eût été rendu *sédentaire,* le prévôt de Paris administroit seul la justice ; emploi important qui jouissoit de la plus haute considération.

Le siége de sa juridiction étoit placé dans un vieil édifice appelé *Châtelet,* ouvrage des Romains, et qui servoit même de logement au prévôt. Ce ne fut qu'en 1454 qu'il lui fut permis de demeurer au dehors.

Cette place, de sa nature, étoit *vénale*, comme toutes les prévôtés qui faisoient partie du domaine royal, et tomboient, en adjudication, au plus offrant et dernier enchérisseur, conjointement avec le bail des revenus du prince ; de manière que le fermier général de ces droits devenoit aussi prévôt de Paris, ces deux fonctions se réunissant sur la même tête.

On conçoit quels odieux abus devoient résulter d'un pareil ordre de choses. Comme les *prévôts-fermiers* ne cherchoient, dans l'administration de la *justice* et de la *police*, qu'un moyen de fortune et une mine à exploiter, sous ce régime tout devint *vénal*, jusqu'à l'impunité des crimes.

Paris étoit le foyer de la corruption, de l'anarchie, et des mœurs les plus dépravées, au point d'en faire déserter les honnêtes gens.

Tel étoit l'état de Paris, quand S. Louis crut sa conscience obligée à lui substituer une autre forme, en détachant l'*office de prévôt* de la ferme des droits fiscaux, pour en faire l'objet d'une nomination particulière.

Après avoir cherché *un grand et sage homme*, capable de remplir ce poste avec la fermeté que les circonstances exigeoient, son choix tomba sur *Etienne Boislève.*

On n'a conservé aucune trace de la naissance et de l'origine de cet *Etienne Boislève;* mais tout annonce qu'il étoit de l'ordre des *jurisconsultes.* La forme de son administration et l'habileté de ses réglements ne pouvoient être l'ouvrage que d'un homme familiarisé avec les matières de *droit civil* et de *pratique.*

§. III.

Etablissement des communautés d'arts et métiers.

C'est encore à la même époque qu'il faut placer la formation des *corporations d'arts et métiers.*

Etienne Boislève distribua les divers marchands et artisans *en confréries,* à raison de leur genre de commerce ou d'ouvrages, avec des statuts et des réglements appropriés à la nature de leurs professions.

En considérant le temps où ils ont été rédigés, ces *statuts* sont un chef-d'œuvre de prévoyance et de discipline; et le meilleur éloge qu'on puisse leur donner, c'est de dire qu'ils ont servi de modèle à tous ceux qui ont été faits depuis jusqu'à la fin du dernier siècle.

Ces réglements furent continués par les successeurs d'Etienne Boislève. Les écritures de ce temps-là se faisoient sur des parchemins *roulés*, *in rotulis*. Un des successeurs d'Etienne Boislève (Guillaume Thiboust) les fit copier en *cahiers*, pour les relier ensemble; et ces cahiers, augmentés des autres réglements subséquents, furent convertis en un *registre* dont l'original étoit conservé à la chambre des comptes, sous le titre de *premier livre des métiers*.

§. IV.

Anoblissement.

C'est en 1288, sous *Philippe-le-Hardi*, qu'on vit le premier exemple de lettres d'*anoblissement*.

Auparavant on connoissoit aussi un moyen d'acquérir la noblesse par la possession d'un *fief* pendant trois générations; et telle est l'origine des *dix-neuf vingtièmes* des familles nobles de notre temps.

Le roi accordoit à un roturier la permission d'acheter un fief. Si ce fief passoit à son petit-fils, celui-ci devenoit *gentilhomme*.

Les grands vassaux jouissoient du droit de conférer l'*anoblissement* par le même moyen, c'est-à-dire en donnant à un roturier la faculté de posséder un fief.

Il y a plus ; de simples seigneurs s'arrogeoient le droit de conférer l'anoblissement, en donnant à un roturier *congié de posséder fief.*

Une fois qu'une voie aussi large fut ouverte à *l'anoblissement*, il n'y avoit plus qu'un pas à faire pour substituer l'anoblissement *par lettres du prince;* moyen beaucoup plus expéditif pour mettre le souverain à portée de conférer, sur-le-champ, ce témoignage de haute distinction.

Le premier usage en fut appliqué à *Raoul, orfévre,* ou *l'argentier* du roi.

Nous verrons, par la suite, ce mode d'*anoblissement*, prodigué à l'intrigue et à la faveur, tomber en trafic, et devenir une branche de finance.

§. V.

Université.

Ce fut dans ce siècle que l'UNIVERSITÉ de Paris prit de la consistance, par la réunion des *quatre écoles* de *théologie*, de *jurisprudence civile et canonique*, de *médecine*, et des *arts.*

Ces quatre *écoles* étoient originairement divisées ; mais de leur réunion subséquente il se forma un corps qui prit le nom d'*universalité* ou *université*, pour désigner l'incorporation des quatre *écoles* ou *facultés*.

Ce corps fut soumis à un régime, et gouverné par des réglements qui lui donnèrent, par la suite, la plus haute considération.

Le prévôt du Châtelet de Paris fut commis à la conservation des droits et priviléges de l'université.

Ce fut de ce corps que sortit tout le *barreau* de ce temps, et celui des siècles suivants, jusqu'aujourd'hui même; et, à l'heure où nous parlons, il n'existe pas un *seul avocat* ni un seul magistrat qui ne tienne son état de la *licence* accordée par l'université.

§. VI.

Chambre des comptes.

C'est sous S. Louis que la chambre des comptes, auparavant *ambulatoire*, devint *sédentaire;* et, à cet égard, le parlement ne pouvoit pas disputer à cette cour la *priorité* de résidence dans la capitale.

Nous aurons plusieurs fois, dans le cours de cet ouvrage, occasion d'en parler sous son rapport avec le *parlement*.

CHAPITRE IX.

Pratiques, usages et costumes du barreau dans l'intervalle de 1250 à 1300.

Les *avocats* se distribuoient dans les divers tribunaux, soit de Paris, soit de province.

Quelques uns s'attachoient exclusivement à la juridiction du Châtelet, présidée par le prévôt de Paris ou son lieutenant.

Ceux d'un talent supérieur, et qui aspiroient à une existence honorable, se consacroient aux affaires agitées devant le parlement, et partageoient son *ambulance*.

Un grand nombre se fixoit dans les bailliages et sénéchaussées, qui formoient alors des juridictions importantes.

Plusieurs se livroient exclusivement aux matières benéficiales, et ne fréquentoient que les juridictions épiscopales.

La juridiction *municipale*, ou de l'hôtel-de-ville de Paris, avoit aussi ses attributions particulières, qui occupoient les avocats ; et l'on trouve dans *dom Felibien* une sentence du prévôt des marchands, de juillet 1291, qui prononce la confiscation de vins déchargés au port de la

Grève, sur la plaidoirie de messire *Jacques de Florence* et *Solvet,* avocats de Renuche-Epinel. (*V.* Hist. de Paris, tom. I, p. cv.)

Enfin, comme parmi les meilleurs grains il se trouve toujours quelque ivraie, il y avoit une espèce famélique de praticiens et d'*écumeurs de procès,* qui, sous le nom d'*avocats,* parcouroient les justices seigneuriales, prévôtés, châtellenies, vigueries, et y débitoient aux gens de la campagne leur astuce et leur babil (1).

Le *parlement,* le *châtelet,* les *grands bailliages* et *sénéchaussées* ne manquoient pas d'occupation; mais elle étoit considérablement atténuée par un usage qui s'étoit introduit parmi les *nobles,* que l'on cherchoit inutilement à extirper.

Quoiqu'en général il semble que tout ce qui tend à produire la réduction des procès soit un bienfait pour la société, il faut néanmoins admettre une exception pour le cas où le remède seroit pire que le mal.

Tel est celui dont je vais parler.

C'étoit le droit de *guerre privée,* c'est-à-dire le droit de vider les contestations et les procès à

---

(1) C'est ce rebut du palais qui a fourni le sujet de la farce de l'*Avocat patelin.*

main armée, au lieu de les soumettre aux tribunaux.

Ce droit n'avoit lieu *qu'entre gentilshommes.*

Quant aux contestations qui s'élevoient d'un *gentilhomme* à un *roturier,* elles étoient du ressort de la justice ordinaire, par la raison que le *roturier* n'ayant pas de vassaux, ne pouvoit pas lever une *force armée.*

Quand la *guerre privée* étoit déclarée d'un gentilhomme à un autre, tous les parents étoient tenus de prendre parti ; et alors on marchoit les uns contre les autres, en couvrant mutuellement les possessions du parti opposé de *pillage,* d'*incendie* et de *dévastation.*

S. Louis n'épargna rien pour l'extirpation de cet abus pernicieux, et il parvint à établir *la quarantaine au roi,* c'est-à-dire une trève de *quarante jours,* durant lesquels il étoit interdit aux parents des parties litigantes de se mêler de la querelle.

Cette précaution n'eut pas un succès complet. Ce ne fut que dans le siècle suivant que les *guerres privées* furent entièrement abolies, et replacèrent les nobles sous l'action des discussions juridiques.

Il y eut alors quelques procès de plus, et il ne

vint à l'idée de personne de regarder cette circonstance comme un malheur.

Abstraction faite des contestations qui se décidoient les armes à la main, par la *guerre privée*, les avocats s'exerçoient à peu près sur les mêmes matières qui garnissoient notre barreau avant la révolution.

Testaments, donations, obligations, substitutions, questions de voisinage, contrats de vente, de louage, hypothèque, garantie, interprétation des clauses des actes; ajoutez-y des questions de *droit canonique* et de *matières féodales*, et vous aurez un rapprochement complet d'un avocat du treizième siècle avec l'avocat du dix-huitième.

Il y avoit néanmoins une matière qui manquoit au barreau de ce temps-là, et qui depuis a fourni tant d'aliments au palais; c'étoit la demande en *séparation de corps*, pour *sévices et mauvais traitements du mari*.

Ce n'est pas que la séparation fût tout-à-fait réprouvée; et l'on trouve dans *Beaumanoir* un chapitre (57) consacré aux *causes et motifs de séparation*. Mais, chose singulière! les *mauvais traitements* et les *brutalités* d'un mari n'étoient pas un moyen de *séparation de corps* pour la femme, parceque le mari jouissoit du droit de *police correctionnelle*, qui l'autorisoit à la battre et à la châtier corporellement.

C'est ce qui est attesté par Beaumanoir, auteur du treizième siècle.

« En plusieurs cas, dit-il, les hommes peuvent « être excusés des mauvais traitements qu'ils « exercent sur leurs femmes, sans que la justice « ait le droit de s'en mêler ; car il est bien per- « mis à l'homme de battre sa femme, pourvu « que la chose n'aille pas jusqu'à la *tuer* ou même « à l'estropier, quand d'ailleurs ce traitement n'a « lieu que pour la femme qui se l'est attiré par « quelque faute grave (1). »

Mais si cette branche de travail manquoit au *palais*, elle étoit bien compensée par une autre matière, qui aujourd'hui est presque échappée au ministère des avocats : je veux parler de la *matière criminelle*.

---

(1) « En plusieurs cas, puent les ommes estre excusés de « gries que ils font à leurs fames, ne s'en doit la justice « entremettre, car il loist bien à l'omme à battre sa fame, sans « mort et sans messang, quant de mefet cont. » (De Beaumanoir, pag. 292.)

On verra ci-dessous combien cette pratique étoit précieuse aux maris.

À cette époque on ne connoissoit pas encore de *partie publique* pour la répression des crimes. Le soin de leur *vindicte* étoit laissé aux parties intéressées, qui la poursuivoient par la voie des procès ordinaires ; et les avocats concluoient aux diverses peines appropriées aux délits, comme on les voit aujourd'hui conclure à une *réparation d'honneur* et à des *dommages-intérêts.*

Or, les peines étant beaucoup plus diversifiées qu'aujourd'hui, les avocats devoient connoître parfaitement le cas de leur application.

Les peines en usage, à la fin du *treizième siècle,* étoient la *décapitation,* la *potence,* le *feu,* l'*enfouissement en terre,* l'*amputation des mains et des pieds,* des *oreilles,* la *castration,* l'*échellage,* le *pélerinage,* la *confiscation,* la *servitude,* l'*incarcération,* la *privation de sépulture en terre sainte,* l'*excommunication,* le *traînement sur la claie,* la *fustigation.*

Comme le détail sur les caractères de ces diverses peines feroit ici une trop longue digression, elles seront réunies au chapitre des *variétés.*

Les avocats *laïcs* alloient plaider dans les juridictions épiscopales concurremment avec les ecclésiastiques ; mais ceux-ci n'étoient point admis dans les cours *layes* à titre d'*avocats.*

Dans les neuvième, dixième et onzième siècles,

lorsque les *laïcs* ne s'étoient point encore adonnés à l'étude des lois et à l'exercice du barreau, les *ecclésiastiques* s'étoient emparés de la profession d'avocat, non seulement pour les affaires *cano-niques*, mais encore pour toute espèce de dis-cussions *civiles*, *féodales*, même *criminelles*; et comme ils étoient en petit nombre, sans concur-rents, et qu'ils joignoient l'autorité importante de leur caractère religieux à celle qu'ils tiroient de leur science et de leur expérience, ils se ser-voient de ce double moyen pour se faire une grande fortune.

On peut voir dans le Traité de la *discipline ecclésiastique* du P. Thomassin (partie 3, livre 4) le tableau des excès dont les *avocats clercs* se rendoient coupables, au point que plusieurs d'entre eux se firent excommunier : « *Multos* « *habuit advocatos ecclesiæ excommunicatos* (1). »

Ces gains exorbitants furent une des causes, dit l'abbé Fleury, qui ont attiré aux ecclésiasti-ques tant de biens et d'honneurs profanes. (Voir le sixième discours de Fleury, Hist. ecclésiast., et la Bibliothèque canonique, tom. 1, p. 43.)

Ce scandale fut enfin réprimé par le concile de Latran, tenu en 1179, sous Alexandre III, qui

---

(1) **Concile de Mayence**, tenu en 813.

interdit aux ecclésiastiques toutes fonctions judiciaires dans les *tribunaux laïcs* (1).

Depuis cette époque, les ecclésiastiques se
réduisirent à exercer la profession d'avocats dans
les *tribunaux ecclésiastiques*, qu'ils cherchèrent
à meubler le plus possible des matières civiles
qu'ils avoient l'adresse de dérober aux tribunaux
séculiers.

Le *costume* des avocats et autres gens de loi
n'avoit rien de particulier, leur habillement étant
le même que celui de ville.

Il se composoit d'une soutane ou longue tu-
nique, manteau ou robe par dessus, quelquefois
tous les deux ensemble.

D'abord les robes étoient sans manches ; elles
en eurent depuis, étroites, ensuite fort amples.
Le *manteau* étoit agrafé sur l'épaule droite ; de
sorte qu'étant toujours ouvert, de ce côté-là,
il laissoit à l'*avocat* l'entière liberté du bras
droit. On ne connoissoit pas encore le chapeau,
et les gens de loi n'avoient pas d'autre coiffure
que celle qui étoit d'usage général, et qui consistoit en un bonnet d'étoffe. Le *chaperon* à

---

(1) *Clerici in subdia-conatis et supra, et in ordinibus quoque
minoribus, coram seculari judice* advocati *in negotiis sæcula-
ribus fieri non præsumant.*

queue ne fut adopté que vers la moitié du siècle suivant.

Les avocats plaidoient la tête couverte, ayant soin de la découvrir toutes les fois qu'ils avoient des pièces à lire ou des *conclusions* à prendre.

Ils avoient la barbe rase, et la chevelure longue étalée sur les épaules ; mais au lieu d'être relevée *sur le front*, il paroît qu'elle descendoit presque *sur les yeux*.

Au reste, cette forme de chevelure occasionna quelques démêlés avec le clergé, dont il sera parlé au chapitre *variétés*.

Si le costume des avocats a subi, comme tous les usages, la variation du temps, il n'en est pas ainsi des principes d'honneur et de délicatesse qui se retrouvent chez eux aux époques les plus reculées, et qui se sont transmis sans altération jusqu'aujourd'hui.

Pierre de Fontaines et *Philippe de Beaumanoir* nous *apprennent* que l'avocat chargé d'une affaire n'avoit plus la liberté de l'abandonner, à la sollicitation de la partie adverse qui l'auroit engagé à rester *neutre*. Un pareil procédé l'exposoit à une exclusion honteuse du barreau.

« Si advocat qui doit aidier une partie par cer-
« tain louier, si il prend louier de l'autre partie
« par tel convent qu'il ne se melera pas de l'une

« ni de l'autre partie en conseil ne en advocation
« se ché en preuve contre, il doit perdre l'office
« d'advocat ; car ché est à perte mauverchés d'a-
« voir convent a aidier à autruy, et apres ché
« failler par couvertese et chil qui de ché sont
« atteints, si ne sont pas dignes d'estre en chal
« office ni en nul autre. »

Quand un avocat, après avoir examiné une
cause, se trouvoit d'une opinion contraire à celle
de son client, il devoit la renvoyer, pour ne pas
plaider contre sa conscience. Néanmoins, comme
l'avocat pouvoit se tromper lui-même dans son
jugement, il étoit de son devoir d'effectuer ce
délaissement avec circonspection et courtoisie,
de manière à ne pas enlever à son client la ressource d'un autre avocat (1).

Tout homme noté d'infamie ne pouvoit être
admis à l'état d'avocat, ni *juif*, ni *hérétique*, ni
excommunié.

Tout avocat qui abusoit de la parole, en man-
quant de respect envers les juges, ou de modé-

_____

(1) Et pour ché si advocat pouroit cuidier une la querelle
« a mauvaise, laquelle seroit bonne, puisque sa conscience le
« reprint de partir le droit ; mes chet doit etre *courtoisement*
« et en tel point que chil qui si attendoit a lui puist recouvrer
« un autre advocat. » (*Ibid.* p. 34.)

ration envers ses parties adverses, pouvoit être exclus du tribunal.

« Le bailli, de son office, peut bien débouter « l'*advocat* qu'il ne soit ois en advocaceries de- « vant li, liquiex est coustumier de dire vilenie « au bailli ou as jugeeurs, ou à le partie à qui il « a affaire; car malechose seroit se tel maniere « de gens ne pouvoient estre déboutés de l'*advo-* « *cation.* » (*Ibid.* p. 35.)

Il étoit permis aux parties de plaider elles-mêmes leur cause; mais il y avoit de certaines affaires où le juge invitoit les parties à user du ministère d'avocats. La raison qu'en donne Beaumanoir, est que l'homme le plus sage se trouble, s'emporte dans sa propre cause, et est moins raisonnable que pour la cause d'autrui (1).

Alors, comme aujourd'hui, il étoit du devoir d'un avocat d'exposer sa cause avec le plus de brièveté et de clarté possible, sans surabondance de paroles, ni redites et répétitions. C'est ce qui est si franchement exprimé par Beaumanoir, au chap. V, qui traite de l'office des avocats.

« Biaux maictieres est (c'est une grande qua-

---

(1) « Pour ché que chascun est plutot troublé ou empeché « quant s'en ne li fet ou dit sa volonté en sa querelle que en « autrui. » (*Ib. ibid.*)

« lité) a chelui qui est avocas quant ils conte leur
« plet (quand il plaide) que ils compreignet tout
« leur fet en mens (moins) de paroles que ils
« pourront, ne mes que (de manière que) toute
« la querelle soit bien comprise es paroles : car
« mémoire d'homme retient trop plus legiere-
« ment peu de paroles, que (qui) moult plus
« agreablés sont as juges qui les rechoivent, et
« grant empecher est as bailli et jugeeurs de oir
« longues paroles qui ne font rien en la querelle.
« Car quant eles sont dites, si convient il que li
« bailli ou li juge qui les a rechevoir presque seu-
« lement ces paroles qui ont mestier (rapport) à
« la querelle et les autres ne sont comptées que
« pour oiseuses. » (Pag. 34.)

Il étoit permis au bailli d'exclure de son tribunal les individus qui se présentoient sans la
capacité nécessaire (chose commune dans un
temps où chacun avoit le droit d'usurper la qualité d'avocat).

Il pouvoit encore interdire l'accès du tribunal
à l'avocat qui refusoit d'obéir à son commandement, dans le cas où il devoit lui obéir.

Mais quels étoient les cas qui devenoient un
motif d'interdiction? Voyez Beaumanoir, qui en
donne quelques exemples au chap. 5, p. 35.

Nous avons vu ci-dessus que lorsque le barreau

étoit occupé par les ecclésiastiques, ils s'en étoient fait une mine féconde de richesse, au point de mériter d'être *excommuniés;* ce qui assurément est un puissant témoignage de leur éxcès en ce genre.

Le scandale étant parvenu à un point vraiment intolérable, qui avilissoit le clergé aux yeux du peuple, la cour de ·Rome n'y vit pas d'autre remède que d'interdire la *profession d'avocat* à tout ecclésiastique.

Les avocats *laïcs,* qui les remplacèrent au barreau dans le treizième siècle, affectèrent de se distinguer par leur désintéressement : voilà pourquoi le chapitre 14 des *établissements de S. Louis,* en s'occupant de la discipline particulière aux avocats, ne dit pas un mot sur leurs *honoraires.*

Le réglement intervenu quatre ans après, par l'ordonnance de 1274, ne fournit aucune présomption défavorable, puisque ce ne fut qu'une affaire de politique dont nous avons indiqué l'objet et l'origine.

L'ordonnance de Philippe-le-Bel, de 1291, concernant la *discipline des avocats,* n'énonce aucune taxe sur les honoraires, se bornant seulement à ordonner l'exécution de l'ordonnance de Philippe-le-Hardi de 1274.

Ainsi, dans l'espace que je viens de parcourir, on ne trouve véritablement qu'un seul réglement sur les *honoraires* de l'avocat.

Au surplus, ce réglement n'avoit rien qui pût être désagréable aux avocats, et l'on voit que ce n'étoit pas là son intention.

D'abord le *maximum* de 3o livres tournois, pour chaque affaire, faisoit, dans ce temps-là, un objet de 5oo livres de notre monnoie, et cette latitude n'a rien qui sente l'*ab irato*.

En second lieu, l'ordonnance de 1274 établit la proportion des honoraires de l'avocat sur l'*importance de l'affaire*, et sur le *mérite et la célébrité de l'avocat;* ce qui laissoit une grande latitude.

On trouve, à ce sujet, dans Beaumanoir un passage intéressant qui sert à expliquer cette proportion.

« Et ils doivent etre payés selon leur état et « ché que la querelle est *grant* ou *petite;* car il « n'est pas raison que ung advocat qui va à *un* « *cheval,* doit avoir aussi grant journée comme « chil qui va à *deux chevaux,* ou à *trois,* ou à « *plus;* ne qui chil qui peu fait, ait autant comme « chil qui fait assez ; ne qui chil qui plaide pour « petite querelle comme chil qui plaide pour la « grant. »

Une règle aussi vague pour évaluer l'*honoraire*

de l'avocat devoit donner lieu à bien des contestations ; et le même auteur nous apprend que c'étoit le *tribunal* qui levoit cette difficulté.

« Et quand pleds est entre l'advocat et chelui « pour qui il a plaidé, pour ce que ils ne *se* « *peuvent accorder d'un salaire* qui ne fut pas « convenancé ; estimation doit etre faite par le « juge selon che que il voit que raison est selon « ce qu'il est dit dessus. »

(Beaum., chap. 5, p. 33.)

Ce mode de fixation des *honoraires* de l'avocat n'étoit pas un usage particulier au barreau françois, ni d'une invention moderne ; ce n'étoit que la reproduction de la loi 10 au dig. *de variis et extraord.* L. 50, tit. 13.

« *In* HONORARIIS advocatorum, ità *versari* judex « debet, ut pro modo *litis,* proque *advocati fa-* « *cundia* et fori *consuetudine,* et judicii, in quo « erat acturus, æstimationem adhibeat. »

La loi 12, du même titre, en expliquant ce qu'il faut entendre par un honoraire convenable, le porte à *cent écus d'or.*

« On regarde comme honoraires *licites et hon-* « *nêtes* ceux qui ne vont pas à plus de cent écus « d'or par *chaque cause.*

« Licita autem quantitas intelligitur pro sin- « gulis causis ad *centum aureos.* »

Le passage de Beaumanoir sert aussi à nous apprendre que, dans ce temps-là, les avocats n'avoient aucune répugnance à former une action pour le paiement de leurs honoraires, et qu'ils n'avoient pas, sur ce point, le même scrupule que les avocats d'aujourd'hui.

Il y a lieu de croire que le *maximum* de 3o liv. tournois pour chaque cause étoit observé scrupuleusement, puisque l'avocat en avoit subi l'obligation avec serment, et sous peine de parjure, de *note d'infamie* et d'exclusion du palais.

Les mémoires de ce temps ne nous ont rien transmis qui puisse faire soupçonner l'infraction de ce devoir.

Parmi les formes de procéder de ce temps-là, il s'en trouve qui touchoient de si près aux fonctions de l'avocat, qu'il est indispensable de les consigner ici.

D'abord, il faut savoir que la voie de *l'appel au parlement* n'étoit pas accordée à chacun, ni dans tous les cas.

Avant que le parlement eût été rendu sédentaire à Paris, on n'usoit que de *l'amendement de jugement,* qui se demandoit au tribunal même dont le jugement étoit émané.

Cette procédure rentroit dans notre *requête civile.* L'amendement s'engageoit par une *sup-*

plique, adressée au juge royal dans le jour même de la sentence prononcée, après quoi elle étoit non recevable.

Pour statuer sur cette supplique, le juge rassembloit les mêmes prudhommes qui avoient assisté à la sentence. La supplique étoit ainsi conçue : « Sires, il me semble que c'est jugement « me griesve, et pour ce en requier-je amende- « ment, et que vous mettez terme et fétes tant « de bonnes gens venir que eux connoissent se li « amendement i est, ou non par gens qui le puis- « sent fere et doivent selon le droit et l'usage de « baronnie. »

(Etablissements de S. Louis, liv. 1, ch. 80.)

L'appel ne fut introduit que plus d'un siècle après.

Toute demande en justice étoit introduite par une assignation donnée, de vive voix, par le ministère d'un *sergent* ou d'un *bedeau*.

Mais à l'égard d'un gentilhomme, il falloit employer le ministère de deux gentilshommes de la même qualité. L'assignation étoit donnée à *quinzaine*, et devoit énoncer la cause du procès et les *conclusions*.

J'ai déjà fait observer qu'on ne connoissoit pas de *procureur* en *titre d'office*, et que chaque partie devoit se présenter elle-même à l'audience ; il n'y avoit que le roi, les prélats, les chapitres, les abbayes, et les femmes, qui plaidoient *par procureur :* tout autre ne pouvoit se faire représenter par un fondé de pouvoirs qu'après avoir obtenu des lettres de *graces à plaidoyer* par procureur (1).

Ceux qui avoient obtenu des *lettres de graces à plaidoyer par procureurs* remettoient ces lettres entre les mains du fondé de pouvoirs, qui prenoit le nom de *procureur.* Mais il ne faut pas confondre ces procureurs momentanés avec les *officiers ministériels,* qui, deux siècles après, furent institués sous le même nom dans les tribunaux.

Ces *lettres de graces* devoient être préalablement présentées aux juges et à la partie adverse.

Quand les deux contendants étoient en présence au tribunal, le prévôt ou bailli débutoit par les entendre officieusement, en cherchant à les concilier.

Mais quand la conciliation étoit impraticable,

_____

(1) La formule de ces lettres *de graces à plaidoyer* nous a été conservée par *Marculphe,* liv. 1er, chap. 21, et se trouve dans Baluze, Capit. tom. 2, pag. 452, et dans Saint-Martin, pag. 452.

et qu'il s'agissoit d'une convention ou d'un fait
dénié par l'une des parties, le juge faisoit jurer
au demandeur « qu'il croyoit sa demande juste ;
« qu'il répondroit avec sincérité aux questions
« qui lui seroient faites, et qu'il ne donneroit
« rien aux *juges* pour les corrompre, ni aux
« *témoins* pour les séduire ; qu'il n'empêcheroit
« pas les défenses de son adversaire, et se sou-
« mettroit à la preuve par témoins (1). »

Le *défendeur* faisoit le même serment ; après
quoi le prévôt ordonnoit l'audition des témoins
sur-le-champ, soit à un *jour indiqué.*

Lorsque les témoins étoient en présence des
parties, le prévôt demandoit au défendeur s'il
n'avoit rien à dire contre eux ; et si le défendeur
ne les récusoit pas, il ne pouvoit plus le faire
après les avoir entendus.

Au cas contraire, il proposoit ses moyens de
reproches, sur lesquels le juge statuoit, soit de
suite, soit après un délai accordé, pour lui

---

(1) Chap. 1er des Etablissemens de S. Louis. « Cil qui
« *demande* jurera qu'il croit avoir droicte querelle et droicte
« demande, et qu'il respondra droicte verité ce que l'en li de-
« mandera, selon ce qu'il croit, et que il ne donra rien à la
« justice, ne ne promettra pour la querelle ni aux temoins, etc. »

donner le temps de se procurer ses reproches.

Quand les témoins étoient admis, le *prévôt*, après avoir pris leur serment de dire la vérité, les entendoit en *secret*, et puis après il proclamoit leur déposition.

Le juge pouvoit également ordonner une *contre-enquête*, et entendre des témoins à décharge : on observoit, à cet égard, les mêmes formalités que pour ceux du demandeur.

Dans tous les cas, les *témoins* appelés étoient obligés de comparoître, sous peine d'amende.

Cette procédure se rapproche beaucoup de celle d'aujourd'hui ; mais ce ne fut pas sans difficulté qu'elle fut adoptée dans les tribunaux, qui étoient en possession d'une autre plus expéditive et plus conforme au caractère national ; c'étoit le *duel*, autrement dit *combat judiciaire* et *gage de bataille*, espèce d'*interlocutoire*, qui n'étoit pas d'un médiocre embarras pour l'avocat qui s'en trouvoit chargé.

C'étoit un usage, sous les premiers rois de la troisième race, que toutes les causes douteuses, soit de *droit*, soit de *fait*, fussent décidées par le sort d'un *combat* entre les deux parties litigantes, d'après l'opinion, reçue alors, que la volonté de Dieu se manifestoit par la victoire, n'étant pas à croire, disoit-on, que Dieu voulût laisser triompher la mauvaise cause.

Cependant, tant de fois l'événement étoit venu démentir cette supposition, que la plus saine partie du public appeloit à grands cris la réforme de cette barbare pratique.

Mais les hauts-barons s'élevoient contre l'abolition du *combat judiciaire*, parceque, dans beaucoup de cas, ils avoient la confiscation des biens du vaincu.

Encouragé par l'autorité imposante du *droit romain*, S. Louis eut le courage de supprimer le *combat judiciaire*, pour y substituer la *preuve testimoniale*.

« Nous deffendons *les batailles* partout *notre* « *domaine*, en toutes querelles.... et en lieu de « *batailles*, nous mettons prüeves des temoins ou « des chartres, selon le *droit ecrit*, au *code* et titre « *de pactis*. » (*V*. Etabliss. de S. Louis, ch. 2.)

Il y eut néanmoins trois exceptions à cette abolition du *combat judiciaire*.

1°. Elle n'avoit lieu que dans le ressort du *domaine du roi*, sans s'étendre aux *cours des baronnies* et aux justices des grands vassaux, le roi n'étant pas alors assez puissant pour contraindre les hauts-barons à sacrifier un usage qui leur étoit précieux; ce qui restreignoit cette réformation à une bien médiocre portion du territoire françois.

En second lieu, le *combat judiciaire* n'étoit supprimé qu'en *matière civile*, et il étoit maintenu en *matière criminelle*, au moins pour certains cas, comme on peut le voir par les articles 11, 27, 29, 38, 82, 167 et 168 des *Etablissements*.

Enfin, même en *matière civile*, il y avoit une infinité de cas où, à défaut absolu de preuves, soit écrites, soit testimoniales, le *combat judiciaire* étoit conservé.

Au moyen de ces exceptions, l'abolition du *combat judiciaire* produisit peu d'effet dans les cinquante dernières années du treizième siècle, et il continua de figurer avec éclat dans l'instruction des procès.

Les *avocats* plaidoient pour ou contre l'admission du *gage de bataille*, comme on plaide aujourd'hui sur l'admission d'*une enquête*; après quoi le juge statuoit pour l'admission ou le rejet.

Si le *duel* étoit accordé, les parties étoient renvoyées, pour l'exécution, devant l'autorité compétente qui étoit établie à cet effet.

Quand le *combat* étoit ordonné, le ministère des *avocats* n'étoit pas fini; un sentiment d'humanité et d'affection le prolongeoit jusque sur le champ de bataille, où ils se trouvoient pour

assister leurs clients, et les aider de leurs conseils ; à peu près comme on voit aujourd'hui les
avoués assister à une opération ordonnée en justice, pour y faire les *dires, observations* et *réqui-
sitions* utiles à leur partie.

Quelquefois même un *avocat* robuste, agile, et
versé dans le maniement des armes, portoit le
zèle jusqu'à prendre, sur le *champ de bataille*,
la place de son client, et à combattre pour lui.
Le défenseur au barreau se convertissoit en
champion dans la lice ; d'*orateur* il devenoit spa-
dassin, et souvent il lui arrivoit de gagner sa
cause dans les deux espèces de lutte.

Au reste, toutes les *affaires criminelles* ne se
vidoient pas par le combat ; il y en avoit un
grand nombre qui n'étoient pas susceptibles de
cette issue, et qui se terminoient à l'audience par
la voie des *preuves testimoniales*, ou par écrit.

Le ministère des avocats se réduisoit à discuter
les preuves, le genre de condamnation, les exceptions ou autres considérations qui s'élevoient
en faveur de l'accusé, pendant que, d'un autre
côté, l'avocat de l'accusateur péroroit en sens
contraire.

La forme et les lois de ces *duels* étant du ressort
des historiens, je dois me réduire ici aux détails
qui concernoient le ministère des avocats.

Lorsqu'un avocat proposoit la preuve par *duel*, il jetoit, au nom de son client, un *gant* au milieu du parquet.

Ce *gant* s'appeloit le *gage de bataille*, et il concluoit à ce que l'adverse partie fût tenue de le *relever*, en signe d'acceptation du combat.

C'étoit une fonction bien délicate, de la part de l'avocat, qu'une pareille proposition, et qui exigeoit de lui beaucoup de prudence et d'attention.

D'abord, il devoit être assisté de son client, ou muni d'un pouvoir bien formel de faire, en son nom, la proposition du combat ; sans quoi il auroit été considéré comme jetant le gage de bataille en *son propre et privé nom*, et obligé de servir de *champion* à son client.

En second lieu, même avec l'assistance ou le pouvoir de l'*appelant*, l'avocat devoit se donner garde d'user de cette locution (si familière au barreau d'aujourd'hui), par laquelle il se confond et s'identifie avec son client.

Au contraire, il devoit clairement annoncer que ce n'étoit que *comme avocat* qu'il faisoit l'*appel* au *nom de son client*, sans entendre s'en appliquer l'exécution.

Autrement la partie adverse étoit autorisée à prendre l'*appel* comme fait par l'un et par l'autre, et choisir celui des deux qu'il jugeoit à propos ;

ce qui exposoit l'avocat à effectuer personnellement le *duel.*

« *Item* debet præcavere *advocatus* ut faciat
« mentionem de *advocato,* quia, si non faceret,
« per se ipsum, oporteret quod DUELLARET. » (Styl.
parlem., p. 879.)

Comme il arriva à l'avocat *Hugues de Fabrefort,* dans l'appel qu'il avoit proposé pour Armand *de Montaigue,* contre *Aymeric de Durfort.*
(Ibid.) (1).

Enfin, l'avocat devoit avoir soin de ne rien
faire entrer dans son *appel* d'outrageant contre
la partie appelée, sans quoi il ouvroit contre lui-
même, personnellement, *une prise à partie,* et
un appel *en champ clos.*

Mais son devoir étoit d'adoucir l'amertume
de son ministère par des paroles honorables à
l'*appelé,* en rejetant sur la volonté de son client
la nécessité d'une pareille provocation.

Dumoulin nous a conservé (2) la *formule*
d'un pareil plaidoyer, qui mérite de trouver ici
place :

---

(1) « *Ita fuit objectum magistro Hugoni Fabrifortis in causa*
« *duelli quam proposuit pro Armando de Monte acuto contra*
« *Aymericum de Duro forte.* »

(2) *V.* Dumoulin, tom. II, pag. 869 et suivantes.

« Messeigneurs (1), j'ai à proposer devant vous
« contre monseigneur tel que void la (si la partie
« est chevalier) pour *monseigneur* tel (lequel
« vous voyez ici), aucunes choses auxquelles il
« chet vilenie, et si Dieu maist il m'en prise; car
« tant que j'ai vecu, je ne viez onc audit tel que
« bien et honneur ; mais ce que j'entends dire et
« proposer contre lui, je le dirai *comme advocat*
« de céans, et pourtant que ma partie me le fait
« entendre et *veut que je le dise et propose*, et
« m'en avouera s'il lui plaist et promis le m'a en
« présence de vous, le m'a *baillé par écrit et sub-*
« *stance, et le tiens en ma main;* car, jamais par
« moi je ne le feist; car le dit et ne me fait onques
« mal ne je à lui que je sache, fors que bien et
« honneur et pour a l'entends à dire. Car ce fait
« ma querelle et autrement elle ne se pourvoit
« soutenir à la fin à laquelle il veut tendre, et
« ainsi que vous savez mieux que moi que cha-
« cun advocat devoit dire ce que fait à la querelle
« de son client, specialement nous de ceans y
« sommes tenus par serments, et aussi est il raison
« que chacun le fasse. Pourquoi, messeigneurs,
« vous supplie qu'il ne vous déplaise et que vous

---

(1) *Messeigneurs.....* Il s'agit ici d'une affaire portée au parlement.

« me veuilliez octroyer que je die et propose de
« votre licence, et avec ce prie à *monseigneur*
« (TEL) qu'il me le pardonne ; car si maist Dieu
« en tout autre je le serviroye ; mais en cettuy
« cas ci convient que je fasse mon devoir, car j'y
« suis tenu. »

Après ce préambule, qui étoit nécessaire à la
sûreté de l'*avocat*, le président lui devoit dire :

« Or proposez votre fait ou querelle, et vous
« prenez garde que vous ne dites chose à laquelle
« ait en quoi il chet vilenie, si non qu'il *feist à*
« *votre querelle ;* car la cour vous le défend. »

Alors l'*avocat* entroit en matière, et devoit
« proposer *son faist* au mieux qu'il pourra, au
« profit de sa querelle, et par les plus belles pa-
« roles et mieux ordonnées qu'il pourra et au
« plus entendiblement. »

L'exposition du fait étoit suivie des *conclusions*,
qui étoient aussi assujetties à une formule.

« Mon *faist ainsi proposé,* comme vous, *mes-*
« *seigneurs,* avez oui, je CONCLUDS ainsi que si
« ledit tel confesse les choses que j'ai proposées
« estre vraies, je requiers que vous le condamnez
« avoir forfait corps et biens au roi notre sire,
« pour les causes dessusdites, ou que vous le
« punissiez de telle peine que prononcent us et
« coutumes ou la nature du cas proposé le desire ;

« et s'*il le nie*, je dis que *monseigneur tel* ne le
« pourroit prouver par témoins ou autrement,
« suffisamment. Mais il le prouvera par lui, ou
« son avoué, en *champ clos, comme gentilhomme,*
« retenue faite de cheval, d'armes, et d'autres
« choses nécessaires profitables ou convenables à
« *gage de bataille* et en tel cas, selon sa noblesse,
« et lui en *rends son gage.* »

A ces mots, l'*avocat* jetoit le GANT dans le
parquet.

Alors c'étoit à l'*avocat* de la partie adverse à
proposer ses *exceptions, fins de non-recevoir* et
défenses contre la proposition de l'*appelant,* à
l'effet de faire déclarer qu'il n'y avoit lieu au *gage
de bataille;* après quoi, subsidiairement, il con-
tinuoit ainsi :

« Et au cas où la cour regarderoit que, au faist
« de l'adverse partie proposé, *cherroit gage de
« bataille,* mon client NIE les choses proposées ;
« au contraire et die que celui qui les a faist
« proposer, MENT, et qu'il est, par lui ou par son
« avoué, fait retenue, et *baille son gage.*

« Alors l'*appellé* doit dire à la cour, avant que
« de rendre son gage : *Messeigneurs,* je dis tout
« ce que tel a fait proposer contre moi par tel
« *advocat* et l'en avoue et baille son gage contre
« moi, il MENT comme un *mauvais qu'il est* du

« dire, sauf l'honneur de la cour ; et tout ce qu'il
« a fait dire et proposer contre moi, je le NIE tout,
« et *advoue mon advocat* de ce qu'il a proposé
« pour moi ; et dis que au cas que vous regarderez
« le gage de bataille cheust, je m'en deffendrai,
« nonobstant que son advocat a dit à l'encontre ;
« comme bon et loyal gentilhomme que je suis,
« et comme celui qui n'a tort à la cause contre
« moi proposée, et voici mon *gage* (et le doit
« jeter). »

CHAPITRE X.

Variétés.

I. Pendant le cours de ce siècle, le *parlement*
n'avoit pas de résidence fixe ; mais quand il se
tenoit à Paris, c'étoit dans le *palais du roi* qu'il
établissoit son siége.

Ce palais étoit celui que nous connoissons
aujourd'hui sous le nom de *palais de justice*. Le
principal appartement de S. Louis étoit cette
chambre qui a conservé le nom de chambre de
S. Louis, et qui depuis a été la chambre de la
Tournelle, dans laquelle l'*ordre des avocats* étoit
en possession de tenir ses assemblées générales.

Les rois, et particuliérement S. Louis, prenoient plaisir à venir assister aux *plaids*, et leur présence imprimoit aux avocats une nouvelle émulation.

II. Quand les rois ou les barons se trouvoient engagés dans une guerre, ils avoient non seulement le droit de mander les gentilshommes leurs vassaux (ce qu'on appeloit lever le ban), mais encore celui de mettre en *réquisition* toutes les personnes non nobles de leurs seigneuries, sans distinction, pourvu qu'elles pussent porter les armes.

Tout *feudataire*, *évêque*, *abbé*, *prêtre*, *clerc*, *gentilhomme* ou *roturier*, devoit se mettre en marche avec l'équipage convenable à sa condition, fourni de provisions nécessaires pour sa nourriture, et muni de voitures pour les transporter.

Il n'y avoit de dispenses que pour les *maires*, *conseils*, *jurats*, *échevins*, *gouverneurs des villes* les jeunes gens au dessous de *seize ans*, les vieillards au dessus de *soixante*, les *notaires*, *médecins*, *avocats* et *jurisconsultes*, les *boulangers*, les *meûniers*, les *pauvres*, les *malades*, et les *nouveaux épousés* pendant la première année de leur mariage, enfin les *femmes*.

Dès que le *ban* ou *arrière-ban* avoit été proclamé, ceux qui s'y trouvoient compris étoient à l'abri de toutes poursuites en *justice réglée*, et les lettres de convocation avoient tout l'effet de celles qui ont été connues depuis sous le nom de *lettres d'état*.

III. *S. Louis*, du côté des mœurs, ne fut pas au niveau de son siècle, et le monarque le plus religieux qui ait existé eut le malheur de naître dans un temps le plus dépravé de notre histoire.

Les actes du conseil de *Virsbourg*, tenu en 1287, et ceux du *concile* tenu à Rouen en 1299, attestent que les ecclésiastiques s'habilloient d'une manière immodeste ; que les curés, les bénéficiers, paroissoient en public en habit court, et l'épée au côté, occupoient des charges dans les justices séculières ; qu'ils prêtoient à usure, et qu'ils se livroient aux excès de la table et à toute autre espèce de débauche (1).

Les *ecclésiastiques* étoient exempts de la taille, pourvu qu'ils ne fussent ni marchands, ni *mariés*.

---

(1) Il est rapporté dans les annales d'Oldembourg « qu'en « certains diocèses les officiaux permettoient l'*adultère* pendant « toute une année ; qu'en d'autres endroits le *fornicateur* étoit « quitte pour payer une quarte de vin, taxe qui ne devoit finir « qu'avec la vie. Une fois inscrit sur le registre, il falloit con-

Cette dernière condition a quelque chose de singulier, par l'habitude où nous sommes de considérer le célibat comme un état essentiel au sacerdoce ; mais il en étoit autrement dans ce siècle
de désordre.

Les ecclésiastiques se marioient, ou tenoient
publiquement des concubines chez eux.

En Angleterre, les prélats s'assemblèrent en
1229, sous Henri III, pour remédier à cet abus.
Mais cette prohibition n'eut d'autre effet que de
fournir au roi une nouvelle branche de revenus.
Le prince toucha de grosses sommes des ecclésiastiques, et leur laissa *leurs femmes;* et l'église,
dit un historien (Vély), étoit peuplée de *bénéfi-*
ciers mariés, d'*évéques incontinents,* et de *clercs*
fornicateurs publics.

On alla même, en Biscaye, jusqu'à ne pas recevoir de prêtres qui n'eussent pas fait ce qu'on
appeloit alors *commerce.*

(Vély, tom. 7, pag. 204.)

Cette singulière condition étoit motivée sur ce

« tinuer de payer à perpétuité, quoiqu'on ne voulût plus ou
« qu'on ne fût plus en état de pécher. »

(Vély, tom. 7, pag. 13.)

qu'il étoit nécessaire (vu leur incontinence notoire) que les prêtres eussent des femmes *avec
eux*, pour les détourner des femmes de leurs
paroissiens (1).

IV. *Sur les juifs.*

Ils formoient une classe particulière, qui étoit
l'objet de la plus cruelle oppression.
(*V.* dom Felibien, tom. 1, p. 533.)

Tout *juif* établi dans le royaume étoit, *de droit*,
SERF, main-mortable de corps et de biens des seigneurs dont il étoit *couchant* et *levant*, c'est-à-
dire que sa personne, ses biens et ses meubles
appartenoient aux barons des lieux qu'il habitoit.

Il lui étoit défendu de changer de domicile
sans la permission du *baron*, qui pouvoit l'aller
reprendre, comme un esclave *fugitif*, jusque sur
les domaines du roi.

On les considéroit comme un objet de com-

___

(1) Le lecteur est averti que rien de ce qui sera dit, dans le
cours de cet ouvrage, sur le *déréglement* du clergé n'est susceptible d'application au clergé des dix-septième et dix-huitième
siècles, qui, malgré toutes les clameurs lancées par l'esprit de
parti, a toujours présenté le modèle des vertus les plus véri-
tables.

merce qui pouvoit être *prété* ou *engagé* à temps,
ou donné en *nantissement*.

S'il venoit à se convertir, il tomboit, par cela
seul, en *forfaiture* : le seigneur traitoit sa con-
version de larcin fait à sa propriété, et tous ses
biens étoient confisqués.

Ils avoient des tribunaux particuliers, et des
synagogues où ils ne pouvoient prier *qu'à voix
basse* et sans *aucun chant*, sous peine de 3oo liv.
d'amende. Ils ne pouvoient se montrer au public
qu'avec un signe caractéristique ; savoir, les
femmes avec un *long voile* qui leur couvroit tout
le visage, et les hommes avec une *calotte de feutre*,
ou bien une *grande roue de couleur tranchante*
appliquée sur l'habit.

DÉFENDU à tout chrétien d'avoir chez soi aucun
domestique de cette religion, de l'un ou de l'autre
sexe, ni de s'en servir à titre de *médecin* ou *chi-
rurgien*, ni de prendre leurs enfants pour les
allaiter et *nourrir*.

L'accès du barreau, à *titre d'avocat*, étoit interdit aux juifs ; et ce n'étoit qu'avec la dernière
répugnance qu'ils étoient admis à réclamer la
justice ; mais, dans ce cas, ils devoient comparoître en *personne*, étant bien assurés de ne
trouver *aucun avocat* qui consentît à souiller sa
parole en l'employant pour un juif.

Quand un *juif* paroissoit en justice contre un chrétien, on l'obligeoit de jurer par les *dix noms de Dieu*, avec mille imprécations contre lui-même, s'il ne disoit pas la vérité.

(Vély, tom. 4, pag. 157.)

Toute espèce de contact avec les objets de l'exécration publique étoit considéré comme un crime *contre nature*.

Un chrétien convaincu d'une liaison indivi-duelle avec une juive étoit *brûlé vif*.

On expliquoit ce genre de supplice par la qua-lification de *chien* qu'on donnoit à tout individu de cette nation ; et ce terme, employé au *figuré*, étoit adopté, dans son sens rigoureux, au cas dont il s'agit. « *Quia est rem habere cum* cane, « *rem habere a christiano* cum judæa, quæ CANIS « reputatur ; sic comburi debet. » (Quest. 387, Joan. Galli. Dumoulin, tom. 2, p. 631) (1).

---

(1) « Jean *Hardi*, convaincu de concubinage avec une *juive*, « dont il avoit eu plusieurs enfants, fut *brûlé vif*. »

Dans le même temps, Godefroi *Boussart*, convaincu du même délit, ne fut que *pendu*. Pourquoi cette différence ? On n'en devineroit jamais la cause : c'est parceque des *enfants* étoient provenus de la liaison de Jean *Hardi* avec la *juive*. Or, cette circonstance parut une aggravation du crime, en ce qu'elle augmentoit le nombre des *chiens*.

V. *Droits sur les nouveaux mariés.*

Les seigneurs avoient imaginé le droit de prélibation, connu depuis sous le nom de *marquette;*
c'étoit celui de coucher la *première nuit* avec les
nouvelles épouses de leurs vassaux. Les évêques
et les abbés ne s'abstenoient pas de cette prérogative, toutes les fois qu'elle leur étoit acquise,
en leur qualité de *hauts-barons.*

Au contraire, une foule de monuments de ce
temps-là attestent que les *prélats* se montroient
sur ce *droit* les créanciers les plus inflexibles.

On vit même de *simples curés* le réclamer sur
leurs paroissiens.

Une pratique aussi immorale, aussi contraire
à la pureté évangélique, se maintint encore plus
d'un siècle après S. Louis; et Boërius (*décis.* 297,
n°. 17) fait mention d'un jugement de l'officialité
de Bourges, sur la réclamation de ce droit de la
part d'*un curé.*

« J'ai vu, dit-il, à la cour de Bourges, devant
« le métropolitain, un procès par appel, pour un
« certain *curé* qui prétendoit avoir la *première*
« *nuit* des jeunes épousées, *suivant l'usage reçu.* »

Il est vrai que la demande du curé fut rejetée;
mais elle n'en sert pas moins à prouver qu'il avoit

l'*usage* pour lui ; et s'il en étoit ainsi pour un *simple curé*, que devoit-il en être pour les *prélats et gros abbés ?*

Dans les pays où ce droit de *prélibation* n'étoit pas reçu *en nature*, les évêques le remplaçoient par un impôt levé sur les *trois premières nuits des nouveaux mariés.* Sur quoi Montesquieu observe que ce n'étoit pas maladroit d'avoir choisi les trois premières nuits, parceque les époux n'auroient pas été disposés à payer pour les *nuits suivantes.*

Jusqu'à ce que ce *droit* eût été acquitté, les époux restoient en état d'interdiction, sous peine d'*excommunication* et de *privation de sépulture ecclésiastique.*

On fit, à plusieurs reprises, des tentatives pour obtenir la répression d'une pareille exaction ; mais comme les questions de cette nature étoient de la compétence de la *juridiction ecclésiastique*, et portées devant le tribunal de l'évêque, elles ne devoient pas y être bien accueillies. Il n'y avoit qu'une *cour laïque* qui pût mettre fin à cet abus ; et il fallut encore souffrir pendant plus d'un siècle (1).

─────────────

(1) Nous verrons dans la première *section* de 1300 une ordonnance de Philippe de Valois, du 10 juillet 1336, qui supprime ce droit ; mais cette ordonnance n'eut aucun effet.

En 1406, on trouve un arrêt du parlement, « portant def-

VI. On sait qu'à cette époque la longue chevelure étoit l'attribut des nobles et des hommes libres, lorsqu'au contraire la chevelure arrondie étoit un signe de servitude ; et c'étoit à ce titre même que l'église avoit imposé cette chevelure écourtée aux *clercs*, comme un témoignage de soumission et d'humilité.

Mais cette distinction étant désagréable aux ecclésiastiques, ils s'efforcèrent de la faire disparoître, en contraignant les *laïcs* à réduire leur *chevelure* au niveau de celle des clercs, sur le prétexte que la longue chevelure étoit une parure de femmes, *instar mulierculum intonsa coma*, et qui étoit formellement réprouvée par S. Paul, dans son Epître aux Corinthiens.

Un *concile national*, tenu à Rouen en 1096, avoit poussé l'exagération jusqu'à défendre indistinctement à tous les laïcs de laisser croître

---

« fenses à l'éveque d'*Amiens* qu'il ne prit ni exige argent des
« nouveaux mariés pour leur donner congié de coucher avec
« leurs femmes les premiere, seconde et troisieme nuits de leurs
« noces : et fut dit que un chacun des habitants pourroit cou-
« cher *cum uxoribus suis*, la premiere nuit de leurs noces, sans
« le congié de l'éveque. »

C'est le même arrêt qui rétablit la sépulture ecclésiastique en faveur des décédés de *confès* ou *intestats*.

(V. Ordonn. du Louv., tom. 2, p. 117.)

1.   8

leur chevelure, sous peine d'être privés de l'entrée de l'église, de l'assistance aux offices divins, et de la sépulture ecclésiastique (1).

Un autre *concile*, tenu à *Londres*, s'étoit un peu adouci, en laissant aux hommes la *longue chevelure*, mais en réglant la dimension de leur coiffure, de manière qu'*une partie des oreilles* restât découverte, et que les cheveux ne se rabattissent pas sur les yeux. *At criniti sic tondeantur, ut pars aurium appareat, et oculi non tegantur.*

Les menaces et les malédictions dont les prêtres appuyoient cette doctrine eurent d'abord l'effet d'intimider un assez grand nombre d'hommes, qui se soumirent au sacrifice de leurs longs cheveux pour les réduire à la *forme cléricale :* mais d'autres, moins timorés, s'élevèrent au-dessus de ces ridicules prétentions du clergé, et parmi ceux-là se trouvèrent des *avocats* qui surent défendre la dévastation de leur chevelure pendant plusieurs années, après lesquelles la doctrine des clercs retomba dans le plus profond oubli.

---

(1) *Ut nullus homo comas nutriat, sed sit tonsus sicut decet christianum ; alioquin à liminibus matris ecclesiæ sequestrabitur nec sacerdos aliquis divinum ei officium faciet, vel ejus sepulturæ intererit.*

(Traité des perruq., p. 223.)

CHAPITRE XI.

Continuation des variétés.

La *législation pénale* de ce temps-là est assez intéressante, et touche d'assez près à la science du barreau, pour que j'en fasse une continuation du *chapitre* consacré aux *variétés.*

I. *Privation de sépulture ecclésiastique.*

C'étoit la peine du *suicide,* avec *confiscation* de sa succession mobiliaire au profit du seigneur haut-justicier.

La privation de *sépulture ecclésiastique* étoit aussi la peine de celui qui étoit décédé *intestat* ou *déconfès* (sans confession).

Pour entendre cette singularité, il faut savoir que dans ce siècle le clergé avoit déclaré que tout bon chrétien étoit obligé de subvenir aux besoins de l'église par de *pieuses libéralités* formant *au moins* la dixième partie de sa succession, et que l'omission de cette bonne œuvre déceloit un *réprouvé* destiné à la *damnation éternelle.*

Les conciles ordonnoient aux prêtres, sous les plus grièves peines, d'exhorter vivement les mo-

ribonds à donner un témoignage de leur ortho-
doxie ; et quiconque se montroit indocile à cette
invitation étoit privé de l'*absolution*,. du *saint
viatique*, et de la *sépulture en terre sainte*.

Tout testament dénué d'une libéralité pieuse
envers l'église étoit irrémissiblement déclaré *nul*,
comme *testament imparfait et vicieux*.

(*V.* Vély, tom. 6, p. 144.)

La *privation de sépulture* en terre sainte étant
considérée, dans les familles, comme une *note
d'infamie*, les parents du défunt s'empressoient
de négocier pour la réintégrande de son corps en
terre sainte ; et parmi les différentes espèces de
transactions usitées en pareil cas, il y en avoit
une bien étrange ; c'étoit de faire, *au nom du
défunt*, un testament *ampliatif* (1), dans lequel
il réparoit son omission, en consignant des dispositions pieuses telles qu'il plaisoit au clergé du
lieu de les dicter.

---

(1) On a trouvé dans les archives du prieuré de *Saint-Vincent
de Loudun* un acte de cette nature, par lequel *Alain* et *Gaultier*
de *Neuville* déclarent qu'ils font un testament *au lieu et place
et par représentation* du défunt Pierre, *leur frère*, et lèguent,
pour *le salut de son ame*, *trois muids de vin aux moines* qui
desservent là leur chapelle, à condition qu'ils feront, tous les
ans, un *service pour lui*.

(Vély, tom. 6, pag. 145.)

Si les *parents* se refusoient aux conditions exigées par le clergé, la peine suivoit de près ; c'étoit l'affront du refus de sépulture.

Cet abus se maintint durant le *treizième siècle*, et ce ne sera que sous *Philippe-le-Bel* que nous le verrons réformé par un arrêt du parlement.

II. *Confiscation des successions au profit des seigneurs hauts-justiciers.*

C'étoit la peine de ceux qui avoient été frappés de *mort subite*.

Une pareille mort étant regardée comme un signe de damnation éternelle, le défunt étoit assimilé à un *hérétique*, ou à un coupable condamné à mort ; ce qui, dans la doctrine de ce temps-là, donnoit ouverture à la *confiscation*.

Les *seigneurs* avoient encore étendu le bénéfice de la confiscation sur ceux qui étoient *déconfès* (sans confession).

Nous venons de voir que les ecclésiastiques punissoient ce délit par la privation de la sépulture en *terre sainte*. Quant aux seigneurs, ils appliquoient aux *déconfès* une punition plus fructueuse, en s'adjugeant leur succession, et en se constituant les *confiscataires* du *damné*.

Tout ce que put faire S. Louis, dans ses *Eta-blissements*, fut de modifier cette rigueur, en distinguant deux sortes de *déconfès*, celui qui étoit mort *subitement* sans avoir eu le temps de se reconnoître, et celui qui, ayant été malade pendant *huit jours*, étoit mort sans réclamer les *sacrements de l'église*.

Dans le premier cas, il supprime la *confiscation*.

Au second cas, il maintient la *confiscation* au profit du seigneur haut-justicier, à la charge néanmoins de payer les dettes (chose qui étoit la première oubliée).

III. *Décapitation.*

Elle n'étoit pas encore usitée. Le criminel n'avoit à craindre que quatre espèces de supplices capitaux, d'être *pendu*, *brûlé*, *enfoui vif*, et *bouilli*.

IV. *Potence.*

Cette peine étoit appliquée aux vols et larcins accompagnés de circonstances aggravantes, tel que *vol domestique*.

Lorsqu'une bête vicieuse avoit tué quelqu'un, on arrêtoit son conducteur. S'il étoit prouvé que ce dernier avoit connoissance de la malignité de l'animal, il étoit *pendu,* et souvent en compagnie de l'animal, qui étoit aussi *pendu* (1).

V. *Enfouissement vif.*

Il n'avoit lieu que contre la femme qui avoit dérobé *des chevaux dans les pâturages.* Ce supplice se maintint encore près de deux siècles après, puisque dans les chroniques scandaleuses du règne de Louis XI il est fait mention d'une Perrette Mauger, qui fut *enterrée toute vive.*

Cette excessive rigueur avoit été suggérée par l'importance attachée, dans ce temps, à la propriété des chevaux.

VI. *Peine du feu.*

Le clergé avoit fait adopter cet affreux supplice *contre les hérétiques,* sur le prétexte qu'étant destinés à le souffrir dans l'autre monde, il n'étoit

---

(1) Guy pape, décision 238, raconte, comme témoin oculaire, qu'un *cochon* ayant tué un enfant en Bourgogne, on lui fit son procès dans toutes les formes. Le délit ayant été avéré, l'animal fut condamné à être pendu; ce qui fut exécuté *solennellement.*

qu'une *initiative* de celui que le Ciel leur avoit
réservé.

Les *hérétiques* étoient, dans quelques endroits,
appelés *turlupins*, ainsi qu'on le voit par l'extrait
d'un compte rendu en 1374 : « à frere Jaques de
« Mot, de l'ordre des freres prescheurs, inqui-
« siteur de la province de France, pour don à
« lui fait, et en récompensation de plusieurs
« peines, missions et depens qu'il a eu soufferts
« et soutenus, en faisant poursuite contre les
« *turlupins* et les *turlupines* que trouvés et prins
« ont été en ladite province et par sa diligence
« punis de leurs *méprentures* et *erreurs*. Pour ce
« 40 livres parisis. »

(Beaumanoir, pag. 385.)

La peine du *feu* étoit aussi prononcée pour le
crime de falsification de titres dans les affaires
d'un intérêt majeur, ainsi qu'on le verra, sous
Philippe de Valois, dans l'affaire de *Robert
d'Artois*.

On peut assimiler la peine feu à celle d'être
bouilli tout vif. C'étoit le supplice réservé aux
fabricateurs de *fausse monnoie*.

(Beaumanoir, chap. 30, p. 408.)

VII. *Traînement sur la claie.*

C'étoit une aggravation de la peine de la *potence*, dans le cas de *vol de grands chemins* ou *dans les bois*. Le traînement sur la claie entraînoit aussi la dévastation des propriétés immobiliaires du condamné.

« Lorsque quelqu'un s'empare de ce qui appar-
« tient à un autre, soit dans un chemin, soit dans
« un bois, de jour ou de nuit, cette action est
« appelée vol. Tous ceux qui en seront coupables
« seront pendus et *traînés sur la claie.* Leurs
« meubles appartiendront au baron ; et s'ils ont
« terre ou maison dans sa seigneurie, le baron
« fera brûler la maison, dessécher les prés, arra-
« cher les vignes, couper les arbres (1).

(Etablissem., liv. 1, chap. 26.)

---

(1) « Hons (homme) quant l'en li tot le sien (quand on lui
« a enlevé son bien), ou en chemin ou en boez, soit de jour,
« soit de nuit, c'est appellé *eschapellerie*, et tous ceux qui font
« tel mefet, si doivent *etre pendus, trainés, et tui li mueble*
« (tout le mobilier) est au baron, et se ils ont terre ou moisons
« (maison) en la terre au baron, le baron les doit ardoir
« (brûler) et les prés areir (dessécher) et les vignes estroper
« (arracher) et les arbres cerner (couper). »

VIII. *Castration.*

Applicable à certains cas d'une haute immoralité.

(Beaumanoir sur Beauvoisis, ch. 30, p. 408.)

IX. *Essorillement (arrachement des oreilles).*

C'étoit la peine du filou qui n'avoit travaillé que sur des objets de peu d'importance.

(*V.* Etablissem., liv. 1, chap. 30.)

Comme elle entraînoit *note d'infamie,* les honnêtes gens qui, par accident, étoient privés d'une *oreille,* ou de toutes les deux, ne manquoient pas de se faire délivrer un certificat qui les mît à l'abri du soupçon.

On trouve l'exemple d'un pareil certificat donné à Guillaume *Roquet,* dit *Laplanche,* qui, étant au berceau, avoit eu l'oreille gauche dévorée par une truie.

En voici l'extrait, tiré du livre 1er des chartes de la chambre des comptes, fol. 70 :

« *Guillaume Roquet,* alias *de Laplanche, de* « *testimonio, amissionis auris suæ senestræ quam* « *quædam sus seu porca in cunis avulsit et co-*

» *medit, non ex culpa vel delicto : sed violento et* « *fortuito casu.*

« DATUM mensi julii 1354. » (Assises de Jéru-salem, pag. 269.)

X. *Amputation des mains et des pieds.*

Elle avoit lieu en cas de récidive.

XI. *Le pélerinage.*

Le pélerinage étoit l'obligation imposée par un jugement d'aller visiter les saints lieux pendant un espace de temps déterminé.

Un jugement de 1281 condamne les héritiers de ceux qui avoient assassiné l'évêque de Liége à faire le voyage ou pélerinage en *terre sainte d'outre-mer.*

Cette espèce de peine se prolongea dans les deux siècles suivants.

Par un arrêt du parlement, du jeudi 4 décembre 1376, Beaudouin Cochon fut condamné d'aller en *pélerinage* à Vendôme dedans Pâques, et d'en apporter *lettres.*

Autre arrêt du 24 décembre 1418, contre Jehanne Lavalette Chambrieu, atteinte et convaincue d'avoir emblé à sa maîtresse une robe :

mais attendu que la partie civile étoit satisfaite,
et que c'étoit le premier larcin, lui remet, par
grace, la peine du délit, « moyennant qu'elle ira
« et reviendra *nuz pieds à Notre Dame de Bou-*
« *logne la petite*, et avec le jeune, à cinq vigiles
« de Notre Dame. »

(*Beaumanoir* sur *Beauvois.*, pag. 420.)

XII. *Echellage* ou *échelle.*

C'étoit la peine des *faux serments* et des *escro-*
queries.

On faisoit monter le criminel au haut d'une
échelle pour l'exposer aux regards publics.

L'*échellage* ou l'*échelle* a été remplacé par le
pilori, le *tabouret*, le *carcan.*

XIII. *La captivité.*

Le débiteur qui n'avoit aucune espèce de bien
que la robe qui le *couvroit* et les draps de son *lit*,
étoit admis au bénéfice de *cession;* mais, dans ce
cas, le juge le livroit au créancier, pour devenir
son *esclave*, jusqu'à ce qu'il eût été payé, soit
par lui, soit par un autre.

Le créancier ne devoit pas le tenir *enchaîné;*
seulement il lui étoit permis de lui mettre un

anneau de fer au bras, en lui donnant à sa suffisance de *l'eau et du pain.*

Il devoit aussi lui fournir *deux robes,* l'une d'hiver, l'autre d'été, et deux chemises ; et si le créancier l'employoit au service de sa maison, ce service venoit en déduction de la dette, suivant une évaluation convenue ou arbitrée par le juge ; et après l'amortissement de la dette, le débiteur étoit dégagé de son *anneau de fer,* et renvoyé chez lui (1).

---

(1) *Il le peut tenir com son esclaf, tant que il ou aultre pour lui ayt payé.* (Assises de Jérusalem, chap. 119.)

Cette peine étoit puisée dans le droit romain, qui, comme je l'ai fait observer, étoit l'autorité par excellence de ce siècle.

Liber qui suas operas in servitute, pro pecunia quam debeat, dum solveret, nexus vocatur, ut ab ære oberatus.

LIVRE II.

Des Avocats au quatorzième siècle.

SECTION I^{RE}.

*Contenant la première moitié du quatorzième siècle,
depuis 1300 jusqu'à 1350.*

PHILIPPE-LE-BEL.
LOUIS X (dit le Hutin).
PHILIPPE V (dit le Long).
CHARLES IV (dit le Bel).
PHILIPPE VI (dit de Valois).

CHAPITRE PREMIER.

Démêlés de Philippe-le-Bel *avec* Boniface VIII, *au sujet
des prétentions exorbitantes de la cour de Rome.
Part active que les avocats prennent dans cette querelle. Funeste fin de Boniface VIII. Le parlement
rendu sédentaire à Paris par l'ordonnance du 23
mars 1302. Translation du saint-siége à Avignon.
Analogie de cette translation avec la sédentarité*

du parlement. Règne de Louis-le-Hutin. *Marques de considération données par le monarque aux avocats. Ordonnance de* 1314 *sur la fixation de leurs* honoraires.

Discussions élevées sur la successibilité des filles à la couronne. Service important rendu, en cette occasion, par les jurisconsultes à Philippe-le-Long, *à l'aide d'une vieille loi, dite la loi* salique. *Philippe-le-Long témoigne sa reconnoissance envers l'ordre des jurisconsultes, en les admettant au parlement à titre de* juges, *et en supprimant la distinction de* jugeurs *et de* rapporteurs. *Ordonnance de* 1319 (3 *décembre*) *à ce sujet. Par l'expulsion des prélats du parlement, les fonctions parlementaires se trouvent entièrement sous la main des jurisconsultes. Affection particulière de Philippe pour le régime judiciaire. Ordonnance du* 3 *décembre* 1320 *sur la discipline du parlement. Exemples de la haute considération dont le parlement jouissoit déjà, à cette époque, chez l'étranger. Avénement de* Charles-le-Bel *à la couronne en* 1324. *Service signalé rendu à ce monarque par le barreau de Paris, au sujet de la nullité de son mariage avec* Blanche de Bourgogne.

Diverses ordonnances de Charles sur l'ordre judiciaire. Mort de Charles en 1328. *Prétentions d'Edouard III, roi d'Angleterre, à la couronne de France, par* représentation *de sa mère Isabelle* (sœur du feu roi). *Solennelle discussion des droits*

*des deux concurrents. Insurrection du barreau de
Paris contre les prétentions d'Edouard. Il éclaire
et dirige l'opinion publique par de nombreux écrits
et mémoires sur la représentation de la postérité
masculine. La question est décidée contre Edouard
en faveur de Philippe de Valois. Protection accordée
par le monarque à l'ordre des jurisconsultes. Sa
sollicitude pour le perfectionnement de l'administration de la justice. Ordonnance de 1328 sur les
abus de la juridiction du châtelet. Dispositions
particulières aux avocats qui fréquentoient habi-
tuellement ce tribunal. Epoque de la réunion des
procureurs en confrérie. Ordonnance de décembre
1344 sur la discipline des audiences du parlement.
Les avocats appelés à remplacer, par la voie de
l'élection, les places vacantes au parlement et dans
toutes les autres juridictions royales. Réglement du
parlement sur la discipline des avocats. Autre
réglement sur la discipline des procureurs dans
leur rapport avec les avocats. Etat brillant de la
profession d'avocat sous Philippe de Valois.*

1300. Ici s'ouvre une époque intéressante pour le
barreau françois, puisqu'elle nous offre tout à
la fois l'origine du *parlement de Paris*, et celle
de l'*ordre des avocats*, deux institutions qui,
pendant près de cinq siècles, ont marché de niveau, en se prêtant un mutuel secours, et qui,

nées en même temps, étoient destinées à être frappées du même coup.

Cette importante innovation introduite dans le régime judiciaire ne doit pas être considérée comme une simple affaire de discipline et d'administration ; elle tenoit à des considérations bien plus relevées, et à des motifs de la plus sage politique.

Depuis quinze ans que Philippe-le-Bel occupoit le trône, il avoit été sans cesse harcelé par les prétentions et les entreprises de la cour de Rome.

Philippe, jeune, superbe, impétueux, incapable de plier, s'irritoit à la seule pensée de soumettre sa *couronne* à la *tiare*.

D'un autre côté, la chaire de S. Pierre se trouvoit occupée par un pontife audacieux (Boniface VIII) (1).

Digne successeur de Grégoire VII, plus fougueux encore que son modèle, d'une arrogance sans bornes, il ne voyoit dans les potentats de

---

(1) *Boniface VIII*. Benoît Cayetan, d'abord avocat consistorial, protonotaire apostolique, chanoine de Lyon et de Paris, créé cardinal par Martin II, et qui succéda à S. Célestin en 1294 ; mort en 1303.

la terre que des *vassaux* rebelles qui cherchoient à se soustraire à l'autorité de leur suzerain.

Le Ciel, en rapprochant ces deux irrascibles contemporains, sembloit les avoir condamnés à périr l'un par l'autre.

Les premières hostilités partirent de la cour de Rome, qui envoya en France *Bernard de Saisset*, évêque de Pamiers, pour y professer la doctrine de la suzeraineté du saint siége sur la couronne de France, avec menaces *d'excommunication et d'interdit*.

Philippe ayant fait arrêter ce séditieux prélat, *Boniface* en prit occasion d'inonder la France de *bulles* foudroyantes.

Par la première, le pape déclaroit que les rois n'avoient aucun pouvoir sur les personnes *ecclésiastiques*; ordonnoit à *Philippe* de remettre *Bernard Saisset* en liberté, avec déclaration que, pour avoir mis la main sur un évêque, il avoit encouru l'*excommunication*; et, dès ce moment, la querelle sur l'*autorité temporelle* devint l'objet d'une agitation générale.

Une autre bulle, datée du même jour, défendoit aux gens d'église de payer ni *décimes*, ni *subsides* au roi, sans une permission expresse du pape.

Enfin, bientôt après, arrive une autre bulle,

adressée au roi personnellement (connue depuis sous le nom de *petite bulle*) , où les prétentions de la cour de Rome sur l'autorité temporelle sont annoncées , sans aucun ménagement , en ces termes :

« *Boniface,* évêque , serviteur des serviteurs « de Dieu ;

« A *Philippe,* roi des François.

« Craignez le Seigneur, et gardez ses comman- « dements.

« Nous voulons que vous sachiez que vous nous « êtes soumis dans le *temporel* comme dans le « *spirituel* (1); que la collation des bénéfices et « des prébendes ne vous appartient en aucune « manière ; que si vous avez la garde des églises « pendant la vacance, c'est pour en réserver les « fruits à ceux qui seront élus.

« Si vous avez conféré quelques bénéfices, nous « déclarons cette collation *nulle* pour le droit et « pour le fait ; nous révoquons tout ce qui s'est « passé en ce genre : ceux qui le croiront autre- « ment sont déclarés *hérétiques.* »

On se figure aisément quel effet dut produire

---

(1) *Scire te volumus quod te in spiritualibus et* tempora-libus, *etc. Aliud autem credentes, hæreticos reputamus.*

1301. cette audacieuse déclaration sur un monarque aussi fier et aussi violent que Philippe.

Son premier mouvement fut d'ordonner au chancelier *Pierre Flotte* de lui composer une réponse où son mépris et son indignation seroient exprimés avec énergie, avec la précaution seulement de n'y rien insérer qui pût compromettre sa soumission au *saint siége*.

Le chancelier confia la rédaction d'un travail aussi délicat à *Pierre de Cugnières*, jeune avocat plein de vivacité, d'adresse et d'esprit, et qui déjà, dans plusieurs affaires, avoit montré le plus grand dévouement aux droits de la couronne.

Pierre de Cugnières remplit sa mission au gré du chancelier et du roi, par une réponse laconique, où se trouvoit parodiée la *petite bulle* de Boniface.

« PHILIPPE, par la grace de Dieu, roi des « François ;

« A *Boniface*, prétendu pape, *peu* ou *point* de « salut.

« Que votre *grande folie* sache (1) que nous ne

_____

(1) *Sciat tua maxima fatuitas, in temporalibus nos alicui non subesse, etc.*

Secus autem credentes fatuos et dementes reputamus.

(Preuv. des libert. de l'Eglise gallic., pag. 103.)

« sommes soumis à personne pour le temporel ;
« que la collation des bénéfices, les siéges vacants,
« nous appartient par le droit de notre couronne ;
« que les revenus qui vaquent en régale sont à
« nous ; que les *provisions* que nous en avons
« données et que nous donnerons sont valides
« et pour le *passé* et pour l'*avenir ;* que nous
« maintiendrons de tout notre pouvoir ceux que
« nous avons pourvus et que nous pourvoirons :
« ceux qui croiront autrement seront réputés
« *fous et insensés.* »

(Libert. de l'Egl., pag. 103.)

D'un autre côté, les légistes s'empressèrent de
seconder l'indignation du roi par des *écrits, mé-*
moires et *consultations* sur ce qu'ils appeloient la
petite bulle.

Il ne nous est resté de ces divers écrits qu'une
pièce déposée au trésor des chartres, intitulée :

« *Consultation* de maître *Pierre de Bosco* ou
« *du Bois,* avocat du roi à Coutances, contre
« une lettre du *pape Romain,* qui commence par
« ces mots : *Scire te volumus quod in spiritualibus*
« *et temporalibus, etc.* »

Le *jurisconsulte* termine sa discussion par cet
avis :

« Que sur cette bulle le pape est et doit être

« réputé *hérétique*, s'il ne s'en repent publique-
« ment, et n'en fait satisfaction au roi ;

« Attendu qu'il veut lui ravir la plus belle
« prérogative de sa couronne, qui est de n'être
« soumis à personne, et de commander à tout
« le royaume, sans crainte d'aucune correction
« humaine. »

Ce seroit sortir de notre matière que de rappeler tous les détails de cette lutte, qui tient une
grande place dans l'histoire de ce temps.

Nous devons donc nous avancer promptement
vers le dénouement, qui se rattache à l'*histoire
du barreau.*

Philippe, fatigué d'une guerre de plume,
trouva, dans l'impétuosité de son caractère, un
moyen plus expéditif de la terminer, en s'empa-
rant de la personne de *Boniface*, qu'il ne considéra plus comme le chef de l'église, mais comme
prince temporel, et un ennemi acharné à sa
ruine.

Son projet, en le faisant enlever, étoit de le
transférer à Lyon, et d'y convoquer un concile
pour le *déposer*.

Il ne s'agissoit plus que de choisir deux hommes
qui, bravant l'épouvante de l'*excommunication*,
auroient assez de courage pour mettre la main

sur le pape, et assez d'habileté pour le conduire 1303.
à *Lyon*.

Ces deux hommes se trouvèrent; l'un étoit *Sciara Colonne*, qui, expatrié par les persécutions de Boniface, ne desiroit rien plus ardemment qu'une occasion de vengeance.

L'autre étoit *Guillaume Nogaret*, légiste profond, habile négociateur, et qui, dans plusieurs occasions, avoit fait preuve d'intrépidité.

Les deux députés partent aussitôt pour la Toscane, munis de sommes considérables dont ils se servent pour corrompre, séduire et enrôler des soldats.

Le rendez-vous est indiqué sous les murs d'*Agnanie*, séjour habituel de *Boniface*.

Tout étant prêt pour l'exécution, *Nogaret* et *Colonne* s'approchent de la ville, à la pointe du jour, le 7 septembre 1303, et, trouvant les portes ouvertes, y entrent, en arborant l'étendard françois, et criant : *Meure le pape Boniface! vive le roi de France!*

Nogaret avance vers la place publique, fait sonner la cloche, assemble les principaux habitants, leur déclare qu'il n'agit que pour la paix et le bien de l'église, les conjurant de se joindre à lui.

Les bourgeois, électrisés par son éloquence et

corrompus par ses largesses, courent aux armes, et, sous la conduite d'Armuphi, l'un des premiers barons romains, et l'ennemi mortel du pape, ils vont assiéger le palais, qui est bientôt forcé.

Boniface, enfermé dans son appartement, entendant briser les portes et les fenêtres de sa chambre, se place majestueusement sur son trône pour recevoir l'ennemi.

Nogaret s'approche avec respect, et lui signifie une *sommation* de se rendre à Lyon, pour y être jugé en *concile général*.

Boniface, indigné, laissant de côté le masque de la représentation pontificale dont il s'étoit environné, s'épuise en injures contre les deux députés et contre *Philippe*, qu'il maudit jusqu'à la quatrième génération.

Le violent *Sciara Colonne* ne peut entendre sans indignation ce débordement de malédictions, et, accablant Boniface d'apostrophes outrageantes, il ose même le frapper de son gantelet sur la joue. *Nogaret*, se mettant entre deux, parvient à soustraire le pontife aux coups du vindicatif Italien ; puis, s'adressant à Boniface, il lui dit :

« O toi, *chétif pape*, considère et regarde de « monseigneur le roi de France la bonté, qui, tant « loin de toi de son royaume, te garde par moi

« et défend de tes ennemis, ainsi que ses prédé-
« cesseurs ont toujours gardé les tiens. »

Cependant Boniface trouve le moyen de s'é-
chapper et de retourner à Rome, où, saisi d'une
fièvre chaude, il périt, en se frappant la tête
contre la muraille, et avec tous les signes de la
rage et du désespoir.

Telle fut la déplorable catastrophe qui délivra
Philippe de son plus cruel ennemi, et qui pré-
para l'institution du parlement DE PARIS.

Philippe ne resta pas sans inquiétude sur les
suites de cet événement; il vit, avec quelque
terreur, la perspective de nouvelles tribulations,
et le retour de nouveaux combats, qui devoient
à la longue épuiser ses moyens de résistance.

Philippe ne se dissimula pas quelle étoit, dans
une lutte de cette espèce, la supériorité d'un
pape sur un monarque françois.

Le pontife romain, environné de prestiges religieux, fort de la timidité des peuples, redoutable par ses foudres, à la tête d'une milice
ardente, dévouée à sa gloire et à son ambition,
joignoit à tant d'avantages celui d'un *conseil permanent* d'hommes habiles et rusés qui l'éclai-
roient dans ses incertitudes, préparoient ses
plans, et surveilloient les moyens d'exécution.

Du côté de la cour de France, il en étoit autrement.

Le roi n'avoit qu'un *conseil ambulatoire*, difficile à rassembler, divisé souvent d'opinions et d'intérêts.

Philippe étoit réduit à puiser en soi-même toutes ses ressources, et de suppléer, par *un coup de main*, ce qui lui manquoit du côté des lumières et de la politique, comme il venoit d'en faire la fâcheuse expérience.

Ces considérations lui avoient déjà fait naître l'idée de rétablir l'égalité des armes, en fixant auprès de sa personne une *cour* en permanence qui pût, dans tous les cas urgents, balancer les combinaisons de la cour de Rome.

Or, sans aller bien loin chercher les éléments de ce *conseil*, il crut remplir son objet en rendant *sédentaire* à Paris le *parlement*, jusqu'alors ambulatoire.

Un autre avantage qui devoit résulter de cette centralisation étoit de réunir auprès du parlement une foule de ces hommes précieux qui, sous le titre de *jurisconsultes* et *d'avocats*, avoient si bien servi la cause de la couronne, sous son *aïeul*, contre les entreprises de la cour de Rome.

Voilà quelle fut l'origine de l'institution d'un *parlement sédentaire* à Paris.

A la suite de 61 articles se trouve l'article 62,
qui est ainsi conçu :

« *Præterea* propter commodum subjectorum
« nostrorum et expeditionem causarum, *proponi-*
« *mus* ordinare quod duo parlamenta Parisiis, etc.

« Et en outre, pour l'avantage de nos sujets et
« la prompte expédition des causes, nous nous
« proposons de régler qu'il se tiendra tous les ans
« *deux parlements* à Paris, etc. »

C'est dans cette laconique disposition que se
trouve l'origine de cette cour célèbre qui a jeté
tant d'éclat pendant cinq siècles.

Toutes les fois qu'on a parlé de *Philippe-le-Bel*,
on n'a jamais manqué d'attacher à son règne la
mémoire du parlement *rendu sédentaire*.

Toujours l'imagination s'est figuré un édit *bien
solennel* qui avoit opéré cette importante révolution, et il ne venoit pas à l'esprit qu'un fleuve
si impétueux cachât, comme le *Nil*, sa source
dans un coin aussi chétif.

Cependant Philippe s'étant occupé sans relâche
à effectuer cette institution avant son départ pour
la guerre de Flandre, on vit bientôt paroître un
réglement du nombre de ceux qui, de notre temps,
ont été appelés *réglements organiques*.

Ce *réglement*, en rendant la cour de justice
sédentaire à Paris, ne la déclare pas pour cela

permanente, en ce sens qu'elle seroit en perpétuelle activité de service.

Au contraire, ses séances sont fixées au cours de *deux mois*, et partagées à deux époques de chaque année; l'une à l'*octave de Pâques*, et l'autre à l'*octave de la Toussaint*.

Ces deux parlements sont composés d'une chambre aux *plaids* et de deux chambres des *enquêtes*.

Mais c'étoit principalement la chambre aux *plaids*, mieux connue depuis sous le nom de *grand'chambre*, qui formoit le parlement, les *enquêtes* n'étant considérées que comme auxiliaires.

La *grand'chambre* étoit formée de treize clercs et de treize laïcs, sans compter deux prélats et deux pairs de France, qui étoient membres *nés*.

Ce réglement n'ayant eu pour objet que de supprimer la *perambulance* du parlement, il paroît qu'il laissa les choses comme elles étoient précédemment, et qu'il n'y eut, à cet égard, aucune innovation.

La *sédentarité* du parlement servit à donner à la couronne plus de moyens de force et de résistance.

Ses premiers effets s'en manifestèrent par la conduite modérée de la cour de Rome.

1306.

La catastrophe de Boniface n'eut aucune des suites fâcheuses que l'on avoit eu sujet de craindre, et même, deux ans après, la cour de France avoit acquis assez d'influence pour faire un pape françois.

C'est vers le même temps qu'il faut placer un événement bien mémorable dans l'histoire, et qui eut aussi une grande influence sur le barreau ; je veux parler de la translation du saint siége à Avignon.

Les historiens ont supposé à cette translation divers motifs, excepté le véritable qui leur est échappé ; et ce qu'il y a de singulier, c'est qu'ils l'avoient sous les yeux (1).

---

(1) Tous les historiens sont d'accord que Philippe-le-Bel, avant de porter à la papauté *Bertrand de Got*, archevêque de Bordeaux, lui avoit fait jurer l'accomplissement de six conditions, dont il ne lui déclara seulement que *cinq*, s'obstinant à garder le secret sur la *sixième*, pour ne la faire connoître qu'après sa nomination. Or, quelle étoit cette sixième condition tenue si secrète ? Ils se réunissent presque tous à supposer que c'étoit la destruction des *Templiers ;* et il n'est venu à l'idée d'aucun de ces historiens que cette sixième condition fût *la translation du saint siége à Avignon ;* condition qui s'explique d'elle-même par le profond secret dont Philippe l'avoit environnée, parcequ'une condition aussi révoltante, au premier abord, étoit bien de nature à ne pas se déclarer sur-le-champ.

Il y avoit peu de temps que le parlement avoit été établi en permanence à Paris. La translation du saint siége sur les frontières de France étoit dictée par le même esprit.

En concentrant le siége du parlement dans la capitale, l'intention de Philippe étoit d'avoir à sa disposition une *force armée* contre les entreprises de la cour de Rome. Mais c'étoit un coup de maître de rapprocher aussi la cour de Rome, et de la tenir sous sa main à une distance où il étoit si aisé de l'atteindre. Philippe n'avoit pas oublié que, quelques années auparavant, il avoit échoué dans la captivité de Boniface VIII par delà les monts. Or, en rappelant le saint siége en deçà des monts, et sur la lisière de la France, il préparoit à ses successeurs le moyen d'une capture plus aisée, et au lieu d'un pape qui lui avoit échappé, il s'assuroit de *tous*.

Ainsi la *sédentarité* du parlement à Paris et la *translation* du saint siége à Avignon sont deux branches du même système qui s'expliquent l'une par l'autre, sans qu'on ait besoin d'aller chercher le motif de la translation dans une misérable historiette dénuée de toute vraisemblance (1).

----

(1) On prétend que cette translation n'eut pas d'autres motifs que la liaison galante du nouveau pape avec la comtesse de

Au reste, cette *translation*, quel qu'en fût le motif, eut une grande influence sur le régime judiciaire de France.

A la suite de Clément V, tous les tribunaux, les praticiens, les jurisconsultes attachés à la cour romaine passèrent les Alpes pour venir s'établir sur les bords du Rhône.

Or, il faut savoir qu'il n'y avoit pas d'endroit au monde où la procédure pût rivaliser avec celle de l'Italie.

Comme depuis plusieurs siècles les papes attiroient à leur juridiction les affaires, même d'intérêt temporel, ils avoient embrassé dans leurs décrétales toutes les contestations possibles.

La réunion de ces décrétales formoit un véritable *code judiciaire;* et la sagacité de l'esprit italien, en mettant en œuvre ces réglements, les avoit encore perfectionnés par l'usage, de manière que la *pratique* italienne avoit pris le caractère d'une véritable science.

L'habileté de ces praticiens s'étant prompte-

Périgord, fille du comte de Foix, dont il ne vouloit pas se séparer. Il m'a toujours paru inconcevable que l'on ait prétendu expliquer par un motif de cette nature un événement aussi important, et sur lequel toute l'Europe avoit les yeux ouverts.

ment répandue à Paris, inspira à quelques avocats le désir de se mettre au fait de la pratique d'Avignon, et d'en enrichir le barreau de Paris.

Les jurisconsultes et praticiens d'Italie, qui n'étoient pas moins curieux, de leur côté, de propager les usages de leur pays, s'empressèrent de composer, pour l'instruction du barreau françois, des ouvrages élémentaires où le régime judiciaire étoit présenté sous toutes ses faces et dans toutes ses chances, tant en première instance que sur l'appel.

Pour édulcorer l'amertume de cette matière, et jeter quelque intérêt sur une étude aride par elle-même, ils imaginèrent d'emprunter la forme d'un procès fictif entre de grands personnages de l'antiquité, qui s'attaqueroient, se repousseroient, se poursuivroient, soit en personne, soit par avocats et procureurs; en un mot, développeroient aux yeux du lecteur toutes les ressources de la guerre du barreau.

Mais comme ces jurisconsultes et praticiens étoient eux-mêmes ecclésiastiques, ils se crurent obligés de prendre dans la Bible et dans l'Évangile leurs personnages et le sujet du procès. Telle fut l'origine de ces traités bizarres qui parurent en 1315 et 1330, où l'on voit aux prises Satan et Lucifer, Dieu le père, Jésus-Christ, la sainte

Vierge, Moïse, Salomon, Abraham, Isaac, Jacob, S. Jean-Baptiste, l'ange Raphaël, sous la qualité de *demandeurs, défendeurs, intervenants, juges, greffiers, avocats, huissiers, témoins, arbitres,* etc., se poursuivant à coups de *citations,* se repoussant par des *fins de non-recevoir,* se faisant interroger *sur faits et articles,* produisant des témoins, s'accablant de reproches et d'injures, troublant la discipline de l'audience, rappelés à *l'ordre* par le *président,* etc.

Ces extravagances ont au moins l'avantage de fournir une exposition fidèle de la procédure de ce temps-là (1).

Les praticiens d'Avignon trouvèrent ceux de Paris disposés à profiter de leurs leçons. Le germe de la chicane ultramontaine fructifia merveilleusement sur le sol françois; et quelques années après, l'art de la procédure s'étoit si bien naturalisé au parlement, qu'un avocat distingué (du Breuil) pensa qu'il seroit utile de le consigner

---

(1) C'est à ce titre que ces traités romanesques sont aujourd'hui rangés, dans les catalogues, parmi les ouvrages de jurisprudence et de pratique.

(V. le chap. 2 de ce livre.)

1314. dans un traité *expresso*, sous le nom de Style du parlement (1).

Voilà quel fut l'effet de la translation du saint siége à Avignon.

Philippe-le-Bel (mort le 29 novembre 1314) laissa la couronne à son fils Louis X, dit le Hutin.

Ce prince ne fit sur le trône qu'une apparition de dix-huit mois; cependant il marqua ce règne de si peu de durée par plusieurs ordonnances sur l'ordre judiciaire, qui font honneur à sa mémoire.

Pour venir au secours des provinces vexées par les tribunaux subalternes, il établit une commission *inquisitoriale*, chargée d'aller tous les trois ans faire une tournée dans les arrondissements des bailliages, sénéchaussées, prévôtés, et autres juridictions inférieures, avec plein pouvoir de recevoir les plaintes des justiciables, d'y faire droit, et de punir et destituer les juges et officiers ministériels coupables de prévarication.

---

(2) *Stylus curiæ parlamenti.* Ce style fut, un siècle après, enrichi des observations d'Aufrère, et ces deux ouvrages méritèrent assez l'estime de Charles Dumoulin pour en faire une nouvelle édition, insérée au second volume de ses œuvres.

(V. *infra* le chap. 2.)

L'on retrouve dans cette institution l'origine 1316. des *grands jours.*

Ce roi a laissé des traces particulières de considération pour l'*ordre* des *avocats,* dans un article de son ordonnance du 19 *mars* 1314, qui veut que leurs *honoraires* soient réglés suivant l'importance de la cause, l'usage du barreau, les facultés du client, et l'habileté de l'avocat.

« *Secundum qualitatem causæ, consuetudinem* « *fori, possibilitatem clientis, et industriam advo-* « *cati ;* »

Conformément à la loi 1re, au cod. *de var. et extraord. jud.*

(*Voyez* ci-dessous au chap. 8.)

Son frère (connu, depuis, sous le nom de *Phi-lippe-le-Long*) eut occasion, en montant sur le trône, de reconnoître toute l'utilité du parlement *sédentaire.*

Louis-le-Hutin n'avoit laissé qu'une fille en bas âge, qui, dans tout autre royaume, auroit succédé à la couronne. Mais comme, en pareil cas, l'*usage* avoit consacré l'exclusion des femmes, la couronne paroissoit dévolue, de droit, à *Philippe* (le plus *proche parent mâle* du feu roi).

Cependant le *duc de Bourgogne* et le *comte de la Marche,* princes du sang, protestèrent contre le sacre de *Philippe,* sur le prétexte qu'il n'étoit pas certain que *Jeanne*, fille de Louis-le-Hutin, fût effectivement exclue du trône, sur la foi d'un *usage* qui n'étoit appuyé d'*aucune loi.*

Comme des motifs de ressentiment et d'intérêts particuliers avoient provoqué cette réclamation, elle fut fortifiée par un parti nombreux et puissant, qui proclamoit hautement la jeune princesse *seule et unique héritière du trône.*

Ce parti étoit d'autant plus redoutable, qu'il avoit en sa faveur l'exemple de tous les états de l'Europe, où les filles étoient admises à l'hérédité de la couronne.

Pour écarter la fille de Louis-le-Hutin, il falloit donc recourir à une exception et à un droit *particulier à la couronne de France.* Or, sur quoi cette exception pouvoit-elle s'appuyer ? Etoit-ce sur l'*usage?* Mais de quel *usage* entendoit-on parler, puisque depuis Hugues Capet, c'est-à-dire depuis trois cent trente ans, tous les rois ayant succédé de père en fils, sans concurrence de filles, il ne s'étoit trouvé aucune occasion de former un *usage* contre la successibilité des filles ?

On en étoit donc réduit à remonter aux *deux précédentes races;* mais étoit-il raisonnable d'accorder tant de respect à un *usage* emprunté d'aussi loin ?

Ainsi *Philippe*, à peine sur le trône, se voyoit déjà menacé d'en descendre.

.Dans une situation aussi périlleuse, il tourna ses regards vers cette *cour judiciaire* que la prévoyance de son père avoit placée sous sa main.

En effet, le suffrage du parlement ne pouvoit manquer d'être d'un grand poids.

Interprète des lois du royaume avec lesquelles il étoit familier, à qui convenoit-il mieux de s'expliquer sur cette grande question ? environné d'habiles légistes et d'hommes instruits dans le *droit civil* et dans le *droit public*, qui mieux que lui pouvoit prêter au roi un appui secourable et dissiper une faction ennemie?

Philippe ne fut pas trompé dans son espoir.

Les *légistes*, peu confiants sur le succès d'un *usage* aussi équivoque, sentirent la nécessité de se fortifier de quelque titre qui lui servît de base.

Ce fut à cette occasion qu'ils imaginèrent de déterrer un article d'une vieille loi, connue sous le nom de *loi salique*, et qui datoit d'une époque antérieure à l'*entrée des Francs dans la Gaule*.

La cause de Philippe, présentée sous ce point de vue, acquit une force prodigieuse.

D'un autre côté, le *parlement* soutint ce sys-

1317. tème de toute sa puissance, et de toute sa considération.

Les esprits ayant été ainsi préparés, *Philippe* ouvrit une assemblée composée des princes, pairs, grands seigneurs et prélats, et de tout ce qu'il y avoit de plus distingué dans le royaume.

L'*article* 6 du *titre* 62 de la loi salique fut produit comme un oracle qui commandoit une obéissance aveugle, et qui expliquoit l'*usage* adopté sous les deux premières races.

Ce fut un *talisman* qui glaça le courage des plus obstinés, et l'assemblée fléchissant, avec respect, sous le vœu de la *loi salique,* déclara à l'unanimité, comme *loi fondamentale,* « que les filles « étoient exclues de la succession à la couronne « de France (1). »

Telle est la première décision (2) qui introduisit

---

(1) « *Tunc etiam declaratum fuit quod ad coronam regni* « *Franciæ, mulier non succedit.*

(2) « C'est la première fois, dit le président Hainault, que dans « notre histoire il ait été fait mention de la *loi salique.*

(Abrég. chron., tom. 1, pag. 386.)

« Ce fut dans cette assemblée que l'on fit la loi expresse qui « exclut de la couronne les princesses du sang, ou plutôt que « l'on confirma celle qui étoit établie avec la monarchie, mais « dont l'observation avoit été, pour ainsi dire, insensible. »

(Vély, tom. 8, pag. 71.)

l'exclusion des filles à la couronne de France ; je dis *première*, parceque l'*article* 6 du *titre* 62 de la loi salique, qui sert de base à cette décision, ne doit pas être sérieusement mis en ligne de compte.

Cette prétendue disposition de la *loi salique* étoit une illusion offerte à une assemblée, peu instruite, pour emporter les suffrages d'*assaut*.

Illusion, toutefois, salutaire, en ce qu'elle ramenoit la nation à un point d'unité qui prévenoit les déchirements et les dissentions intestines (1).

---

(1) La loi salique est composée de 72 titres, entre lesquels il n'y en a qu'un seul (le titre 62) qui soit relatif aux *successions*. Il n'y est pas dit un mot de la succession à la couronne, ni de l'exclusion des filles.

Un seul article de ce *titre* prononce l'exclusion des filles au *partage de la terre salique*, en ces termes :

« *De terra vero salica nulla portio hœreditatis mulieri veniat, sed ad virilem sexum tota terrœ hereditas perveniat.* »

Ainsi, cet article se borne à exclure les filles des portions d'héritages qui seroient de *nature salique*.

Or, qu'entendoit-on par terre de *nature salique ?* Ce n'étoit autre chose que le principal manoir d'un fief, avec une petite étendue de terrain qui lui servoit de cour et de jardin.

Comme cette portion d'héritage étoit destinée à la demeure de l'*aîné mâle*, la loi ne vouloit pas qu'elle tombât en partage avec les *sœurs*. Mais quelle application pouvoit-on faire de cette disposition à la succession à la couronne ? Ce ne fut donc

1318.   Tel, un siècle après, on vit un roi de France reconquérir sa couronne à l'aide d'une illusion adroitement préparée ; et la *mission divine* de *Jeanne d'Arc* fut pour Charles VII ce que la *loi salique* avoit été pour Philippe-le-Long.

Au surplus, le service signalé que le parlement venoit de rendre à Philippe, et même à la nation tout entière, lui ouvrit les yeux sur l'importance de ce corps, qui devint l'objet de sa sollicitude et même de son affection particulière.

Curieux de se mettre au fait de tous les détails de l'administration de la justice, Philippe assistoit fréquemment *aux audiences*, et présidoit aux jugements.

Témoin, par lui-même, des abus ou des inconvénients attachés au régime actuel, il s'occupa à les prévenir ou à les réformer, par son ordonnance du 17 novembre 1318.

(Ordonn. du Louv.)

---

que par un tour de force que les jurisconsultes du temps firent voir à l'assemblée que la couronne de France devoit être assimilée à une *terre salique* qui ne pouvoit être occupée que par le plus proche parent mâle.

Mais cette heureuse supercherie ayant une fois produit son effet, et l'art. 6 du tit. 62 ayant été entendu de cette manière, l'exclusion des filles prit effectivement le caractère de loi fondamentale, en vertu de la *loi salique*.

Il désigna une espèce de *causes* qu'il réservoit expressément pour être plaidées *en sa présence.* Quand des causes de cette nature se présentoient à l'audience, en l'absence du roi, le parlement en prononçoit la remise pour être communiquées au roi (1).

L'article 16 veut que quand le roi viendra au parlement le *parquet* demeure vacant, et qu'il ne se trouve rien devant le LIT du roi qui puisse le gêner, quand il voudra appeler quelqu'un et lui parler en particulier (2).

Défendu, à qui que ce soit, de désemparer son siége pour s'approcher du *lit* du roi, et s'adresser à lui, à moins qu'il ne soit appelé par le roi (3).

Après l'expédition des causes réservées au roi, le parlement devoit reprendre les rôles dans l'état

---

(1) « Auquel cas la court dira aux parties que ilz s'en pour-« ront aller en leur pays jusques a tant que l'y roi fut revenu « se il leur plaisoit. » (Art. 6.)

(2) « Quand le roi vendra au parlement que le parc (parquet) « soit retout unis et ainsi soit toute vuide la place qui est de-« vant son siege, si que il puisse parler secretement à ceulx « qu'il appellera pour parler à lui. » (Art. 16.)

(3) « Que nul ne parte de son siege, ne ne vienne soyer de « lez le lict du roi, ces chambellans exceptés, ne ne viegne « consulter à lui, se il ne l'appelle. » (Art. 17.)

et dans l'ordre où ils avoient été interrompus ; et lorsque les rôles se trouvoient épuisés, là se trouvoit aussi le terme des pouvoirs du parlement (1).

L'article 19, voulant protéger la dignité des magistrats, et les armer contre leur propre indulgence, leur défend de se laisser avilir par d'outrageuses paroles des *avocats* et des *parties*, et le roi regarde cette irrévérence comme une injure faite à sa couronne :

« Que cil qui tiendront le parlement, ne souf-
« frent pas eulx vituperer par ou*trageuses* paroles
« *des avocats ne des parties;* car l'honneur du roi,
« de qui ils representent la personne, ne le doit
« mie souffrir. »

Cette disposition se rattachoit au projet de ne composer le parlement que de *jurisconsultes*.

Considérant que les avocats pourroient s'oublier par le souvenir de leur ancienne familiarité, le monarque enjoint aux magistrats de maintenir leur dignité. Telle est l'explication de cet article, qui devient encore plus intelligible par l'ordon-

---

(1) « Et puis après toutes causes délivrées, le parlement
« finira et publiera l'en le nouvel parlement, si vient le roi et
« ordonne, si, comme dit est, jusques à tant que il de certaine
« science ayt ordonné ci doit contraire. » (Art. 10.)

nance du 3 décembre 1319, concernant la discipline du palais.

Au nombre des dispositions de cette ordonnance, se trouve celle qui exclut les prélats de la
magistrature.

« Premiérement, il *n'y aura nulz prélats* au
« parlement. »

Le motif de cette exclusion est « que le roi se
« fait conscience de eulx empechier ou gouverne-
« ment de leurs spiritualités, et li roi veut avoir
« en son parlement gens qui y puissent entendre
« continuellement, sanz en partie, et qui ne soient
« occupez d'autres graves occupations. »

L'expulsion des prélats livroit le parlement aux
jurisconsultes; car, depuis long-temps, les hauts
barons s'en étoient retirés.

Ne sachant ni lire ni écrire, les seigneurs s'é-
toient bientôt lassés des fonctions fastidieuses
qui les tenoient attachés à la ville, en les pri-
vant d'occupations bien plus analogues à leurs
goûts.

Beaucoup étoient obligés de s'absenter pour
suivre le roi à la guerre; d'autres étoient appelés
dans leurs terres et seigneuries pour leurs affaires
personnelles.

Il n'y eut d'autre remède à cette désertion que
de communiquer aux autres chambres le *droit de*

1320. *juger* (à l'instar de la grand'chambre), ce qui fit disparoître la distinction originaire de *jugeurs* et de *rapporteurs*, et rétablit entre les *enquêtes* et la *grand'chambre* une espèce de niveau, du moins quant aux fonctions ; et tel est l'objet de l'ordonnance du 3 *décembre* 1319.

Cette innovation, dans le parlement, exigeoit quelques changements dans sa discipline ; ils furent établis par une ordonnance du mois de décembre 1320, dont voici la substance :

Le nombre des membres de la grand'chambre fut fixé à vingt, dont *huit* clercs *et douze* laïcs.

Il leur est ordonné de se rendre chaque jour d'audience à la chambre, à l'heure où l'on dit la première messe à la chapelle du roi, et d'y rester continuellement jusqu'à midi sonnant à l'*horloge de la chapelle*, sans désemparer ni en sortir, sous quelque prétexte que ce soit, si ce n'est pour nécessité corporelle.

Il leur est défendu de parler d'aucunes affaires personnelles, « de se demander et raconter nou-« velles et *esbattements*, et, si aucun est venu à « demander et raconter, il pourra le faire *quand* « *midi sera sonné*. »

Comme aussi de se lever de leurs siéges pour converser avec leurs collègues, sans la spéciale licence du souverain de la chambre. En cas d'infraction, le délinquant étoit privé de ses gages du jour.

Quand la plaidoirie d'une cause étoit commencée, défense à chaque conseiller de l'interrompre, ni de se lever de son siége, avant la fin de la plaidoirie.

Il n'étoit pas d'usage d'opiner sur les affaires, ni de juger les causes au moment où elles venoient d'être plaidées; mais elles étoient toutes *mises en délibéré*.

L'ordonnance désigne le *jeudi* pour *vider les délibérés* des causes plaidées, et si le *jeudi* ne suffisoit pas, le délibéré étoit prorogé au *vendredi*, et même au *samedi*, de manière que tout fût expédié le *dimanche*.

Le roi, en exigeant de la célérité dans l'expédition de ces *délibérés*, observa qu'un trop long délai faisoit perdre la mémoire et les moyens des parties, ce qui souvent donnoit lieu à des décisions fautives, et mettoit les juges dans la nécessité de *rappeler* les *avocats*, au moment de la délibération, pour leur faire recommencer leurs plaidoiries oubliées.

« Quart il est advenu aucune foix que, par la « longue demeure de conseiller les arrets, l'en a « oublié les plaidoyez, et les resons qui avoient « été plaidoyées, dont l'en a moins suffisamment

1322. « jugié ; dont il est advenu aucune foix qu'il con-
« venoit *rappeller les avocaz*, quand l'en jugeant
« les arrets pour recorder leurs plaidoyeries que
« l'en avoient oubliées. »

Pendant l'expédition des *délibérés*, on devoit
faire vider la chambre de toutes personnes étrangères, et aucun juge ne pouvoit sortir, *à ce que
le secret fût mieux gardé.*

Les soins que donna Philippe à la discipline du
parlement furent récompensés du plus brillant
succès.

Cette cour acquit, en peu de *temps*, une telle
considération que les princes étrangers la prenoient souvent pour arbitres de leurs plus précieux intérêts.

On en trouve la preuve dans un arrêt de 1322,
entre le seigneur de Wardel en Allemagne et autres seigneurs de la même nation (1).

PHILIPPE-LE-LONG ayant été frappé, en 1324,

----

(1) Ce qui est confirmé par le témoignage de l'université de
Paris, dans ses remontrances au roi Charles VI en l'an 1412.

En parlant du parlement de Paris, il y est dit : « On y souloit
« mettre hauts et excellens clercs, notables, prud'hommes de
« meur age, experts en droit et justice, et pour le grand renom
« du droit qui étoit gardé en icelle, sans faveur d'aucunes per-
« sonnes ; non pas seulement les Chrétiens, mais les Sarrazins,
« y sont venus recevoir jugement quelques fois. »

d'une mort prématurée, ne laissant que des filles, 1324.
Charles, son frère, comte de la Marche, lui succéda, sans contestation, par l'effet de la *loi salique*.

C'étoit ce même *comte de la Marche* qui, six ans auparavant, avoit contesté l'exclusion des femmes, et qui eut l'obligation au parlement de lui avoir préparé la voie d'un trône que lui-même il cherchoit à s'interdire. Sa défaite lui valut une victoire.

Aussi, loin de conserver du ressentiment contre le parlement, il suivit les traces du feu roi, en lui donnant toutes les marques d'une protection éclatante, et bientôt il reçut du parlement un service signalé qui vint fortifier sa reconnoissance.

Il faut se rappeler que les trois frères, *Louis*, *Philippe*, et *Charles*, avoient épousé chacun une princesse de la maison de Bourgogne ; *Marguerite*, *Jeanne*, et *Blanche*.

Ces trois princesses ayant été accusées d'infidélité envers leurs maris, *Philippe-le-Bel*, leur beau-père, les avoit fait enfermer toutes trois.

Louis-le-Hutin, trouvant dans l'existence de Marguerite un obstacle à un *second* mariage, eut la barbarie de la faire étrangler, et, peu de temps après, il épousa *Clémence de Hongrie*.

Son frère, *Philippe*, eut le bon esprit de reprendre sa femme, *Jeanne de Bourgogne*, qu'il déclara intacte.

A l'égard de *Blanche*, femme de *Charles*, ses désordres étoient trop bien constatés pour qu'il pût user de la même modération. Ce prince se trouvoit donc dans l'alternative ou de s'interdire l'accès d'un second mariage (que la politique sembloit commander), ou d'y arriver par un affreux attentat ; et tout annonçoit à l'infortunée *Blanche* la sanglante catastrophe de sa belle-sœur *Marguerite*.

Dans cette cruelle position, *Charles* conçut l'heureuse idée de s'adresser confidentiellement au parlement, dans l'espoir que les lumières et l'intégrité de ce grand corps, et des hommes habiles dont il étoit environné, lui fourniroient, pour devenir libre, une autre ressource que celle d'un assassinat.

Charles fut bien récompensé de sa confiance.

L'affaire ayant été communiquée aux plus habiles jurisconsultes, ils ouvrirent l'avis de faire demander par les deux époux la NULLITÉ du mariage, sur le prétexte de parenté, et autres irrégularités qui se trouvent toujours dans les mariages, quand ce sont les rois qui les cherchent.

Ce fut un trait de lumière pour le jeune mo-

1322.

narque. On pense bien que l'infortunée recluse ne se fit pas presser pour donner les mains à cette procédure. La validité du mariage devint au parlement la matière d'une discussion solennelle, dont l'issue répondit au vœu général : il fut dit qu'il n'y *avoit pas eu de mariage*, et Philippe fut réintégré dans le droit de former de nouveaux nœuds ; ce qu'il fit peu de temps après (1).

CHARLES-LE-BEL montra, comme son prédécesseur, beaucoup de goût pour l'administration de la justice ; ce qui lui fit donner le surnom de *Justicier.*

Sous son règne (qui ne fut que de six ans) il n'y eut d'autre innovation introduite au palais que la *condamnation* de *dépens* contre la partie qui succomberoit ; jusqu'alors la *condamnation* de *dépens* n'étoit usitée que dans les cours ecclésiastiques : l'ordonnance qui introduit cette réforme pour les tribunaux séculiers est du mois de *janvier* 1324.

Lorsque la mort le surprit, il étoit occupé d'un réglement pour la discipline du châtelet de Paris, et qui ne fut publié que sous *Philippe de Valois.*

Charles n'ayant laissé qu'une fille, la couronne

_____

(1) Il épousa Marie de Luxembourg, fille de l'empereur Charles VII.

1328. passoit de droit au prince le plus proche parent, *par les mâles*, et ce prince étoit *Philippe de Valois*, cousin du feu roi, et descendant comme lui de *Philippe-le-Hardi* (leur aïeul commun).

Mais on vit reproduire, à cette occasion, de longs débats sur les effets et l'application de la *loi salique*.

Un concurrent redoutable ayant remis en question la successibilité au trône, par *représentation*, une discussion de cette nature appeloit nécessairement le secours des jurisconsultes, et leur fournit une abondante matière de *mémoires et de dissertations ;* car cette lutte, malgré son importance et sa solennité, se réduisoit à un procès *par écrit* entre *Edouard* et *Philippe,* en présence de la nation.

Voici ce qui donnoit lieu à la difficulté.

Le feu roi *Charles* laissoit une sœur (Isabelle de France) mariée à Edouard II, roi d'Angleterre : la même considération qui avoit exclu la fille de Charles, excluoit aussi *sa sœur* Isabelle ; et toutes les parties s'accordoient à reconnoître cet effet de la *loi salique*.

Mais il existoit un prince issu d'Isabelle ; ce prince étoit *Edouard III,* roi d'Angleterre, neveu du feu roi Charles, qui, en qualité de plus *proche parent,* réclamoit la couronne à l'exclusion de

Philippe de Valois, qui étoit d'un degré au dessous.

Edouard disoit : « La *loi salique* n'exclut de la « couronne que les femmes, à cause de la foiblesse « de leur sexe ; mais elle ne frappe pas la femme « jusque dans sa *postérité masculine*, et je réclame « la couronne *par représentation* de ma mère Isa- « belle de France, sœur du feu roi. »

Philippe, au contraire, prétendoit que l'exclusion de la mère se communiquoit à toute sa *postérité*, et « que l'incapacité d'Isabelle déféroit la « couronne au prince qui, après elle, se trouvoit « au plus proche degré de parenté. »

La question rouloit donc tout entière sur l'effet de la *représentation ;* question qui rentroit dans le *domaine des jurisconsultes.*

Aussi, *Philippe* ayant fait un appel à tous les hommes savants du royaume, pour éclaircir cette difficulté, les *avocats* s'empressèrent de fournir le tribut de leurs lumières à l'appui des droits de *Philippe* contre les prétentions d'un prince anglois, qui, du sein de *Londres,* auroit réduit la France à l'état d'une vice-royauté.

Dans des écrits nombreux qui parurent à ce sujet, les jurisconsultes du barreau de Paris traitèrent la question sous son double rapport avec le *droit* et avec l'*histoire*.

Quant *au droit,* ils établirent « que le *repré-*
« *sentant* ne pouvoit pas avoir plus de droit que
« le *représenté ;* que l'incapacité d'*Isabelle de*
« *France* se communiquoit à son fils. »

Sous le *rapport* de l'*histoire ,* « qu'elle fournis-
« soit une foule d'exemples où les filles, exclues
« par la loi, avoient eu *des enfants mâles,* sans que
« ceux-ci se fussent jamais avisés d'invoquer le
« bénéfice de la *représentation.* »

(*V.* Vély, tom. 8, pag. 190.)

Lorsque ces écrits eurent produit l'impression
que *Philippe* en attendoit, il convoqua au palais
une assemblée des princes, pairs, barons, et de
tout ce qu'il y avoit de plus illustres personnages
dans le royaume.

Les prétentions d'*Edouard* y furent exposées
et mises en balance avec les droits de *Philippe.*

Le résultat fut une décision solennelle, « que
« toutes fois et quantes une femme étoit débou-
« tée d'aucune succession, comme de fief noble,
« les fils qui en venoient et descendoient étoient
« *aussi forclos.* »

Déclaration qui depuis a été insérée par *Loisel,*
au nombre des règles du droit françois.

Ce fut en vertu de cette décision que Philippe
de *Valois* monta paisiblement sur le trône.

Ce monarque manifesta les mêmes dispositions

que ses prédécesseurs, pour *l'administration de la justice.*

La juridiction du *châtelet* de Paris avoit alors acquis beaucoup d'importance; elle étoit environnée d'un nombreux cortége d'officiers de toute espece, *auditeurs, examinateurs, enquéteurs, greffiers, notaires, procureurs, sergents à verge, sergents à cheval, scelleurs,* etc. etc.

Il y avoit même un *barreau* particulier pour cette juridiction, composé d'*avocats* exclusivement attachés au châtelet, et inscrits sur un rôle distinct de celui du *parlement.*

Comme le tribunal étoit absolument sous la main du prévôt du châtelet, sans dépendance ni assujettissement à la discipline du parlement, il s'y étoit glissé beaucoup d'abus, dont la réformation ne pouvoit émaner que de l'autorité royale.

Charles-le-Bel s'en étoit occupé en chargeant deux commissaires de lui présenter un projet de réforme.

Cette *commission* avoit achevé son travail; elle avoit dénoncé au souverain les abus qui déshonoroient le châtelet, et qui s'étoient communiqués aux fonctionnaires de toute espèce : « énormité « d'exactions, rapports iniques, impunité des « faussaires, oppression des pauvres, etc. »

La même commission avoit rédigé un projet

de réformation qui fut suspendu par la mort de *Charles-le-Bel.*

Le premier soin de *Philippe de Valois* (lors même qu'il n'étoit encore que *régent*) fut de confirmer ce réglement par son ordonnance du mois de février 1327.

(Ordonn. du Louv., tom. 2, pag. 2.)

Le *préambule* n'est pas favorable à l'intégrité de cette juridiction ; on y lit :

« PHILIPPE, comte de Valois, régent du royaume « de France et de Navarre, etc.

« Pour ce que comme renommée étoit qu'en la « vicomté de Paris et ressorts d'icelle, et specia- « lement en la ville de Paris, souffroient les sujets « moult d'*oppresion* et de *grevances,* tant par la « desordonnance des officiers du chatelet, *audi-* « *teurs, notaires, examinateurs, advocatz, procu-* « *reurs, geoliers, registreurs,* que pour *la grande* « *multitude des sergents,* etc. »

Nous n'en extrairons, pour le moment, que quelques articles de police relatifs aux *avocats.*

Aucun *avocat* ne sera admis à plaider, s'il n'a *prêté le serment,* et *s'il n'est inscrit au rôle des avocats* (1).

---

(1) « Nul advocat ne sera reçu à plaider, s'il n'est juré suffi- « samment et son nom inscrit au rolle des advocats. » (Art. 41.)

« Permis néanmoins aux parties de plaider leur propre cause.

« Enjoint aux *avocats* de se trouver au châtelet au soleil levant, sauf le temps nécessaire d'entendre une basse-messe.

« Ils plaideront les causes suivant l'ordre réglé par le prévôt, sans avoir le choix de plaider à leur volonté, arrogamment, certaines causes de préférence à d'autres.

« Un *avocat* ne pourra plaider dans la même audience que *deux ou trois causes,* tout au plus, pour laisser aux autres avocats la faculté de plaider les leurs.

« La cause une fois commencée, elle ne devoit être interrompue pour un autre.

« Tout avocat qui auroit prévariqué dans ses fonctions, sera exclu à toujours de l'audience.

« Le *parc,* c'est-à-dire l'enceinte ou l'intérieur du barreau, aujourd'hui *parquet,* étoit exclusivement réservé aux avocats et procureurs de la cause; mais à la charge d'en sortir, après la cause plaidée.

« La *barre* étoit gardée par deux sergents (1),

_____

(1) *Deux sergents.* Observez que l'ordonnance ne leur donne pas la qualité d'*huissiers,* qui n'avoit lieu que pour le *parlement. Voyez* ce qui sera dit *infra* au chapitre des officiers ministériels.

qui ne devoient laisser entrer que ceux qui étoient appelés pour plaider, et l'un de ces deux sergents devoit appeler les parties, avocats et procureurs de la cause, *si hautement et si solennellement que ceux qui seroient dans la salle le puissent ouïr.*

On trouve sous le règne de Philippe de Valois plusieurs *ordonnances* qui attestent sa sollicitude pour l'administration de la justice.

Mais de toutes les ordonnances de *Philippe de Valois*, relatives au barreau et à la discipline du palais, aucune n'est plus intéressante que celle du 11 mars 1344.

(Ordonn. du Louv., tom. 2, pag. 220.)

Cette ordonnance forme un corps complet de discipline qui embrasse, pour le palais, la *grand'-chambre*, les *enquétes, requétes, avocats, procureurs, sergents,* etc.

L'organisation du parlement est composée de quinze conseillers clercs, de quinze laïcs, et de trois présidents.

Une seule, la chambre des enquêtes, composée de vingt-quatre clercs et de seize laïcs.

Une chambre des requêtes composée de cinq clercs et trois laïcs.

Le mode de remplacement devoit s'effectuer par la nomination du roi, sur la *présentation* du chancelier et du parlement, et leur attestation

« que le sujet étoit suffisant à exercer ledit office,
« et à être mis *audit nombre et lieu.*

« Défense à tout membre du parlement de s'ab-
« senter pendant la durée du parlement, sans la
« permission du parlement. »

La même ordonnance contient les noms des
présidents et conseillers. Les trois présidents
sont : Messire *Simon de Bucy* (premier), et Mes-
sires *Jacques Levacher* et *Pierre de Meville.*

La qualification de maîtres *du parlement* et
seigneurs est donnée à tous les membres du parlement, présidents et autres, et c'est sous cette
qualité qu'ils sont désignés dans plusieurs articles.

Le *septième article* défend expressément aux
maîtres du parlement, soit présidents ou autres,
d'interrompre la délibération, de se lever de leurs
places pour aller converser ou se consulter avec
leurs collègues, ni d'appeler qui que ce soit pour
lui parler.

Il paroît que plusieurs magistrats se permettoient, durant les plaidoiries, d'aller et venir
dans la salle d'audience.

L'article 8 blâme cet usage comme indécent,
et veut que si les seigneurs ont affaire à quelqu'un, ils choisissent l'après dînée, ou bien, si la
chose est urgente, qu'ils tiennent leur conversa-

tion dans quelque endroit éloigné, au lieu de venir, pendant la séance, *piétiner* de long en large dans la salle du palais.

« Moust deshonnete chose est que, la court « seant, aucun des seigneurs voisent (aillent) « tourneant et esbatissant par la salle du palais ; « si seigneurs ont aucun à faire, ils doivent pren- « dre l'eure et lieu de passer et de besoigner après « diner, et si besoin avoient de parler à aucun « ou autre, ils pourroient parler à ceulx à qui ils « auroient à faire, au matin, au palais, ez lieux « plus secrets. Mais, la court séant, souvent sont « venus plusieurs des seigneurs pietoyant par « salle du palais, dont s'est blame et deshonnete « chose à eulx et à la court. »

L'article 9 enjoint aux seigneurs du parlement de venir *bien matin*, et de rester jusqu'à la levée de l'audience. Ce même article ajoute que souvent il arrive que ces messieurs *trop tard viennent* et *trop tôt se partent*.

Quand le président met une affaire en délibération, tous les juges doivent se taire, jusqu'à ce qu'il ait fini de parler. Chacun des juges est autorisé à demander au président l'éclaircissement necessaire, mais à la charge que chacun ne parlera qu'à son tour, et après avoir obtenu la parole du président; « car, dit l'article 9, trop

« souvent advient que sans demander chacun
« parle ; parquoi l'on devroit faire *quatre arrets*
« où l'on n'en fait qu'un. » (Ce qui prouve que
la vivacité françoise étoit alors ce qu'elle est aujourd'hui).

Il est défendu aux juges de révéler le secret
des opinions, et l'article 15 ne ménage pas les
seigneurs sur ce point, en leur reprochant leur
indiscrétion et l'infraction de leur serment (1).

Il semble que le parlement ait voulu soulager
son ressentiment par un autre réglement sur la
discipline des *avocats*, qui intervint quelques
mois après.

Mais, mauvaise humeur ou non, ce *réglement*
n'en est pas moins un monument de sagesse et
de prévoyance.

(Ordonn. du Louv., tom. 2, pag. 227.)

Il contient un grand nombre d'articles, dont il
nous suffira de citer les plus intéressants.

---

(1) « Toutes fois il est advenu et advient souvent que les
« secrets de la court et ce qui s'est fait au conseil sont révélés,
« et en pourroit on donner moult de exemple que plusieurs
« des seigneurs soivent (savent) et peut advenir que aucun
« seigneur, par inadvertence, le dit, ou que aucun seigneur le
« dit à un autre du conseil du roi ou autre état ; ou que aucun
« huissier en passant en oyt quelque chose ou autre qui y vient ;
« sans demander. »

1845.   On fera une *liste* des avocats assermentés, dans laquelle on choisira les plus capables pour *être conservés.* Les autres seront supprimés (1).

Les *avocats* conservés ne pourront continuer leur exercice qu'après avoir prêté le *serment* suivant :

« De remplir leurs fonctions avec fidélité et « exactitude (2) ;

« De ne point se charger de causes dont ils re-« connoîtront l'injustice (3) ;

« Qu'ils s'abstiendront de fausses citations (4);

« Qu'ils ne chercheront pas à se procurer des « *remises* par des subterfuges et des prétextes ma-« licieux (5);

« Que de quelque importance que soit une « cause, ils ne recevront pas, pour leur salaire, « au-delà de 3o livres parisis, ni aucune autre

---

(1) *Ponantur in scriptis nomina advocatorum, deinde rejectis non peritis, eligantur ad hoc officium, idonei et sufficientes.*

(2) *Quod diligenter et fideliter istud officium exercebunt.*

(3) *Quod causarum injustarum patrocinium scienter non recipiunt.*

(4) *Quod consuetudines quas veras esse non crediderint, non proponent nec sustinebunt.*

(5) *Quod in iis dilationes et subterfugia maliciose non quærent.*

« espèce de gratification en sus des 30 liv. (A eux
« cependant permis de recevoir moins) (1) ;

« Qu'ils rabaisseront leurs salaires en raison de
« la modicité de l'intérêt de la cause et de la mé-
« diocre condition des parties (2) ;

« Qu'ils ne feront aucun traité avec leurs clients
« sur l'événement du procès (3). »

Nul n'aura le *titre d'avocat* s'il n'a été reçu en
la cour, après serment ; et la qualité d'avocat ne
donnera le droit de plaider qu'autant que l'avocat
sera inscrit sur le tableau.

Alors, comme aujourd'hui, les avocats, soit
par goût, soit pour acquiescer aux instances de
leurs clients, se permettoient, dans leurs écritures et dans leurs plaidoyers, une prolixité en-
nuyeuse, et des *répliques* multipliées qui n'étoient
que des *redites* et des *répétitions,* au détriment du
temps des juges, et des autres causes qui en
étoient retardées. Le *réglement* leur enjoint, au

---

(1) *Quod, pro salario suo, quantumcumque sit magna
causa, ultra* trigenta libras *parisienses non recipient : nec
etiam aliquid ultra, in salarii majoris fraudem.* (MINUS *tamen
recipere possunt.*)

(2) *Quod pro mediocri minus et pro minori causa multo
minus recipient, secundum qualitatem causæ et conditiones
personarum.*

(3) ITEM : *Quod non paciscentur de quota parte litis.*

nom de leur serment, de laisser les divagations
pour aller droit aux moyens, qui, vraisembla-
bles, doivent servir de motifs à l'arrêt (1), et de
mettre de côté toute autre considération qui s'é-
carteroit du *moyen décisif*, malgré les instances
et les importunités des clients (2).

Quoique le *droit de plaider* exigeât l'*inscription
sur le tableau*, il ne s'ensuivoit pas que le seul
fait de l'inscription récemment acquise autorisât
de plano le jeune avocat à paroître dans la lice.

Le *réglement*, considérant que cette célérité
de la part d'un novice compromettroit tout à la
fois sa réputation et l'intérêt des parties, ne lui
permet pas de se livrer sur-le-champ à l'exercice
d'un ministère qui demande beaucoup d'expérience (3).

---

(1) *Iisdem injungit curia, in vim sacramenti sui, ut ea
facta, seu rationes, solum quæ, vel quas ad illam finem fa-
ciunt, in quo verisimiliter prævident debere poni in arresto,
proponant.*

(Il paroît qu'à cette époque le dispositif de l'arrêt énonçoit
les *motifs*).

(2) *Facta et rationes, replicationes seu duplicationes inutiles
et supervacuas omittendo, licet illi pro quibus suum impendunt.
Patrocinium sæpius eos molestant et velint hoc fieri, quibus
obtemperare non debent, propter honorem eorum et ut potius
curiæ pareant in hac parte.*

(3) *Item, quia advocationis officium, facta experientia et*

Et pour cela il exige un temps de *stage*, qui doit être employé à fréquenter les anciens avocats, et à se mettre au fait des usages du palais (1).

Il est enjoint aux jeunes avocats d'user de respect envers les *anciens* dans toute occasion, en se donnant bien de garde de s'asseoir sur le *premier banc*, destiné aux avocats et procureurs du roi, aux baillis et sénéchaux, et autres personnes importantes (2).

Il est aisé de reconnoître dans ce réglement le modèle exact de la discipline qui s'observoit dans

---

observantia styli curiæ, multum prodest, advocati qui, de novo, ad hujusmodi officium, per curiam sunt recepti, abstinere debent, propter eorum honorem et damnum (quod partibus, propter eorum, forsitan, negligentiam provenire posset) ne ex abrupto et imprudenter advocationis officium exerceant.

(1) *Sed, per tempus sufficiens, advocatos antiquos et expertos audiant diligenter ut, sic, de stylo curiæ et advocandi modo, primitus informati, suum patrocinium præstare et advocationis officium laudabiliter et utiliter possint et valeant exercere.*

(2) *Item. Dicti advocati novi debent deferre majoribus et antiquis advocatis, tam in sedibus quam in aliis, nec sedere præsumant in primo scamno in quo advocati et procuratores regii, baillivi, senechalli, et alii potentiores et nobiles esse debent et sedere consueverant.*

l'ordre des avocats à l'époque de la *révolution,* et qui avoit traversé cinq siècles.

Présentation du licencié au serment d'avocat, prestation de serment, arrêt de réception ou immatricule, stage de quelques années, inscription sur le tableau, radiation autorisée par les *anciens ;* tout s'y trouvoit exactement-calqué sur la discipline du quatorzième siècle.

Ce *réglement* fut suivi d'un autre concernant les *procureurs,* et dont nous ne devons parler ici que sous son rapport avec les avocats.

D'abord, il veut que leurs noms soient inscrits sur un tableau à la suite de celui des avocats (1).

Il leur interdit de se faire fort de la direction des affaires, au préjudice des droits et du salaire des avocats (2).

Il leur défend de fatiguer les avocats à force d'instances, ou de promesses, ou de présents, pour obtenir d'eux de leur servir de prête-nom (3).

––––––––––––––––––––

(1) *Ponantur in scriptis post nomina advocatorum.*

(2) *Quod non* facient forum *de causa ducenda in fraudem salarii advocati.*

(3) *Quod per favorem, preces, pecuniam aut alias indebite quærent advocatos admodum proxenetæ vel mediatoris.*

A eux enjoint de se tenir soit debout, soit assis derrière l'avocat, quand celui-ci plaidera (1).

Défendu de prendre place sur le premier banc réservé aux anciens avocats.

On est peut-être étonné de voir un réglement pour les *procureurs* à une époque où ces fonctionnaires n'existoient pas encore à *titre d'office*, et dans un temps où leur ministère étoit interdit dans les affaires.

Il est vrai qu'avant *Philippe-le-Bel*, les parties ne pouvoient se faire représenter par *procureurs* qu'en vertu de *lettres de grace à plaidoyer* (à l'exception du roi, des prélats, chapitres, abbayes, les femmes, et les mineurs).

Ces lettres expédiées en *chancellerie* ne devoient servir que pour une affaire, et n'avoir d'effet que pendant la durée d'un parlement, sauf à les renouveler pour le parlement suivant. Mais comme la multiplicité de ces *lettres de grace* devint une branche du revenu de la chancellerie, l'usage s'introduisit d'en délivrer à tous ceux qui en demandoient; ce qui les fit dégénérer en une formule fiscale.

C'étoient ordinairement les écrivains du palais qui se chargeoient de fournir ces formules aux

(1) *Quod retro advocatos stent vel sedeant.*

parties, et qui ne manquoient pas de les remplir de leur *propre nom*, de manière qu'ils s'intituloient *écrivains-procureurs*, et le public s'habitua à s'adresser à eux sous cette qualité.

Pour l'accaparement de ces lettres *de grace à plaidoyer*, ils s'avisèrent de se constituer en *confrérie*, sous l'*invocation de S. Nicolas;* et, au mois d'avril 1342, ils obtinrent des lettres patentes à cet effet.

Nous reviendrons sur cet objet, au chap. VI, des *officiers ministériels*.

A l'égard des *avocats*, la fin du règne de *Philippe* fut une des plus brillantes époques de leur prospérité. Les souvenirs récents des services qu'ils avoient rendus à la couronne, les places distinguées dont plusieurs d'entre eux étoient revêtus, la haute renommée de la *cour* à laquelle ils étoient attachés, l'expectative d'y venir prendre leur place tôt ou tard, l'importance des intérêts qui leur étoient confiés, l'éclat et la solennité de leurs fonctions, leur fortune individuelle, le train de leurs maisons, leurs alliances et leurs liaisons avec les personnages les plus distingués de l'état, les avoient portés au plus haut degré de considération. Les pères de famille briguoient l'avantage d'obtenir, pour leur fils, un rang dans un barreau devenu la pépinière des magistrats, et le premier degré des honneurs et des dignités : et les hommes ineptes, alléchés par le même esprit, osoient courir la même carrière.

Ce fut cette grande affluence qu'il fallut réprimer par plusieurs *réglements de discipline.*

De leur côté, les *avocats* ne surent pas se défendre des atteintes de la vanité, et cherchèrent à s'élever jusqu'à la noblesse, sans avoir besoin de *lettres d'anoblissement.*

Philippe-le-Bel, en reconnoissance des services que lui avoient rendus les légistes, et dans l'espoir de ceux qu'ils rendroient encore à sa couronne, avoit institué, en leur faveur, un ordre de chevalerie, sous le titre de *chevaliers ès loix, chevaliers de justice, chevaliers de lettres et de sciences, chevaliers clercs : milites justiæ, milites litterati, milites clerici ;* dignité qui leur communiquoit toutes les *distinctions* et les *droits* de la chevalerie d'armes.

Comme cet honneur n'étoit accordé qu'à un petit nombre d'avocats les plus marquants, il excita l'émulation des autres, et leur suggéra l'idée de réclamer la *noblesse* par le seul fait de leur profession, et comme inhérente à la qualité de *docteur ès loix.*

Cette prétention s'appuyoit sur l'autorité du droit romain (qui étoit alors l'autorité par excellence); et, après tout, il étoit assez juste que travaillant chaque jour à la gloire et à la propagation des lois romaines, celles-ci leur rendissent aussi, par réciprocité, le service de contribuer à leur illustration.

Or, il étoit écrit dans le code, *loi première, de advoc. divers. jud.*, que le *ministère des avocats* se confondoit avec celui des *guerriers* et des *chevaliers;* que leur profession étoit un état de guerre habituelle pour le service de l'état. « Nec, enim, « solos nostro imperio militare credimus illos « qui *gladio, clypeis, et thoracibus* nituntur; sed « etiam ADVOCATOS; militant namque patroni cau-« sarum qui gloriose voce confisi, munimine, la-« borantium spem et vitam ac posteros deffen-« dunt. » (*cod. de advoc. divers. jud.*)

Il y est également écrit que l'avocat, après un exercice d'un certain nombre d'années, devoit être honoré des prérogatives de *comte,* et devenoit idoine à posséder les offices les plus distingués.

Advocatos meritum aut antiquitas nobilissimos facit. Ce qui faisoit dire à Tacite que la dignité de l'avocat commençoit où finissoit son travail. *Advocatorum incipere dignitates cum finirent actiones.*

Cette prétention n'ayant éprouvé aucune résistance de la part du gouvernement, la *noblesse personnelle* des avocats fut bientôt consacrée par l'opinion publique, et même par les *ordonnances*.

Ce fut à cette époque que l'ORDRE des *avocats* entra en possession paisible de la qualité de *noble*, et jouit en conséquence de tous les priviléges de la *noblesse*.

Il arriva de là que quand ils passoient au parlement, par la voie de l'*élection*, ils y entroient déjà *anoblis*, et se trouvoient d'autant plus accessibles à la dignité de *chevalier*.

Tel étoit l'état du barreau à la mort de Philippe de Valois, arrivée le 22 août 1350.

1350.

CHAPITRE II.

Ordonnances, édits et réglements intervenus depuis 1300 *jusqu'en* 1350.

1300. ORDONNANCE DE PHILIPPE-LE-BEL, du mois de mars 1300, adressée au prévôt de Paris, pour *la réduction du nombre des notaires du châtelet.*

1302. ORDONNANCE du 3 mai 1302, concernant les priviléges du clergé.

Philippe-le-Bel voulant se préparer des armes

contre la cour de Rome, commença par mettre le clergé de son côté, en le caressant par plusieurs ordonnances, au nombre desquelles est celle du 3 mai 1302.

Cette ordonnance, adressée aux sénéchaux de Toulouse et de Carcassonne, confirme et même étend les priviléges du clergé.

Du grand nombre d'articles dont cette ordonnance est composée, il suffira de rappeler ceux-ci, comme ayant quelque rapport avec l'administration de la justice.

« Lorsqu'un clerc sera arrêté par un sénéchal ou bailli, il doit être conduit dans les prisons de l'officialité (1).

« Les baillis et sénéchaux ne troubleront pas les évêques dans la possession où ils seroient d'avoir dans leurs diocèses des gens d'armes, pour exécuter l'arrestation des clercs prévenus de délits (2).

L'article 9 maintient la juridiction ecclésiastique, en matière de fermages de dîmes, de legs

_____

(1) *In carceribus vestris non ponatis.*

(2) *Item. Illorum prœlatorum qui nuncios arma ab antiquo in suis diocesibus portantes habere consueverunt, ad clericos delinquentes capiendos, arma portare non prohibita non impediatis nuncios. . . .*

piéux, de dot et augment de dot, et de fausse monnoie.

« Permis aux évêques d'*excommunier* qui bon leur semblera, sans que les baillis et sénéchaux puissent s'ingérer d'inquiéter, pour cela, les évêques, ni les contraindre à révoquer l'excommunication (1).

« S'il arrive qu'un officier d'une sénéchaussée ou d'un bailliage, comme sergent ou autre, soit *excommunié*, il est défendu au sénéchal ou bailli de souffrir que cet excommunié trouble le service divin par sa présence dans l'église (2).

« Enjoint à tout bailli et sénéchal de maintenir le droit *d'asile* dans les églises, avec défense d'en faire sortir ceux qui s'y seroient réfugiés (3).

1302. ORDONNANCE du 23 mars 1302, pour la *réformation du royaume.*

---

(1) *Si judices ecclesiastici aliquem* excommuniunt *vel excommunicatum faciant nuntiari, nullatenus ad hujus modi excommunicationum, sententiam revocandum compellatis eosdem, aut permittatis compelli.*

(2) *Si aliqui de vestris ministris vel servientibus sint excommunicati, non permittatis divina officia per eos impediri, in ecclesiis remanendo contra prohibitionem sacerdotum.*

(3) *Confugientes ad ecclesias non extrahatis ab eis non extrahere permittatis.*

Cette ordonnance embrasse toutes les branches
de l'administration de la justice ; mais l'article le
plus intéressant est l'article 62, qui annonce la
suppression prochaine de l'*ambulance* du parlement pour le rendre *sédentaire* à Paris.

RÉGLEMENT du .... 1304, sur la discipline du
parlement devenu *sédentaire*.

Ce *réglement* suppose une ordonnance intermédiaire qui remplissoit l'objet de l'article 62 de
l'ordonnance du 23 mars 1302.

Néanmoins cette *ordonnance intermédiaire* ne
s'est jamais trouvée, et elle a échappé aux recherches des hommes les plus opiniâtres à re-
recueillir les monuments nationaux ; ce qui a
donné lieu de soupçonner qu'il n'y a pas d'*ordonnance spéciale* sur ce point, et que l'article 62 de
l'ordonnance du 23 mars 1302 fut alors considéré
comme emportant suffisamment cette *permanence.*

C'est ce qui fait dire à Pasquier : « Nous igno-
« rons, ce que chacun deust scavoir, l'origine de
« ce parlement, qui est la plus riche piece du
« royaume, sous l'autorité de nos roys. » (Recherches, tom. 1, pag. 51, §.   )

1303. LETTRES adressées par Philippe aux inquisiteurs envoyés en Auvergne, pour connoître

des *malversations des officiers de justice*, du
.... 1303.

1303. ORDONNANCE du mercredi des cendres
de 1303, concernant l'*arrestation des accusés*.

Cette ordonnance est intéressante, en ce qu'elle
consacre une mesure qui depuis a été l'objet de
longues discussions.

Il y est dit qu'aucun accusé ne pourra être **mis**
en *état d'arrestation* quand il donnera *caution,*
sauf le cas du crime de lèse-majesté, d'hérésie,
d'homicide, de vol, ou du rapt de femme.

1304. ORDONNANCE du mois de juillet 1304, sur
les *fonctions et les devoirs des notaires et tabellions*, avec défense de réunir ces fonctions à celles
de *boucher* et de *barbier*.

1306. ORDONNANCE du .... 1306, sur les *duels
judiciaires et gages de bataille*.

1309. ORDONNANCE du 12 juin 1309, concernant
les *huissiers*.

1312. ORDONNANCE du mois de juillet 1312,
concernant l'étude du *droit civil* et du *droit
canon*.

1313. Ordonnance du 1ᵉʳ mai 1313, portant suppression des notaires du châtelet, *reconnus pour incapables ou de mauvaise vie.*

1314. Ordonnance du 29 juillet 1314, qui défend les *guerres privées* et les *gages de bataille.*

1314. Ordonnance de Louis X, dit le Hutin, donnée à Vincennes le 19 mars 1314, sur quelques points de discipline.

Le parlement ayant cessé d'être *ambulatoire*, les tribunaux subalternes en avoient pris l'occasion de se permettre des vexations de toute espèce contre les justiciables, dans l'espoir de l'impunité.

Les plaintes qui survinrent à ce sujet déterminèrent le roi à envoyer, de trois ans en trois ans, des commissaires inquisiteurs pour réprimer les excès de ces officiers.

« *Inquisitores idoneos nos et successores nostri* « *mittere teneantur, pro reformandis, corrigendis,* « *et reprimendis excéssibus officialium nostrorum* « *quorum cumque.* »

La même ordonnance défend de soumettre à la *question* aucun *franc homme*, si ce n'est dans le cas d'un crime capital, et encore sera-t-il traité

si modérément qu'il n'en puisse perdre ni membres, ni la vie.

« *Et taliter quod propter gravitatem tormento-*
« *rum, mors aut mutilatio non sequatur.* »

Les *avocats* occupent aussi une place dans cette
ordonnance, par un article qui leur défend de
prendre plus de 3o liv. pour une grande cause,
et qui soumet les petites à la taxe des juges, à la
charge par ceux-ci de faire entrer en considération dans leurs taxes, la qualité de la cause, l'usage
du barreau, les facultés du client, et la capacité
de l'avocat.

« Quod nullus ADVOCATUS pro majori causa
« ultra trigenta libras, pro salario recipiat, in
« cæteris minoribus causis à judice salaria sta-
« tuantur, secundum qualitatem causæ, consuetu-
« dinem fori, possibilitatem clientis et industriam
« advocati. »

(*V.* la même ordonnance, traduite au premier
volume des ordonnances, pag. 591.)

1315. ORDONNANCE du 1er avril 1315, qui re-
nouvelle les anciennes ordonnances portant défenses d'arrêter et emprisonner tout accusé qui
pourra donner *caution* suffisante, si ce n'est dans
le cas de crimes énormes.

« Nullum CAPI seu *detineri* qui *idoneè caveri*
« *velit,* poterunt, nisi enormitas imposita sibi

« criminis hoc requirat, volumus et precipi-
« mus. »

1315. ORDONNANCE du 3 juillet 1315, portant
affranchissement des serfs du domaine du roi.

Cette ordonnance, qui fait époque dans ce
règne, se rattache à l'histoire du barreau, en
ce qu'elle y introduit une jurisprudence nouvelle, et des principes précieux pour le droit
public.

1315. ORDONNANCE du 28 juillet 1315, concernant le *rappel des juifs pendant douze années.*

Ce *rappel* des juifs, sous des conditions assez
étranges, donna de l'occupation au barreau, par
les singulières questions qui en résultèrent.

1317. ORDONNANCE du 5 juin 1317, concernant
la discipline des *notaires du châtelet.*

1318. ORDONNANCE du 29 juillet 1318, portant
révocation de tous les dons faits par les rois ses
prédécesseurs depuis S. Louis.

Cette ordonnance est précieuse, en ce qu'elle
est la première qu'on connoisse qui ait établi
l'*inaliénabilité* du domaine de la couronne, et en
ce qu'elle a servi de base aux ordonnances subsé-
quentes qui ont consacré ce principe.

1318. Ordonnance du 17 novembre 1318, sur *la discipline du palais et des audiences.*

1319. Ordonnance du 3 décembre 1319, concernant *l'organisation du palais.*

Cette ordonnance, en éliminant du parlement les prélats, en les renvoyant aux soins de leurs fonctions ecclésiastiques, accorde la magistrature aux avocats et jurisconsultes *laïcs* exclusivement. C'est de cette époque que date la distinction de la noblesse d'*épée* et de la noblesse de *robe.*

1320. Ordonnance du mois de décembre 1320, touchant le parlement.

Cette ordonnance établit la voie de l'*élection*, comme le seul moyen légitime de remplacer au parlement les places vacantes de magistrature.

1320. Ordonnance du mois de février 1320, qui établit une contribution sur la *recette* des notaires.

1320. Instruction adressée par le roi, en mars 1320, aux baillis et sénéchaux, pour obtenir des *notaires* une contribution arbitraire en raison de leurs bénéfices présumés.

1321. ORDONNANCE du mois de juin 1321, portant *réduction des sergents à cheval et à pied du châtelet*.

1324. ORDONNANCE de janvier 1324, qui introduit la *condamnation de dépens*.

1327. ORDONNANCE DE PHILIPPE DE VALOIS, du mois de février 1327, concernant *la discipline du châtelet*.

1328. ORDONNANCE du 23 novembre 1328, qui exclut les gens d'église des prévôtés et autres offices, lesquels seront *exclusivement exercés par personnes laïques*.

1330. ORDONNANCE du 9 mai 1330, concernant les *appellations au parlement*.

Anciennement, en France, les roturiers n'avoient pas la liberté de se pourvoir, *par appel*, contre les sentences de leurs seigneurs.

A l'égard des *gentilshommes*, il leur étoit permis de fausser jugement, et de venir au duel; ce qui est expliqué au long par *Beaumanoir*, dans ses Coutumes de Beauvoisis, chap. 67.

Mais il en étoit autrement en *cour royale*, où les appellations furent admises, aussitôt après l'introduction du droit romain, conformément au code, titre 13, du livre 7.

Comme l'*appel* avoit l'effet de suspendre l'exécution des jugements, l'appelant abusoit de cette considération pour rester dans l'inaction, sans se mettre en peine de relever son appel.

Il en résulte, dit le préambule de cette ordonnance : que les parties condamnées ont la malice d'appeler, pour rendre leur condamnation illusoire, et suspendre indéfiniment l'exécution, à l'aide des délais nécessaires pour vider leur appel. « Ex quo sæpe contingebat quamplurimos mali-« ciose et ad finem executionem sententiarum « contra eos prolatarum differendi, ad nostram « curiam appellare. »

C'est pour supprimer cet abus que cette ordonnance veut que le jugement, dont il y a eu appel, reçoive son exécution, si cet appel n'a pas été relevé dans *les trois mois*, « *intra tres menses con-« tinuos à tempore appellationis emanare,* » avec ajournement tant à la partie qu'au *juge* qui a rendu la sentence. A défaut de ce double ajournement dans les trois mois, l'appel est déclaré *désert.*

C'est dans cette disposition que se trouve le germe des ordonnances postérieures qui ont consacré la *désertion de l'appel*, et qu'on retrouve dans les art. 443 et 456 du *Code de procédure civile*.

1329. ORDONNANCE de Philippe de Valois du... novembre 1329, concernant l'*inquisition*.

Dans ce temps-là, l'inquisition exerçoit son empire, en France comme en Espagne, à la seule différence que ses décisions n'avoient de force qu'après avoir reçu la sanction du roi.

Le frere Henri de Chamai, de l'ordre des Freres Prêcheurs, qui étoit, en 1329, revêtu de la qualité d'*inquisiteur* en France, ayant présenté au roi quelques dispositions contre les hérétiques, elles furent converties en lois, par l'ordonnance de 1329. Au nombre de ces articles est celui-ci :

« Que les maisons qui auroient servi de retraite « aux hérétiques, seroient *detruites, sans pouvoir* « *être rebâties.* »

1330. ORDONNANCE de 1330, portant révocation de l'ancienne coutume qui suspendoit l'instruction des procès en matière réelle et de propriété où les mineurs étoient intéressés jusqu'à leur majorité.

1336. ORDONNANCE du 10 juillet 1336, qui

abolit le droit exigé par les évêques sur les *nou-veaux mariés.*

1338. ORDONNANCE du mois de juin 1338, qui supprime les *mangeurs.*

Il y avoit alors des fonctionnaires publics connus sous le nom de *mangeurs, comestores.* C'é-toient des valets de sergents que les créanciers plaçoient en garnison chez leurs débiteurs pour y vivre *à pot et à rôt* jusqu'à l'acquittement de la dette.

Ceux-ci usoient si amplement du privilége, qu'effectivement ils parvenoient à *manger* le malheureux débiteur; et telle est l'origine du mot *mangerie*, appliqué si souvent en matière de droit.

Philippe de Valois, par son ordonnance de 1338, modifia l'usage des *mangeurs* en ces termes:

« ITEM. Presenti constitutione, statuimus quod « admodo non ponantur *comestores,* nec *duo* vel « *plures simul.* »

L'ordonnance y substitue soit un *sergent,* soit un *commissaire* unique, à moins que les circonstances en exigent plusieurs. Mais cette modification n'avoit lieu que pour les créances particulières.

A l'égard de celles qui intéressoient le roi,

l'institution du *mangeur* est maintenue : « *Pro* « *nostris debitis exequendis vel exigendis.* »

1342. ORDONNANCE du mois d'avril 1342, qui autorise la confrérie des *écrivains-procureurs.*

1344. ORDONNANCE du 11 mars 1344, touchant le parlement.

1344. RÉGLEMENT du parlement du .... 1344, concernant les *procureurs.*

1344. ORDONNANCE de décembre 1344, concernant les *appellations.*

DÉCRÉTALES, SEXTE, CLÉMENTINES. Ce fut dans le cours de cette période que parut une collection des décrets et décisions des papes, qui prit le nom de *décrétales.* Elles furent enseignées dans les universités, comme accessoires à la connoissance du *droit canon,* mais sans avoir force de loi, comme on le voit par une lettre manuscrite de Philippe-le-Bel, adressée à l'université d'Orléans, et rapportée au Dictionnaire canonique, tom. 1, pag. 253.

Ces *décrétales* ne formant que cinq livres, Boniface VIII ajouta un sixième livre, composé d'un supplément de décrets ; et ce fut ce sixième livre qui prit le nom de *sexte*.

Le pape Clément V, ayant fait faire en 1315 un recueil de ses propres constitutions, le droit canon s'enrichit encore de cette addition, sous le titre de *Clémentines*.

CHAPITRE III.

Ouvrages de jurisprudence qui parurent dans l'intervalle de 1300 à 1350, et notice des auteurs.

I. Ce fut dans cette période de cinquante années que parut Paul *Barthole*, né à *Saxo Ferrato*, dans la Marche d'Ancône, en 1300, et mort en 1350. Ses ouvrages et sa réputation ayant bientôt franchi les limites de l'Italie, où il enseignoit le droit civil, il devint pour le barreau françois une autorité imposante, devant laquelle tous les avocats du temps fléchissoient le genou.

On s'épuisa à lui prodiguer tous les titres les plus fastueux : *Speculum et lucerna juris, magister, pater, lucerna humani juris, robur veritatis, auriga optimus, Apollo Pithius, et Apollonius oraculum, etc.* Ses ouvrages, en dix volumes in-fol., écrits du style de son temps, ne sont guère lus ni cités aujourd'hui ; mais les curieux font encore quelque cas d'un traité en italien particulier sur les alluvions, intitulé :

« *La Tiberiade di Barthole da Saxo Ferrato del* « *modo dividere l' alluvioni, l'isole e gl' alvei con* « *annotazioni e exposizitioni di Claudio Tobal-* « *datii dal montal.* Bodde, in Roma 1587, in-4°. »

2°. *Speculum historiale in consuetudines Parisienses,* divisé en quatre volumes.

Nous ne connoissons que le titre de cet ouvrage, sur la foi de *Dubreuil* et *Bonfons, dans leurs Antiquités de Paris,* qui disent avoir lu un contrat passé devant deux notaires du châtelet, par lequel *Geoffroi de Saint-Léger,* libraire, reconnoît avoir vendu et promis garantir à *Gérard de Montaigu,* avocat du roi au parlement, un livre intitulé : *Speculum historiale in consuetudines Parisienses,* couvert de cuir rouge, en quatre volumes, moyennant le prix de 40 liv. parisis.

(Brodeau, pag. 8.)

3°. En 1330, *Guillaume Dubreuil,* avocat au parlement, publia un volume latin, sous le titre de *Stylus parlamenti auctore, Guillelmo de Broglio, in suprema Parisiensi curia advocato.*

Ce *style* contient les *usages* et *formules* du palais à cette époque : monument curieux qui a été conservé par Charles Dumoulin, en 1515, dans le second volume de ses œuvres.

4°. Sur la fin de 1300 il parut un petit ouvrage attribué à *Barthole*, intitulé : *Le procès de Satan contre la sainte Vierge*, en présence de Jésus.

Bartholi a Saxo Ferrato jurisconsulti Perusini
Processus
Satanæ contra D. Virginem
Coram judice Jesu.

L'ouvrage se rattache à la jurisprudence, en ce qu'il avoit pour objet de réunir sous une fiction religieuse les règles du droit romain, et le style et la pratique du temps.

Le nom de *Barthole*, sous lequel l'auteur s'est déguisé, est encore une autre fiction imaginée, sans doute, pour donner plus de crédit à son ouvrage. On croit qu'il appartient à un jurisconsulte du temps appelé *Andreas Barbatias*.

Au surplus, l'objet et l'instruction de ce prétendu procès entre la *Vierge* et *Satan* sont d'une originalité qui assure à cet ouvrage une place dans les bibliothèques des curieux.

5°. A la même époque, *Jean Faber*, avocat, fit paroître des commentaires sur les *Institutes*, ouvrage estimé dans le temps, et qui reçut de grands éloges.

CHAPITRE IV.

Fragment du tableau des avocats et jurisconsultes du barreau de Paris, dans l'intervalle de 1300 à 1350.

PREMIER TABLEAU.

Depuis l'établissement du parlement à Paris.

I. *Jean de Méheyé.* Il n'est connu dans l'histoire que par le procès d'Enguerrand de Marigny, où il fit l'office de procureur *du roi* devant la commission du bois de Vincennes ; il commença son discours par ce texte : *Non nobis, domine, non nobis, sed nomini tuo da gloriam ;* voulant faire entendre que l'accusation n'étoit pas une vengeance personnelle, mais bien qu'elle intéressoit les droits de la royauté.

II. *Jean Annat* (de *asinariis*). Il devint célèbre par le procès d'*Enguerrand de Marigny*, où il parla pour le comte de Valois. Son plaidoyer contre *Enguerrand* se trouve tout entier dans les Annales de Paris du....

III. *François Bertrandi* ou *Bertrand.* Il s'attacha aux matières canoniques, où il acquit une grande réputation qui le conduisit à l'évêché d'Autun.

Ayant été choisi, en 1329, par le clergé pour la défense de sa juridiction contre les prétentions de la noblesse, il plaida sa cause avec tant de chaleur que la cour de Rome le récompensa par le *chapeau de cardinal*, en 1331.

Ce fut lui qui fonda à Paris le collége d'*Autun ;* il est auteur d'un ouvrage intitulé, *De origine et usu jurisdictionum*, imprimé à Venise en 1584, *in-folio*.

IV. *Pierre de Cugnières.* Il étoit fort jeune légiste à l'époque de l'installation du parlement en 1363 ; mais bientôt s'étant distingué par son talent oratoire et la vivacité de son esprit, il fut chargé, par le chancelier *Pierre Flotte*, de faire sa réponse, au nom du roi, à la bulle de Boniface VIII.

Environ vingt-cinq ans après, il eut l'honneur de plaider, en présence du roi, pour l'ordre de la *noblesse* dans une des plus importantes affaires qui se soient jamais présentées ; il s'agissoit d'assigner les limites des deux puissances.

Pierre de Cugnières s'acquitta de cette mission avec un grand succès ; mais le *clergé* ne lui pardonna pas la généreuse liberté avec laquelle il avoit combattu ses prétentions, et il affecta de le désigner sous le nom de Pierre du *Coignet*.

(C'étoit ainsi qu'on appeloit une petite figure placée dans un coin de l'église Notre-Dame, dans une représentation de l'enfer, qui formoit la clôture du chœur sous le jubé.

On avoit donné à cette petite figure le nom de *Pierre du Coignet*, parceque les enfants de chœur avoient coutume d'y aller éteindre leurs cierges, en les *coignant* contre la pierre).

Pierre de Cugnières, malgré les sarcasmes du clergé, n'en continua pas moins de jouir de la plus haute considération, et, pour toute vengeance, il porta un coup terrible à la juridiction des évêques, par l'introduction de l'*appel* comme d'*abus*. Il devint *chevalier*.

V. *Jean d'Orléans*. Il n'est connu que pour être nommé dans un arrêt de 1325, dans la cause entre la comtesse d'Artois et Louis *Mareschis*, rapportée par l'auteur du grand Coutumier.

VI. *Jean Faber*. Savant jurisconsulte, et qui s'étoit formé au barreau par treize années d'exercice. Ses *commentaires* sur les *institutes de Justinien* lui firent une grande réputation. Les docteurs des siècles suivants l'ont comblé d'éloge; Balde l'appelle le *docteur fondamental*, et Jason le qualifie de *docteur subtil*. Dumoulin, dans son Traité des Fiefs, dit de lui : « *Subtilissimus et con-*

« *sommatissimus doctor Gallus aquitanus, juris*
« *romani et gallici peritissimus, unus omnium*
« *apud nos maximæ auctoritatis.* » (*V.* Loiseau
et Taisan.)

Nous le retrouverons au nombre des chanceliers.

VII. *Guillaume Dubreuil.* Il étoit en plein exercice, et suivoit avec assiduité le palais, puisqu'il
fut en état de donner, en 1330, le *style* du *parlement,* dans lequel sont rapportés plusieurs arrêts
rendus dans le cours de l'année 1327.

VIII. *Pierre de Belleperche.* Il s'appliqua particulièrement au droit canonique qu'il avoit pro-
fessé à Orléans.

S'étant, ainsi, rendu le clergé favorable, il
devint doyen de l'église de Paris, et fut envoyé
par Philippe-le-Bel à Rome devers le pape Benoît XI, pour le féliciter sur son exaltation, et
lui présenter un mémoire justificatif de la conduite du roi à l'égard du feu pape Boniface VIII.

A la suite de cette mission, qu'il remplit à
la satisfaction du roi, il fut nommé à l'évêché
d'Auxerre, et de là, *chancelier.*

IX. *Raoul de Presle.*

En 1329, le comte de Valois, craignant qu'il ne
fournît à *Enguerrand de Marigny* des moyens de
se tirer d'affaire, le fit incarcérer, et ne lui rendit

la liberté qu'après la condamnation d'*Enguer-rand*.

Il ne faut pas le confondre avec un autre *Raoul de Presle*, auteur du songe *du Vergier*, dont il sera parlé au chap. 3 de la section suivante.

X. *Yves de Kaërmartin*, plus connu sous le nom de *St.-Yves*.

Il suivit, pendant quelque tems, le barreau de Paris. L'intégrité exemplaire de sa vie lui valut une place parmi les saints. On ne connoit guère que lui, dans l'ordre des avocats, qui jouît de cet honneur. Aussi plusieurs colleges d'avocats, dans les provinces, le prirent-ils pour leur patron.

XI. *Arnaud de Corbie.*

En 1340 il exerçoit la profession d'avocat avec succès. Vingt ans après il entra au parlement, *par la voie de l'élection*, suivant l'usage de ce temps-là.

Il fut un de ceux que Charles V désigna par son testament pour former le *conseil de régence*.

XI. *Regnault d'Acy* ou *d'Ay.*

Il exerçoit son état avec distinction, honoré de la confiance des plus grands de l'état, et du titre d'avocat du roi.

Ces avantages furent cause de sa perte; pendant la rébellion de 1356 il fut massacré par la populace, comme *suspect*, ainsi que je le dirai plus au long.

XII. *Jean de Dormans,* fils d'un procureur au parlement, natif de *Dormans* en Beauvoisis, et qui prit le nom du lieu de sa naissance.

Ce procureur eut deux fils, *Jean* et *Guillaume,* qui tous deux exercèrent la profession d'avocat avec un grand succès, et parvinrent, par leur mérite, aux plus éminentes dignités.

Ce fut *Jean* de Dormans qui consolida dans sa famille le nom de *Dormans*, en faisant l'acquisition de la seigneurie de *Dormans*, à l'aide de laquelle il se rattacha à la famille éteinte des anciens seigneurs de *Dormans* (moyen fréquemment pratiqué, et qui a fourni les trois quarts de nos familles nobles, ou soi-disant telles).

XIII. *Guillaume de Dormans.*

Jean de Dormans étoit déjà avancé dans la carrière des dignités, lorsque *Guillaume* n'étoit encore que simple *avocat* au parlement, mais jouissant d'une haute considération ; et nous le retrouverons sur le *tableau* de la période suivante.

Il exerçoit encore la profession d'*avocat* lorsqu'il fut un des ministres plénipotentiaires au *traité de Bretigny*.

Il est la tige d'une famille illustre dont le nom est éteint.

XIV. *Pierre Dupuiset* n'est connu que par sa mort tragique (massacré en 1358 par les factieux). (*V.* le *tableau* du livre suivant.)

XV. *Simon de·Bucy,* avocat d'un grand mérite. Vers 1330 il fut décoré de la chevalerie; de là il passa au parlement, où il devint *premier·président.*

XVI. *Jean Desmarets.*

La réputation dont il jouissoit au palais détermina le régent à l'appeler à son *conseil.* On verra dans la section suivante les détails de sa fin tragique.

XVII. *Pierre de Fontebrac* étoit contemporain et confrère de Jean *Desmarets;* mais, plus heureux ou plus prudent que celui-ci, il s'en tint aux affaires des particuliers, sans se mêler des affaires publiques. Il sétoit adonné particulièrement aux affaires *canoniques,* qui, dans ce temps-là, étoient une mine féconde. Ayant eu occasion de mériter la faveur du pape Clément XIII, qui résidoit alors à Avignon, il en obtint le chapeau de cardinal.

XVIII. *Robert Lecoq,* d'abord avocat, puis avocat du roi, puis conseiller au parlement, puis *évéque et duc de Laon*. Comblé de tant de bienfaits, il porta son ambition jusqu'à la dignité de cardinal; mais n'ayant pas trouvé, sur ce point, tout l'appui qu'il avoit espéré de la cour, elle n'eut pas d'ennemi plus furieux dans les troubles de 1356.

Compris dans l'*amnistie* par le traité de Bretigny, à condition qu'il sortiroit du royaume, il passa en Espagne.

XIX. *Hugues de Fabrefort* n'est connu au barreau de cette époque que par l'aventure dont il est parlé dans le Style du parlement de *Guillaume Dubreuil*, et citée dans le Dialogue de Loisel (1).

XX. *Pierre de la Forest*, en 1330, débuta par ouvrir une école de droit canon et de droit civil à Orléans et à Angers.

De là il vint à Paris, et il se livra à la profession d'avocat, qu'il exerça avec succès, surtout pour les matières canoniques.

_____

(1) « Plaidant une cause de *duel*, et ayant proposé pour « Armand de Montaigu, contre *Emery de Durefort*, qu'il feroit « preuve de son fait, *par son corps*, en champ de bataille, sans « dire expressément que la preuve s'en feroit par le combat de « *sa partie*, il fut en danger d'*entrer lui-méme en combat*, et « mocqué par la compagne, tant on estoit alors formaliste en « telles causes. »

(Loisel, Dialog. des avocats, pag. 481.)

On se rappelle qu'il y avoit alors au parlement deux avocats du roi, l'un *laïc* et l'autre *clerc*. Ce dernier emploi étant venu à vaquer, *Pierre de la Forest* l'obtint, en considération de son habileté dans les matières bénéficiales.

Ayant suivi cette carrière avec persévérance, il parvint à la dignité de *chancelier*. Nous le verrons figurer avec éclat, sous cette dernière qualité, dans le titre suivant.

XXI. *Antharau.*

    André de Moulin.

    Pietre.

Ces trois avocats sont cités, dans la *Somme rurale* de Bouteiller, comme signataires d'une *consultation* sur une question de droit (1).

XXII. *Jean Cannart*, cité comme *avocat consultant* dans la *Somme rurale.*

Bouteiller le traite de *monseigneur*, parcequ'il étoit décoré de la chevalerie.

XXIII. *Pierre l'Orphevre.*

    Jean Pompaincourt.

    Eustache de la Pierre.

---

(1) *Ita fuit ordinatum et consultum in parlamento per majores consultores et advocatos in una causa quæ erat inter Petrum de la Foye, ex una parte, et viduam siré Simon ab alia parte, et fuerunt consultores, magister Jo.* ANTHARAU, *magister* ANDREAS DE MOULIN, *et magister* DE PIETRA *et alii.*

Ils ne sont connus que par une consultation
mentionnée dans la *Somme rurale*.

CHAPITRE V.

*Etat du barreau sous son rapport avec les
magistrats dignitaires.*

(De 1300 à 1350.)

*Chanceliers-gardes-du-sceau. Premiers présidents.
Ministère public.*

§. 1er.

Chanceliers.

On en compte seize dans cet intervalle, parmi
lesquels on trouve trois anciens avocats au parlement ; savoir :

Guillaume Nogaret.

D'abord *professeur en droit* à Montpellier, il
vint à Paris, où il exerça la profession d'avocat
pendant six ans, et mérita la confiance de *Philippe-le-Bel*. Lorsque les *démélés* de Philippe et
de Boniface VIII eurent été portés au dernier
degré d'irrascibilité de part et d'autre, Philippe
jeta les yeux sur *Nogaret*, qu'il connoissoit homme

de tête et de courage, pour aller enlever le pape, et le lui amener en France. On sait comment *Nogaret* entreprit cette aventure, et quelle en fut l'issue.

Pour le récompenser, Philippe le nomma *chancelier* au retour d'Italie.

Pierre de Belleperche, surnommé au barreau le *docteur subtil* (1).

Jean Fabert, savant jurisconsulte, parvint, en 1450, à la dignité de *chancelier.*

(*Voyez* ce que j'en ai dit *supra* au chapitre des avocats.

§. II.

Premiers présidents.

Simon de Bucy, en 1344.

Avant Philippe de Valois, cette dénomination de *premier président* n'étoit pas usitée au parlement. Celui qui en exerçoit les fonctions étoit appelé *souverain* ou *maître* du parlement. Ce ne fut que par l'ordonnance du 11 *mars* 1344 que le titre de *souverain* ou *maître* du parlement fut

---

(1) *Bella pertica annumerari, jure, potest, intra vetustissimos et doctissimos.*

(Tirag. de jure primog., quest. 2.)

remplacé par celui de *premier président*, et conféré à *Simon de Bucy*. Les deux autres présidents, après lui, étoient Jacques *Levacher* et Pierre *de Meville*.

On peut donc, avec certitude, placer *Simon de Bucy* à la tête des premiers présidents de Paris. Il mourut en 1368.

§. III.

Ministère public. Gens du roi.

Avant que le parlement eût été rendu sédentaire, les intérêts du domaine royal étoient poursuivis et défendus en justice réglée, dans chaque tribunal, par un *procureur* spécial, qui prenoit le titre de *procureur du roi.*

Ce n'étoit pas un *office*, mais une *clientelle.*

Quand il s'agissoit d'exercer cette fonction au parlement, c'étoient les baillis et sénéchaux du roi qui en étoient chargés.

Mais en 1300 ils parvinrent à s'affranchir de cette charge, qui fut reportée sur un procureur spécial, auquel on donna le titre de *procureur du roi* (à la différence des autres procureurs dévoués au service du public, et qui étoient appelés *pro-*

cureurs généraux). Sur les droits, devoirs et fonctions du procureur du roi, on peut consulter les
ordonnances de 1344, 1352, 1366, 1371 et 1386.

A l'égard des *avocats du roi*, on n'en connoissoit pas dans les bailliages et sénéchaussées ; mais
au parlement il y en avoit deux, l'un *clerc* et
l'autre *laïc*, tous deux choisis ordinairement
parmi les *avocats*.

Les plus connus, dans cet intervalle de 1300
à 1350, sont :

Raoul de Presle, en 1315.
Pierre de Cugnières, en 1329.
Pierre de la Forest, en 1340.
　　(Depuis chancelier.)
Robert Lecoq, en 1347.
　　(Tous avocats exerçants au parlement.)

Aux *audiences* du parlement, les *gens du roi*
siégeoient sur le *premier banc*, au dessous des
présidents et conseillers ; mais ils partageoient
ce *banc* avec certaines personnes qui avoient le
privilége d'y venir prendre place, tels que les
anciens avocats, les *baillis* et *sénéchaux*.

L'accès de ce banc étoit interdit aux jeunes
avocats qui n'avoient que quelques années d'inscription sur le tableau.

L'article 6 de l'ordonnance de Philippe de Valois, du 11 mars 1344, porte, à cet égard, une disposition formelle :

« Les *nouveaux avocats* doivent porter honneur
« et respect aux *anciens avocats* et aux chefs de
« l'ordre, tant dans les assemblées qu'au dehors,
« et, surtout, qu'ils n'aient pas assez de présomp-
« tion pour venir se *placer sur le premier banc*,
« qui est réservé aux *avocats et procureurs du roi*,
« et aux baillis et sénéchaux, et autres personnes
« notables et distinguées (1). »

CHAPITRE VI.

Officiers ministériels.

§. Ier.

Greffiers.

Les *greffiers* du parlement ne portèrent encore,
dans ce demi-siècle, d'autre titre que celui de

---

(1) *Item. Dicti* advocati novi *debent deferre majoribus et
antiquis advocatis, tam in sedibus quàm in aliis. Nec sedere
præsumant in primo scamno in quo* advocati *et procuratores
regii, baillivi, senechalli, et alii potentiores et nobiles esse
debent et sedere consueverunt.*

(Ordonn. du Louv., tom. 2, pag. 226.)

notaires du parlement. C'étoit une *commission* qui n'étoit donnée que pour un an, sauf à la renouveler.

(Ord. de Philippe de Valois, du 11 mars 1344.)

Les *notaires-greffiers,* de service à la chambre des plaids, rëdigeoient les arrêts d'audience et de peu d'importance ; mais à l'égard des arrêts prononcés sur *délibéré* ou sur *appointements,* ils recevoient l'arrêt tout rédigé par le rapporteur, et visé du *maître* ou président de la chambre.

Aux chambres des enquêtes, il n'y avoit pas de *notaires-greffiers* pour la *rédaction* ni le *dépôt des arrêts* émanés de ces chambres.

Mais ces chambres employoient chacune un *notaire-greffier* pour les autres opérations de la chambre, telles que l'*audition des témoins*, les *descentes sur les lieux ,* etc.

Ces *notaires-greffiers ,* ainsi que ceux de la grand'chambre, étoient choisis par le parlement, les chambres assemblées. Ils prenoient le titre de *notaires* de la cour, *notarii curiæ,* et cumuloient cette fonction avec celle de notaires pour le public.

Mais il leur étoit défendu de confondre les *minutes.* Celles des arrêts et autres actes juridiques devoient être conservées dans un cartulaire particulier, pour les remettre à la cour à l'expiration de leur commission.

§. II.

Procureurs.

Les *procureurs* n'étoient déjà plus ce qu'ils avoient été avant 1300.

On se rappelle qu'alors on désignoit sous ce nom des individus qui étoient chargés de pouvoirs des parties pour suivre leurs affaires, en vertu de lettres de chancellerie, *de graces à plaidoyer*. Ces porteurs de pouvoirs (dont les fonctions expiroient avec l'affaire dont ils avoient été chargés) n'entretenoient entre eux aucune relation, et chaque affaire offroit un nouveau mandataire.

Mais la circonstance du parlement devenu *sédentaire* à Paris groupa autour du palais une multitude de ces fondés de pouvoirs, et leur suggéra l'idée de donner de la permanence à ces fonctions passagères, en fixant toutes les procurations sur un petit nombre de personnes choisies, qui s'en occuperoient exclusivement ; et ce furent les *écrivains du palais* qui eurent le mérite de cette spéculation.

Il faut savoir que les galeries du palais deve-
nant, de jour en jour, plus fréquentées par l'affluence des plaideurs, elles se peuplèrent de
libraires et d'*écrivains,* qui s'y construisirent des
échopes, des *bancs* et des *boutiques.*

Les *écrivains* du *palais,* étant, par la nature
de leur travail, employés à rédiger des *mémoires*
pour obtenir des *lettres de grace à plaidoyer par
procureur,* imaginèrent de s'affubler eux-mêmes
de ces procurations, en les remplissant de leurs
noms.

L'avantage qu'ils avoient d'être sédentaires au
palais, d'en connoître les usages, d'approcher
des juges et des avocats, et d'être familiarisés
avec l'*argot* de la chicane, leur fit bientôt donner
la préférence : insensiblement ils accaparèrent les
procurations, et devinrent les *procureurs ban-
naux* de tous les plaideurs.

Quarante ans s'étoient écoulés depuis l'établissement du parlement à Paris, lorsque ces *écrivains - entrepreneurs* de procurations, voulant
concentrer sur eux l'exercice de ces procurations,
crurent à propos de se réunir en confrérie, sous
l'invocation de *S. Nicolas* et de *Sainte Catherine,*
et ils obtinrent en 1342 des lettres patentes qui
autorisèrent les statuts de cette confrérie.

Il est à remarquer que dans l'acte constitutif

de cette confrérie, passé devant notaires le 17 juin 1341, les nouveaux confrères s'intituloient *compaignons clercs et écrivains fréquentant le palais.*

(Ordonn. du Louv., tom. 2, pag. 177.)

Leur crédit s'accroissant avec le temps, ils s'annoncèrent ouvertement au public, avec *affiches* et *enseignes*, comme se chargeant, *en général*, de toutes les procurations relatives aux affaires litigieuses ; ce qui leur fit donner le nom de *procureurs généraux*, par opposition à ceux qui ne se chargeoient que de *procurations particulières.*

Bientôt après ils obtinrent du parlement d'être portés sur le *tableau* du palais, immédiatement *après les noms des avocats.*

C'est ce qui résulte d'un réglement du parlement de 1345, concernant les procureurs. Ce réglement les appelle procureurs généraux, *procuratores generales in parlamento.*

Il est composé de cinq articles, dont voici la substance :

Aucun ne sera admis aux fonctions de *procureur général* qu'il n'ait prêté serment, et ne soit inscrit sur le rôle des *procureurs généraux* (1).

---

(1) *Nullus* procurator generalis *admittetur ad officium pro-*

Ce serment comprenoit les obligations impo-sées aux procureurs, et auxquelles ils se soumet-toient, sous peine de destitution, *sub pœna pri-vationis officii sui.*

Parmi les divers articles de ce serment, on remarque ceux-ci :

1°. De ne jamais exiger ni recevoir plus de 10 liv. pour une affaire. (Ces 10 liv. équivaloient à 200 liv. d'aujourd'hui). A eux permis de *prendre moins* (1);

2°. De ne jamais se charger de la conduite et de la direction d'une affaire au préjudice de *l'avocat de la cause*, en fraude du salaire de l'avocat (2); .

3°. De venir de grand matin au palais (3);

4°. De se tenir soit debout, soit assis derrière les avocats (4);

---

curatoris exercendum, *nisi sit* juratus *et in rotulis procura-torum generalium scriptus.*

(Ordonn. du Louv., tom. 2, pag. 226.)

(1) *Quod pro salario quantumcumque sit magna causa*, *ultra decem libras parisienses*, *pro uno parlamento*, *non reci-pient. Minus tamen recipient*, *secundum qualitatem causæ et conditiones personarum.*

(2) *Quod non facient forum de causa ducenda*, *in fraudem salarii advocati* (clause toujours mal exécutée). ,

(3) *Quod mane venient.*

(4) *Quod* retro *advocatos stent, vel sedeant.*

5°. De ne jamais s'asseoir sur le *premier banc* (réservé aux *anciens avocats*) (1);

6°. De ne pas sortir de la chambre d'audience tant que les *maîtres* y seront (2).

Telle est l'origine de l'état de *procureur*, qui d'ailleurs n'offre rien que de très légitime et de très naturel.

En effet, l'établissement d'une cour aussi éminente, à laquelle les affaires affluoient de toutes les parties du royaume, exigeoit une corporation intermédiaire qui servît de moyen de communication des juges avec les parties.

Il eût été absurde d'exiger que chaque plaideur vînt *en personne* conduire des procédures, et attendre le jugement de sa cause; également absurde de supposer autant de *fondés de pouvoirs* que d'affaires.

Indépendamment de la difficulté, pour chaque plaideur, de trouver dans Paris un fondé de pouvoirs assez complaisant pour se charger d'une pareille corvée, c'eût été un vrai moyen d'infecter le palais d'une multitude d'intrigants et

_____

(1) *Quod primum scamnum non occupent.*

(2) *Quod ipsi de curia non recedant, quamdiu* magistri *in camera erunt.*

(Ordonn. du Louv., tom. 2, pag. 228.)

d'hommes inconnus qui auroient porté au palais le désordre et la confusion.

La première pensée du magistrat devoit donc se porter sur la nécessité de concentrer ces procurations dans un corps permanent d'hommes familiarisés déjà avec les affaires et les localités, façonnés aux procédures, exerçant sous les yeux et la surveillance du barreau, et soumis à une discipline qui pouvoit servir de garant de leur intelligence et de leur moralité.

Nous verrons, par la suite, si cette institution a répondu aux espérances qu'elle fit concevoir à sa naissance.

Au reste, la corporation des *procureurs* qui se formoit ainsi au parlement avoit pour modèle une corporation de la même nature qui, depuis long-temps, existoit au châtelet de Paris.

C'est ce qui est constaté par des lettres de Philippe de Valois, régent, du mois de février 1327.

(Ordonn. du Louv., tom. 2, pag. 2.)

Il paroît qu'à cette époque la juridiction du *châtelet* étoit tout-à-fait dépravée, à commencer depuis les premiers officiers jusqu'aux moindres fonctionnaires, *auditeurs, examinateurs, avocats, notaires, procureurs, geoliers, grands registreurs.* L'ordonnance applique à chacun d'eux des reproches appropriés à ses fonctions :

Aux *notaires*, d'exiger des salaires excessifs et outre-raison, *in salariis exigendis metas rationis excedunt;*

Aux *avocats*, d'entreprendre par *impéritie* de mauvaises causes, et de se faire donner un intérêt sur le succès de l'affaire : « ADVOCATOS, quorum « nonnulli, per imperitiam suscepta causarum « negotia dubiis eventibus, obtenebrant et obvol- « vunt et de quota lites paciscuntur. »

Enfin, l'ordonnance arrive aux *procureurs*, qui n'ont pas la moindre part dans cette distribution.

Elle leur reproche leur nombre effréné, l'usage des procédures frustratoires, leur astuce à prolonger les procès, à entraver l'expédition des affaires, et leurs exactions illicites. *Procuratorum, qui sub effrenata multitudine et numero quamplurium excessive fraudibus exquisitis, expedienda per eos in impedimenta extorquent scripturarum, exactiones illicitas.*

La même ordonnance, s'occupant à établir une ligne de démarcation entre les deux professions d'*avocat* et de *procureur,* déclare ces deux états incompatibles sur le même individu.

« Ne pourront estre advocats et procureurs « *ensemble.* » (Art. 24.)

§. III.

Notaires.

On a vu au livre précédent quelles étoient, dans l'origine, les fonctions des *notaires,* en quoi ils différoient des *tabellions,* et comment ces deux états s'étoient, par la suite, confondus et amalgamés sous la dénomination de NOTAIRES.

Chaque juridiction subalterne avoit ses notaires. Les fonctions du notaire se concentroient dans l'étendue de la juridiction soit royale, soit seigneuriale, à laquelle il étoit attaché. Dans les justices seigneuriales, les notaires étoient à la nomination des seigneurs, qui délivroient une *commission.*

Dans les juridictions royales, les notaires étoient à la nomination du roi.

La juridiction la plus importante pour l'office de notaire étoit celle de la prévôté de Paris, mieux connue sous la dénomination de *juridiction du châtelet.*

S. Louis avoit attaché à ce tribunal SOIXANTE notaires, qui prenoient le titre de *notaires au châtelet.*

Mais le nombre s'étoit considérablement augmenté, au point qu'il engendroit de la confusion, au grand détriment des intérêts du public.

En 1300, Philippe-le-Bel, voulant remédier à cet abus, s'adressa au prévôt de Paris, pour savoir quel nombre de *notaires* étoit nécessaire pour l'expédition des actes de sa juridiction. Celui-ci ayant répondu que le nombre de *soixante* notaires étoit suffisant, et ayant désigné ceux qui convenoient le mieux au tribunal par leur expérience et leur moralité, le roi envoya au prévôt un mandement portant confirmation de ces *soixante notaires*, avec ordre de rayer du rôle des notaires les individus non compris parmi les conservés.

Nota que le mandement du roi contient les *noms* des *soixante* notaires maintenus.

Treize ans après, nouvelle réforme ordonnée par lettres patentes de Philippe-le-Bel, du 1er mai 1313.

Comme parmi les soixante notaires il s'en trouvoit plusieurs dénoncés pour leur *ignorance* ou *mauvaise vie,* le roi ordonne qu'il sera nommé des commissaires pour vérifier le fait, supprimer les notaires qu'ils aviseront, et les remplacer par d'autres, avec pouvoir de les suspendre provisoirement jusqu'au remplacement.

« ITEM. Nous ordonnons que pour ce que il i « ha plusieurs notaires moins suffisants et de

« mauvaise vie, si comme l'en dit, que s'en en-
« querra de ce, et osteront les commissaires à ce
« deputez ceulx qui tels seront, et y mettra l'en
« bonnes personnes, et ceulx contre qui les com-
« missaires qui à ce seront deputez enquerront,
« ils les suspendront tout premierement de leurs
« offices. »

Il paroît que cette épuration entraîna l'exclusion d'un grand nombre.

Mais les *notaires conservés* ne furent pas long-
temps sans s'apercevoir que leurs confrères *supprimés* trouvoient le moyen de continuer l'exercice
de leurs fonctions à l'aide de manœuvres clandestines qui portoient un grand dommage aux
maintenus, et dont le détail se trouve ainsi relaté
dans le préambule de l'ordonnance du 5 juin 1317.

« Entraînés par la cupidité, ils envahissent avec
« impudeur les fonctions des notaires. *Processus,*
« *causas et negotia, lucri cupiditate accensi, præ-*
« *occupant, amplectuntur et hauriant* impudenter.

« Hors d'état de rédiger par eux-mêmes un
« aussi grand nombre d'actes, ils les livrent à
« des clercs et à des écrivains en chambre. *Ad*
« *quorum scripturas, propriis manibus sufficere*
« *non valentes, eas per quosdam* clericos et scrip-
« tores *non juratos, in domibus suis et cameris aut*
« *alibi scribi faciant et transcribi.*

« Au préjudice, en fraude, en dérision des no-
« taires qui sont *sur le tableau des soixante. In*
« *ipsorum notariorum, prejudicium, elusionem,*
« *contemptum et gravamen.*

« Ces écrivains clercs, n'entendant rien à ce
« qu'ils copient, révèlent souvent les secrets des
« parties, ce qui produit des procès et des faux.
« *Qui quidem scriptores et clerici non intelligentes*
« *quæ scribunt, secreta causarum plerumque par-*
« *tibus revelare dicuntur, ex quibus producuntur*
« *lites, convalescit falsitas, et justitia suffocatur.*

« Et pendant que ces intrigants s'enrichissent
« par cette usurpation, les notaires sont dans
« leurs *bancs* sans rien faire, en attendant inuti-
« lement la pratique qui se dirige ailleurs, et
« sont réduits à mendier les restes de ceux-là
« même qui les dépouillent. *Cæteri, vero, notarii*
« *jurati de dicto existentes numero, in suis sedent*
« *sedibus quotidie otiosi; nemo enim eos conducit*
« *et ipsorum reliquias præoccupatorum mendicare*
« *coguntur.* »

Pour remédier à cet abus, l'ordonnance dont
il s'agit prend les mesures les plus sévères, qu'il
seroit trop long de détailler ici.

Quand il y avoit des *tabellions* chargés de la
rédaction des actes, le ministère des *notaires* se

bornoit à consigner, par des *notes* et *caractères abrégés*, les principales clauses du contrat, accompagnées d'un *etc.*, laissant par ce signe *etc.* le soin au *tabellion* de rédiger la clause dans le style de la juridiction.

Mais depuis la réunion des deux offices, les *notaires* furent chargés de donner aux clauses des contrats tout le développement dont elles étoient susceptibles, avec obligation de faire la lecture aux parties de l'acte entier. « *Contrahen-* « *tibus legant et exponant.*

Injonction de ne placer l'acte au rang des *minutes* qu'après qu'il aura reçu son dernier complément, lu aux parties, et revêtu de leur approbation.

« *Cum usque ad completionem pervenerint et à* « *partibus fuerint absoluti, perfecta et totaliter* « *consummati.*

Si le notaire trouvoit que la rédaction de l'acte fût au dessus de ses forces, par la nature des conventions, il lui étoit enjoint d'aller vers un jurisconsulte éclairer ses doutes et recevoir ses instructions (1).

---

(1) *Si vero, de recipiendo contractum fuerint requisiti cujus*

Il leur est enjoint d'écrire correctement leurs minutes et leurs expéditions, sans abréviations, et surtout de s'abstenir de la formule *et cætera*, de manière que chaque partie soit à portée de comprendre l'étendue de ses droits et de ses obligations.

« Scribunt intelligibiliter, et non apponant « *abreviationes, obligationes, renonciationes, con-* « *similes.* »

La permanence du parlement dans la capitale étant une occasion d'épurer toutes les branches de l'ordre judiciaire, l'office de *notaire* fut un des premiers à fixer l'attention du gouvernement.

A Paris, les *notaires* s'étoient toujours maintenus avec quelque considération; mais il en étoit autrement dans les justices subalternes, où ce ministère, connu sous le nom de *tabellionat*, étoit tombé dans le dernier discrédit. C'étoit ordinairement le *barbier* ou le *boucher* du lieu qui en étoit aussi le *notaire*. Philippe-le-Bel réprima cet abus par son ordonnance du mois de juillet 1304 (art. 25), qui fait défense de cumuler l'état de notaire avec celui de *barbier* ou de *boucher*,

---

naturam ignorent *penitus, vel per exercitium non habeant notitiam vel peritiam, instrumenta super contractum hujus-modi ordinandi remittant contrahentes ad aliam, vel peritiores consulant.*

et qui enjoint à ceux qui réunissent ces états de faire l'option, sous peine de destitution de l'office de notaire.

« ITEM. *Tabelliones seu notarii publici, aucto-* « *ritate nostra, nullo vili officio, vel ministerio* « *sese immisceant vel utantur, nec* CARNIFICES *vel* « BARBI TONSORES *existant. Quod si fecerint, ipsos* « *post monitionem legitimam privari volumus of-* « *ficio supra dicto.* »

(Ordonn. du Louv., tom. 1, pag. 419.)

Mais cette disposition n'ayant lieu que pour les *notaires royaux*, l'abus se maintint encore long-temps dans les juridictions seigneuriales.

Avant Philippe-le-Bel, le gouvernement vendoit l'office de notaire royal à l'encan, au *plus offrant et dernier enchérisseur*, à l'exception des notaires de Paris, qui obtenoient leur office gratuitement. Mais en 1320 le gouvernement imagina de s'associer aux bénéfices du *notariat* de Paris, en exigeant d'un notaire le *quart de sa recette* de la semaine, sur sa déclaration assermentée.

A défaut de déclaration ou de paiement, le *scelleur* étoit autorisé à refuser le scel.

« Les dits notaires et chacun d'eux payera le « *quart de sa recette* tant fidelement de ce qu'il « penra (recevra) pour ses escritures scellées ou

« à sceller de notre dit scel du chastelet, et de
« toutes escritures qui à l'office des dits notaires
« appartenir peuvent, *et le jurera chacun des dits*
« *notaires aux saints évangiles*, en la presence de
« notre prevost de Paris et dudit scelleur, et se-
« ront tenus à payer chacun vendredi à notre dit
« clerc le *quart de la dite escriture*, et se ils en
« défailloient, le dit *scelleur les puniroit* et pour-
« roit punir selon ce que bon lui sembleroit, et
« specialement de *non sceller et refuser leurs let-*
« *tres* jusques à tems qu'ils auroient payé le dit
« quart et amende convenable. »

(Ordonn. du mois de février 1320. Ordonn. du
Louv., tom. 1, p. 738.)

On se plaignoit alors de l'énormité des salaires
exigés par les notaires : *In exigendis salariis metas*
rationis excedunt. Mais il semble que cet excès
peut s'expliquer par cette défalcation du *quart*
qui étoit exigé pour le compte du roi, et qui étoit
autant de retranché sur le bénéfice légitime du
notaire.

Ce n'étoit pas même à cela que se bornoit la
contribution des notaires; il y en avoit une autre
d'autant plus oppressive qu'elle étoit laissée à
l'arbitraire des percepteurs.

Dans une *instruction* sur les *finances*, adressée
par Philippe-le-Long, en *mars* 1320, aux baillis

et sénéchaux, il leur est ordonné de pressurer les *notaires*, et d'en tirer une cotisation jusqu'où elle pourra s'étendre, et sous l'apparence d'un *don*.

« *Item*. De tous les *notaires* de votre baillie, de « quel état que ils soient, vous prendrez de chacun « *un marc d'argent* au moins, et se il i en a au- « cuns qui aient servi par long tems, *vous pren-* « *drez tout ce que vous pourrez bonnement avoir*, « *au nom de* DON, selon leurs facultés, et selon ce « que ils pourroient avoir gaignié en l'office. »

(Ordonn. du Louv., tom. 1, pag. 748.)

§. IV.

Huissiers.

La dénomination d'*huissiers* se confondoit avec celle de *portiers*, ou gardiens de la porte, *hostiarius*, *portitor*, parceque huis ou porte étoient synonymes.

Aussi les mandements des rois ou du parlement qui leur étoient adressés les désignoient-ils sous ce nom, comme on le voit par l'ordonnance de Philippe de Valois, du 10 juillet 1336, relative aux prétentions des évêques d'asservir les nouveaux mariés à la bénédiction du lit, sous peine d'excommunication. (*V*. ci-dessus, pag. 193.)

(Ordonn. du Louv., tom. 2, pag. 117.)

Et encore par des lettres patentes du roi Jean (au sujet de l'exemption des droits de péage accordée aux présidents et conseillers du parlement). *Primo parlamenti nostri hostiario.*

Ces *huissiers* ou portiers n'étoient admis qu'au parlement. On n'en connoissoit pas dans les juridictions inférieures, même au châtelet.

Ils devoient toujours se trouver au nombre de sept dans la chambre des placets. L'un de ces huissiers faisoit l'appel des causes et des présentations; à l'égard des six autres, deux devoient se tenir au premier huis du parlement ; deux se postoient aux guichets du *parcq,* c'est-à-dire à la barre du parquet, et enfin les deux autres se promenoient de long en large dans la grand'-chambre, pour y entretenir le bon ordre et le silence, et obéir aux mandements de la cour (1).

(On voit que ces fonctions se rapprochoient de celles des *huissiers audienciers* de nos jours.)

---

(1) « C'est à savoir : deux pour le premier huis (la grande « porte) du parlement, deux pour les deux guichets du parc « garder, et deux pour oster et garder (prévenir) la noisse « de devant les bancs et de toute la chambre du parlement, et « pour faire et pour accomplir les commandemens de la court. « (Art. 1er du réglement du parlement de 1344). »

(Ordonn. du Louv., tom. 2, pag. 225.)

Ces huissiers étoient autorisés à conduire en *prison* les perturbateurs de l'audience, et surtout ils devoient empêcher que les *clercs d'avocats* ne s'établissent dans la chambre des plaids, pour y faire leurs écritures (1).

Leur fonction étoit aussi d'empêcher qui que ce fût de s'approcher des magistrats pour leur parler ou leur présenter des pièces, à moins d'en avoir obtenu la permission (2).

Il n'étoit pas permis à l'*huissier* d'entrer jusque dans la chambre du conseil pour parler à quelqu'un des seigneurs de la chambre; mais il devoit parler de la porte (3), à moins que la communication fût de nature à exiger leur introduction, auquel cas il devoit se comporter avec la plus

---

(1) « La court leur commande et enjoint que ils mainent en « prison tous ceux qui noiseront en la chambre du parlement « et empescheront l'audience du siege et le fassent sans nulle « doubte et sans nulluy espargner et ne souffrent mie que les « clercs *des advocats* fassent leurs escriptures en la chambre « du parlement. »

(2) « Si seigneur et seant au conseil, si huissier ne souffre « que aucun viegne ou siege, se de gré et autorité du president « tenant le siege n'est accordé ou octroyé. » (*Ibid.* art. 4.)

(3) « Si huissiers ne viegnent pas au conseil, mais parlent « de l'huis. »

grande réserve, pour ne pas s'exposer au soupçon d'une curiosité indiscrète (1).

Défense aux huissiers de refuser l'entrée du parlement à ceux qui y avoient droit, et défense aussi, sous peine de punition exemplaire, de faire trafic de ces entrées, en se laissant *fourrer la paume* (2), expression qui revient à celle d'aujourd'hui *graisser la patte*.

Il ne leur est cependant pas défendu de recevoir quelques libéralités à titre de *courtoisie*, mais à la charge de les partager entre eux avec égalité (3).

---

(1) « Et se venir les y convient que ce soit le mains que ils « pourront, tant pour garder leur honneur, comme pour « eschiver le soupçon que on pourroit avoir con're eulx de « *reveler le conseil.* »

(2) *Item.* « Gardent se si huissier de vendre l'entrée du par- « lement, et aussi de refuser l'entrée à ceulx qui entrer y « doivent, especiallement se gardent de la refuser pour cause « de ce que on ne leur fourre la paume; car se il venoit à la « cognoissance de la court, elle les en puniroit griesvement. » (*Ibid.* art. 6.)

(3) *Item.* « Partent et divisent entre eulx égaument les cour- « toisies que on leur fera pour cause de l'office et ██r enjoint « la court par leur serment. » (*Ibid.* art. 7.)

(*Voyez* ordonn. du Louv., tom. 2, pag. 225.)

§. V.

Sergents.

Les *sergents* ne se confondoient pas encore avec les huissiers. Il y avoit plusieurs espèces de sergents ; *sergents à verge*, *sergents à cheval*, *sergents à la douzaine*, *sergents fieffés*, etc.

Les sergents à verge ou à pied ne pouvoient sergenter que dans la banlieue. Le nom de *sergents à verge* leur venoit d'une baguette ou *verge* qu'ils étoient tenus d'exhiber, dans l'exercice de leurs fonctions, comme la preuve de leur qualité.

Les *sergents à cheval* sergentoient, au contraire, hors de la banlieue, exclusivement aux *sergents à pied.*

Par une ordonnance de 1300, Philippe-le-Bel réduisit le nombre des sergents royaux, en n'en conservant que *quatre* sur *vingt* (1).

Par une autre ordonnance du 23 mars 1302, les *sergents conservés* devoient donner caution.

Il n'étoit alloué que trois sous par jour au sergent à cheval, et dix-huit deniers de monnoie courante au sergent à pied, quand ils sortoient des villes pour faire un ajournement.

---

(1) *Videlicet quod ubi consuetum erat haberi* viginti *servientes, remotis omnibus,* **quatuor** *tantum restant.* (Art. 32.)

En 1318, un édit de Philippe-le-Long autorisa les baillis et sénéchaux à faire une réduction dans le nombre des sergents, d'après l'avis et le conseil de dix ou douze des plus suffisants du pays, tant d'*église* que *nobles* et *bourgeois*, avec pouvoir de « laisser et conserver des plus suffisants (sergents) « tant et en tel nombre, comme bon leur semblera, « en ostant les autres *tout à plein* desdits offices. »

Le bailli ou sénéchal ayant dans sa juridiction un certain nombre de *sergents*, c'étoit à lui à investir chaque sergent de ses provisions, *moyennant finance* (1), mais à condition que les baillis et sénéchaux n'en garderoient rien pour eux, et qu'*ils en tiendroient compte au trésor du roi* (2).

---

(1) On voit par là que la *vénalité* des offices date de beaucoup plus loin qu'on ne le croit généralement. Elle ne se bornoit pas aux *offices ministériels*, elle s'étendoit aux *offices de judicature*, puisque du temps de S. Louis les offices de baillis se vendoient aussi pour le compte du roi, ainsi qu'on le voit par l'ordonnance du mois de décembre 1354.

(2) *Item.* « Nous avons commandé à nos baillis et senechaux « que certain nombre de sergents soit mis en leurs baillies et « senechaussées, et quand leurs lettres seront faites et renou- « vellées, que les baillis et senechaux ne preignent point d'ar- « gent pour eulx, mais *tournera en nostre profit*, le profit que « l'on a accoutumé à avoir et ainsi voulons qu'il soit fait. » (Art. 43.)

Il y avoit pour les *sergents au châtelet* des régle-ments particuliers. Leur nombre éprouva beau-coup de variations dans l'intervalle de 1300 à 1350. Nous avons vu que sous le siècle précédent il avoit été réduit à *vingt*.

En 1309, une ordonnance de Philippe-le-Bel porta à *soixante* les sergents à cheval, et à *quatre-vingt-dix* les sergents à pied.

Parmi les quatre-vingt-dix, on fit le choix de *douze sergents*, qui furent depuis désignés sous le nom de sergents *de la douzaine*. Ces douze ser-gents d'élite formoient une petite compagnie por-tant *hallebarde et le hoqueton*.

Huit ans après, l'augmentation considérable du nombre des sergents donna lieu à une ordon-nance du 26 décembre 1317 (Philippe-le-Long), portant réduction des sergents tant à pied qu'à cheval.

Cette réduction ayant été laissée à la disposi-tion du prévôt de Paris, il arriva (ce qui arrive toujours en pareil cas) que le choix ne fut pas réglé suivant le mérite, mais suivant la faveur et la protection.

Les anciens officiers *dépossédés* ayant porté leurs plaintes au pied du trône, il intervint, au mois de *juin* 1321, une ordonnance du roi, qui, en cassant la nomination faite par le prévôt, établit un mode de suppression plus conforme à l'équité.

Le nombre en fut fixé à *quatre-vingt-dix-huit* pour les sergents à cheval, et à *cent trente-trois* pour les sergents à pied.

Cette même ordonnance contient les noms des *sergents conservés*.

Mais ces réductions étoient facilement éludées, parceque le gouvernement, ayant intérêt de multiplier le nombre des *provisions payées*, fermoit les yeux sur une contravention utile au trésor public; et il ne revenoit à la *réduction* que lorsque l'abus étoit porté à son comble, comme il arriva en 1327.

A cette époque, le nombre des sergents du châtelet étoit porté à *sept cents*, comme on le voit par l'ordonnance de Philippe de Valois, du mois de février 1327.

Par cette ordonnance, le nombre des sergents est ramené, pour les sergents à *six vingts*, et à *quatre vingts* pour les sergents à cheval (1).

_____

(1) « Pour ce que notre peuple se tenoit aggravé de la grande « multitude de sergents qui etoient audit chatelet, et des exac- « tions qu'ils faisoient, nous voulons, pour le profit commun, « que cette multitude de sergents, qui étoit de *sept cents*, soit « ramenée, quant aux sergents à verge, à *six vingts*, et quant « aux sergents à cheval, à *quatre vingts*.

Au surplus, les fonctions des *sergents* consistoient à signifier verbalement les ajournements, suivant les mandements du prévôt, à faire les saisies-exécutions de meubles, saisies-réelles des immeubles, même les *arrestations*, soit en matière civile, soit en matière criminelle.

A Paris, chaque sergent à cheval devoit avoir un cheval à lui appartenant, et bien enharnaché.

Il n'étoit admis qu'en fournissant bonne et valable caution de cent livres pour le *sergent à cheval*, et cinquante livres pour le *sergent à verge*.

Les sergents à cheval et à pied devoient résider à Paris, et n'en sortir que pour l'exercice de leurs fonctions ; ENJOINT à eux de se tenir toujours prêts à se rendre auprès du prévôt, à chaque occasion où leur cortége lui paroîtroit convenable pour quelque cérémonie.

ENJOINT aussi de se transporter en masse dans tous les endroits de la ville où leur secours seroit nécessaire, comme en cas d'incendie, ou tout autre cas où l'aide de la justice seroit appelé (1).

---

(1) *Item.* « Que toutes fois que l'on criera à la justice du « roi que ils rendront tous sans délai, se ils ne sont hors de « la ville.

« Et toutes fois que *nostre seigneur le roi* viendra à Paris ou

Les sergents avoient sous eux des agents subalternes, qu'ils employoient dans les *saïsies-exé-
cutions*, et qui trouvent ici naturellement leur
place.

§. VI.

Mangeurs-ravageurs.

Ces agents sont appelés, dans les ordonnances
et dans les ouvrages de ce temps, *comestores*, *vastatores*, *gastatores*, *mangeurs*, *gardes mangeants*.

C'étoit des espèces de garnisaires que le sergent envoyoit chez les débiteurs ou les parties
contumaces. Il en est fait mention dans plusieurs coutumes, et particulièrement dans celles
de *Tournai* et *Valenciennes*, et dans l'ancien Style
du *parlement* (1).

Beaumanoir, en parlant des *gardes mangeants*,
enseigne le régime et l'ordre de leurs fonctions.
Il recommande aux sergents de ne point em-

« s'en ira, ils s'approcheront du prevost de Paris, pour faire
« ce qui leur sera commandé, et que toutes fois qu'il aura feu
« en la ville, ou aucusne assemblée de commune, ils s'assem-
« bleront devant le prevost de Paris. »

(Ordonn. de Philippe-le-Bel, du 12 juin 1309.

(1) « Tournay, tit. 27, art. 17. Valenciennes, art. 8 et 10.
« Style du parlement, part. 3, tit. 5 *de officio.*

ployer *ribaudaille* ou *mauvaise gent*, mais *pruds hommes, tels qu'ils aient mestier de gaignier leur pain;* et même il veut qu'on préfère les *infirmes, invalides* et *vieillards;* car, dit-il, puisque le débiteur est condamné à éprouver du dommage, autant vaut-il le faire tourner au profit de bonnes gens que de mauvais sujets (1).

Surtout il défend de se servir de *gens excommuniés,* qui porteroient malheur à leurs hôtes, et les mettroient en péché.

Les dévastations de ces *mangeurs* ayant été portées à un excès intolérable et scandaleux, le cri public appeloit la suppression de cette étrange mesure ; ce qui donna lieu à l'ordonnance de Philippe-le-Bel, du mois de juin 1338, portant suppression de l'office de *mangeurs,* qui furent remplacés par les *sergents* et des *commissaires* (2).

Mais il y eut une exception pour les dettes poursuivies pour le compte du roi, auquel cas

---

(1) « Car toutes voyes quant il convient que aucun ait dom- « mage, mieux vaut qu'il soit converti en la soustenance de « bonnes gens que de mauvaises. » Chap. 54, pag. 287.

(2) *Quod à modo non ponantur* comestores; *nec duo nec plures, simul, sed* unicus dumtaxat serviens *sive* commissarius, *eadem vice, per executionem solius debiti deputetur.* (Art. 16.)

on emploiera *un mangeur,* sans adjonction de *commissaires.*

Nous verrons dans le titre suivant des *mangeurs* et *ravageurs* rétablis dans certains cas.

CHAPITRE VII.

Procès et jugements fameux de 1300 *à* 1350.

On compte, dans cet intervalle de cinquante années, douze *procès, jugements* ou *exécutions* qui, par leur affinité avec l'ordre judiciaire et leur importance, sont une partie essentielle de cet ouvrage.

I. 1307. — Les premières années du barreau de Paris furent affligées par l'affreuse catastrophe des *Templiers.*

Il parut des écrits nombreux pour et contre, ouvrages des jurisconsultes de ce temps. Etoient-ils innocents ou coupables? C'est un problème laissé à la postérité. Il n'y a de certain dans cette affaire que leur supplice et leur courage.

II. 1308. — Il y eut cette année, entre *Pierre Jumel,* prévôt de Paris, et l'université, une altercation qui fournit au public un étrange spectacle.

Le prévôt avoit fait pendre le nommé *Barbier,*

natif de Rouen, mauvais sujet, et convaincu de *vol* sur le grand chemin.

Il se trouva que le condamné étoit un *écolier de l'université*. Comme un des priviléges de ce corps étoit que tous ses *suppôts* fussent exempts de la justice séculière, le recteur indigné commença par faire fermer toutes les classes ; et ayant dénoncé à l'*évéque de Paris* l'attentat du prévôt sur la juridiction ecclésiastique, il intervint le 7 septembre, à l'officialité de l'église de Paris, une sentence qui ordonnoit à tous les curés de Paris de se trouver le lendemain (jour de la Nativité de la Vierge) à l'église de Saint-Barthélemy, à l'heure de *tierce*, pour de là aller tous ensemble processionnellement, avec la croix et l'eau bénite, à la maison du *prévôt*, contre laquelle chacun jetteroit des pierres, en criant à haute voix :

« Retire-toi, retire-toi, *maudit Satan ;* fais ré-
« paration à *ta mère la sainte église*, que tu as
« déshonorée et blessée dans ses priviléges ; au-
« trement puisses-tu avoir le même sort que
« *Dathan* et *Abiron*, que la terre ensevelit tout
« vivants (ce qui fut exécuté).

Outre cela, le prévôt fut condamné à détacher lui-même l'écolier de la *potence,* et *à le baiser* en le rendant à l'université, qui le fit enterrer honorablement.

Le prévôt fut destitué de sa charge, et le roi, par ses lettres patentes du mois de novembre suivant, assigna, sur le trésor public, 40 *livres de rente perpétuelle* pour la fondation de deux chapelains à la nomination de l'université, en réparation de l'injure qu'elle avoit reçue.

Ce ne fut qu'après toutes ces réparations que l'université consentit à rouvrir ses classes.

III. 1314. — Philippe-le-Bel donna un autre scandale au barreau de Paris, par le procès qu'il poursuivit contre les trois princesses de Bourgogne, ses brus; *Marguerite,* femme de Louis; *Jeanne,* femme de Philippe, et *Blanche,* femme de Charles-le-Bel (1).

Philippe, prenant trop vivement en main la vengeance de ses trois fils, eut l'imprudence de rendre le public confident de son affliction domestique, en traduisant les coupables en justice réglée. Le procès fut instruit devant une *commis-*

---

(1) Les trois princes outragés étoient les plus beaux hommes du royaume; les amants des trois princesses étoient mal faits, laids de figure, et sans aucun agrément extérieur; et de plus domestiques dans le palais.

1. 16

sion, dans laquelle le parlement fut incorporé, et le *minstère des avocats* y fut employé.

On en connoît l'issue.

(*Voyez* ci-dessus, page 159.)

IV. 1315. — Procès d'*Enguerrand de Marigny*.

Il avoit été surintendant des finances sous Philippe-le-Bel, et s'étoit attiré la haine du comte de Valois, frère du roi.

Après la mort de Philippe-le-Bel, le comte de Valois, oncle du nouveau roi (Louis Hutin), s'empara de toute sa confiance, et la fit servir à la perte d'*Enguerrand*, qu'il accusa de déprédation.

Enguerrand fut arrêté dans le palais du roi, qu'on appeloit alors l'*hôtel des fossés St.-Germain*, et conduit à la tour du *Louvre*, dont il étoit lui-même châtelain ; de là transféré au *Temple*, et dans un *cachot*.

Une *commission*, formée par le comte de Valois, au *bois de Vincennes*, se chargea de toute l'instruction.

Un *avocat au parlement de Paris* y fit les fonctions d'accusateur.

A l'égard d'*Enguerrand*, non seulement on ne lui permit pas de se faire assister d'un conseil ni d'un défenseur, mais on écarta, par la terreur,

ceux qui pouvoient être tentés de se charger de
ce périlleux ministère.

Raoul de Presle, un des plus fameux avocats
(que nous avons vu figurer dans le tableau), fut
incarcéré, par cela seul qu'étant ami d'Enguerrand, on craignoit qu'il ne fût disposé à le
défendre.

Enfin, la haine du comte de Valois fut assouvie
par un arrêt de la commission du *bois de Vincennes*, du 30 avril 1315, qui condamna le surintendant à être pendu au gibet de Montfaucon (1).

V. 1320. — Le prévôt de Paris, nommé *Taperet*,
avoit dans ses prisons du Châtelet un meurtrier,
homme riche, qui fut condamné à mort par arrêt
du parlement.

Comme c'étoit le prévôt qui devoit veiller à
l'exécution, ce misérable, gagné à force d'argent,
imagina de sauver le coupable, en lui substituant
un pauvre homme, innocent, qu'il fit conduire
au gibet sous le nom du condamné.

Sur la dénonciation qui fut faite au roi de cette
atroce iniquité, une *commission* fut nommée pour
vérifier le fait; et, par arrêt de cette *commission*,

---

(1) Sa mémoire fut réhabilitée.

le prévôt fut lui-même condamné à la *potence*, et exécuté.

VI. 1323. — Cette année offrit une exécution mémorable dans la personne du fameux criminel *Jourdain de l'Isle*, un des premiers seigneurs de Gascogne.

Convaincu de *dix-huit* crimes, dont le moindre méritoit la mort, il avoit toujours échappé au supplice, sous la protection de sa proche parenté avec le pape *Jean XXII*, dont il étoit neveu; mais au *dix-neuvième* crime (qui étoit l'assassinat d'un officier de justice), il se trouva que la partie qui poursuivoit sa punition étoit neveu du feu pape *Clément V*. Ainsi entre deux neveux de papes, la partie devenoit égale, et l'avantage de la parenté se neutralisoit. Il fut condamné, par arrêt du 7 mai 1323, à être traîné à la queue des chevaux, et ensuite pendu au gibet de Paris.

VII. 1328. — *Pierre Remi*, trésorier de Charles-le-Bel, avoit été arrêté immédiatement après la mort de ce roi, pour cause de malversations dans les finances; et, convaincu de *péculat*, il fut, par arrêt du parlement, condamné à être *pendu*.

Etant en chemin pour aller au lieu du supplice, il confessa plusieurs autres crimes qui portoient le caractère de haute trahison.

Comme il n'étoit plus possible d'aggraver sa condamnation, le prévôt de Paris se borna à le faire traîner à la queue du cheval jusqu'au gibet de *Montfaucon*, que le trésorier avoit fait lui-même reconstruire quelque temps auparavant, et auquel il fut le premier attaché. Il y arriva couvert des imprécations du peuple.

Sa destinée avoit été prédite dans le temps de sa plus haute faveur, puisque peu de jours après la restauration du gibet, on avoit trouvé attaché à l'un des deux piliers un billet qui portoit :

« En ce gibet, ici ammy
« Sera pendu *Pierre Remy*.

VIII. 1329. — Un grand différend s'étant élevé entre le clergé et la noblesse, sur l'étendue de leur juridiction respective et de leurs droits, il donna lieu à des écrits polémiques des deux côtés. Ces écrits étoient et ne pouvoient être l'ouvrage que de jurisconsultes. Aussi cette contestation donna-t-elle beaucoup d'occupation au barreau.

Les choses en vinrent au point que le roi, Philippe de Valois, voulut qu'elle fût plaidée en sa présence *par avocats*.

Il y eut, à cet effet, une assemblée convoquée au Louvre, composée de seigneurs laïcs, de vingt prélats, et d'un grand nombre de notables et savants personnages.

Le clergé chargea de la défense de ses droits François *Bertrand*, ancien avocat au parlement, et qui venoit de quitter le barreau pour l'évêché de Nevers.

L'avocat de la noblesse fut Pierre *de Cugnières*, qui avoit déjà prêté sa plume à Philippe - le - Bel contre Boniface VIII.

Les deux avocats, animés par l'importance de l'affaire et sa solennité à l'audience, déployèrent toutes les ressources de leur art.

Le jugement demeura indécis. Mais le clergé récompensa son avocat, en le faisant *cardinal* trois ans après (1).

IX. En 1329, le procès du comte d'Artois vint jeter de grands mouvements dans le barreau.

Robert II, comte d'Artois, ayant disputé à la comtesse Mahault, sa tante, le comté d'Artois, ses prétentions avoient été rejetées par un jugement arbitral de Philippe-le-Bel.

---

(1) Le clergé trouva que Pierre de Cugnières avoit mis trop d'amertume et de sarcasme dans sa défense, et s'en vengea depuis en le dévouant au ridicule sous le nom de Pierre *du Coignet.*

Robert s'étoit tenu tranquille sous le règne de ce roi et sous celui de ses trois enfants.

Mais l'avénement de Philippe de Valois, dont il avoit épousé la sœur, lui parut une occasion favorable pour reproduire ses prétentions sur le comté d'Artois, et revenir contre la décision de Philippe-le-Bel. Nous n'entrerons pas dans le détail de ce procès, qui dura plusieurs années ; il suffira de dire que Robert, dans l'espoir de l'impunité, et de la protection du monarque, avoit fabriqué des pièces, et fait entendre de faux témoins.

Ces manœuvres ayant été découvertes, donnèrent au procès un caractère de criminalité qui entraîna la perte de Robert.

Ce prince, par arrêt du parlement du 19 mars 1331, fut condamné à un bannissement perpétuel, avec confiscation de tous ses biens.

X. 1330. — *Guillaume de Bruges* s'étoit distingué, par ses efforts au milieu de la populace, pour la soulever contre le gouvernement, et causer une émeute, au sujet de l'altération des monnoies.

Il avoit, ensuite, cherché à se mettre à couvert des poursuites, en se réfugiant dans le Brabant ; mais, sur la réquisition du roi (Philippe de Valois), le duc de Brabant lui renvoya le coupable.

Son procès ayant été instruit au *châtelet*, il fut dit qu'il auroit les *deux mains coupées*, puis qu'il seroit ensuite attaché au *pilori*, les deux mains coupées tournées vers ses yeux ; après quoi pendu au gibet de Montfaucon, et ses *deux mains suspendues à son col*.

XI. 1344. — *Henri de Malétroit*, gentilhomme breton, clerc et docteur en droit, prévenu d'intelligence avec Edouard II, roi d'Angleterre, fut arrêté avec son frère et plusieurs autres nobles de Bretagne.

Ceux-ci ayant été décapités, Henri de Malétroit, qui avoit été traîné au lieu du supplice, entre Paris et le Bourg-la-Reine, pour assister à l'exécution, fut remis entre les mains du bourreau, dépouillé de sa *jaquette* et de son *chaperon*, les fers aux pieds et aux mains, et en cet état placé dans un *tombereau à plâtre*, de manière à être vu de tout le monde, et ensuite conduit, sous une escorte nombreuse, par la porte Saint-Jacques, dans les prisons du Temple.

Ayant été réclamé par l'évêque de Paris, à titre de *clerc*, il lui fut remis après six semaines de détention, à condition qu'après avoir été dégradé par la juridiction épiscopale, il seroit réintégré dans les mains du prévôt de Paris, pour subir la peine du crime de haute trahison.

Mais le clergé, qui avoit pour principe de ne livrer les siens à la justice séculière qu'à la dernière extrémité, trouva le moyen de retenir l'affaire sous sa juridiction, et se chargea de la punition du coupable.

Suivant le récit que fait *dom Félibien* de cette punition ecclésiastique, cet infortuné ne gagna pas beaucoup à éluder le bras séculier.

« Il fut mené des prisons de l'évêché, par le « pont Notre-Dame, à divers carrefours, où à son « de trompe on invitoit le peuple à venir entendre « sa condamnation. Au retour, il fut élevé sur « une *échelle* au parvis de Notre-Dame ; et de là « le peuple lui jettoit de toutes parts des œufs et « de la boue. Il fut remené en prison, et le len- « demain conduit par le Petit-Pont, comme le « jour précédent, et au retour remis à l'*échelle,* « où les insultes qu'on lui fit furent encore plus « excessives que celles du mardi ; car on avoit « excité le peuple, et l'on avoit eu soin de faire « amener au parvis des tombereaux chargés d'or- « dures, dont le patient fut si couvert, qu'il n'é- « toit plus reconnoissable.

« On le remena ensuite dans la prison épisco- « pale, où il fut renfermé pour le reste de sa vie, « qui ne fut pas longue, puisqu'il y mourut au « bout de neuf semaines. »

XII. 1348. — *Alain de Hourdan* (d'autres le nomment *Claude de Hourdery*), conseiller des enquêtes, ayant été convaincu d'avoir falsifié la déposition de quelques témoins dans une *enquête,* fut, par arrêt du parlement, condamné à être *pendu et étranglé* au gibet de Montfaucon; ce qui fut exécuté. (Loisel, en parlant de cet arrêt, le cite comme un témoignage de l'impartiale intégrité de cette cour).

CHAPITRE VIII.

Établissements, institutions dans l'intervalle de 1300 à 1350.

I. *États généraux.*

On appelle ainsi la réunion des *trois ordres de l'état.*

La noblesse, le clergé formoient les deux premiers *états.* Le troisième se composoit des *francs hommes libres,* qui n'appartenoient à aucun des deux premiers, et qu'on désigna sous le nom de *tiers-état.*

Ce fut dans cette époque (de 1300 à 1350) que la convocation de ces *trois ordres* eut lieu pour la première fois.

Soit qu'on la place en 1302, soit qu'on la reporte à 1314, toujours est-il vrai que ce fut

Philippe-le-Bel qui, le premier, eut recours à cet expédient pour se tirer d'embarras.

Dans tous les *états généraux* qui eurent lieu depuis cette époque, les *avocats* ont figuré avec éclat ; mais les *états généraux* de MIL SEPT CENT QUATRE-VINGT-NEUF sont, sans contredit, ceux qui perpétueroient le plus leur mémoire.

II. 1327. *Tribunal du châtelet.*

Jusqu'au temps de Philippe de Valois, la justice avoit été administrée au châtelet par le prévôt de Paris, assisté de son conseil ordinaire, composé du procureur et des avocats du roi, auditeurs et examinateurs, auxquels, dans les affaires intéressantes, il adjoignoit des avocats les plus distingués du barreau.

Mais l'affluence des affaires ayant exigé de donner plus de consistance au tribunal, Philippe établit un certain nombre de conseillers en titre d'office. Ce nombre fut d'abord de huit, quatre clercs et quatre laïcs, ensuite porté à douze, etc.

III. 1340. — C'est à cette époque qu'il faut placer l'établissement du *pilori,* espèce de supplice.

C'étoit une tour de pierre, octogone, composée d'un rez-de-chaussée et d'un premier étage à huit fenêtres.

A la circonférence de cette tour étoit placé un

cercle de fer, percé de trous, où l'on faisoit passer la tête et les bras du condamné.

Ce cercle se tournoit horizontalement, et exposoit, de tous côtés, le *patient* à la vue et aux huées de la populace, qui étoit autorisée à le couvrir d'ordures, de boue et d'autres immondices, pourvu qu'elles ne fussent pas de nature à le blesser. « Et lui pourra tout jetter aux yeux, « boue ou autre ordure, sans pierres, ni autres « choses qui le blessent. » (Ordonn. du 22 février 1347.)

Le *patient* y demeuroit deux heures, pendant trois jours de marché, et tous les quarts d'heure on lui faisoit parcourir la *huitième partie* du cercle.

CHAPITRE IX.

Usages, pratiques et coutumes du palais, dans l'intervalle de 1300 *à* 1350.

La résidence du parlement et la suppression de son *ambulance* entraînèrent des usages et une discipline appropriés au nouvel ordre de choses.

On peut considérer ces innovations sous deux rapports :

1°. Avec la discipline du parlement et le régime des audiences ;

2°. Avec les *avocats*.

§. Ier.

Parlement.

Dans le cours de ce demi-siècle, l'organisation de cette cour éprouva plusieurs variations, effet inévitable d'une nouvelle institution. Il suffira de prendre l'état du *parlement* sur la fin de cette époque.

Le parlement étoit composé de la chambre des *plaids* ou *plaidoyers* (mieux connue sous le titre de *grand'chambre*) de *deux chambres des enquêtes*, et d'une *chambre des requêtes du palais*.

La *grand'chambre* étoit tenue par le président *en chef* du parlement, qui prenoit la qualité de *premier président*.

En son absence, la grand'chambre étoit tenue par l'un des deux autres *présidents* du parlement, dits *présidents à mortier*.

Les trois autres chambres avoient un *président* particulier, qui ne s'appeloit pas *président du parlement,* mais bien président AU parlement, parcequ'il n'avoit pas le droit de présider le *parlement assemblé* (droit qui n'appartenoit qu'aux présidents à mortier).

Le parlement étoit *au complet* quand les gens

du roi s'y trouvoient réunis, c'est-à-dire les *deux avocats* du roi, l'un clerc et l'autre laïc, et le *procureur* du roi.

La dénomination de *procureur général* et d'*avocats généraux* n'étoit pas encore usitée pour les *gens du roi*; au contraire, elle étoit réservée aux *simples avocats* et aux *procureurs* qui se dévouoient au service du public. L'expression *général* étoit prise en opposition à celle de *spécial*.

Il y avoit audience le matin depuis *sept heures jusqu'à midi*, et quelquefois, suivant l'urgence des affaires, de *relevée*.

Les membres de la grand'chambre devoient être réunis au palais une heure avant l'ouverture de l'audience, pour y *entendre la messe à la chapelle du palais*, préalable indispensable (car, dans ce temps-là, on pensoit que l'administration de la justice se fortifioit par la religion).

Les présidents *du parlement* portoient un *grand manteau d'écarlate* fourré d'hermine, et le *bonnet de velours à bandes de galons d'or*, en forme de *mortier*; d'où ils prirent le nom de *présidents à mortier* (1), à la différence des présidents particuliers aux enquêtes et requêtes.

---

(1) Cette forme de bonnet s'explique ainsi : Philippe-le-Bel

L'AUDIENCE de la grand'chambre se tenoit dans la salle qui a depuis continué de porter le nom de *grand'chambre,* jusqu'au moment de la suppression du parlement en 1790, et qui est aujourd'hui le siége de la *cour de cassation.*

Après la plaidoirie, les gens du roi étoient entendus (si l'affaire étoit susceptible de leur ministère); et, dans tous les cas, l'arrêt ne se prononçoit pas sur-le-champ, mais bien sur *un délibéré* qui devoit être vidé dans la même semaine.

Les affaires compliquées, ou qui n'avoient pas pu être appelées dans le cours du grand rôle, étoient mises en *appointements,* soit au *conseil,* soit en *droit,* et quelquefois en appointements sur *simples mémoires.*

Les *appointements au conseil* ou *en droit* transformoient la cause en procès *par écrit,* qui se composoit d'*écritures* signifiées de part et d'autre, sous des noms qui se sont conservés jusqu'aujourd'hui : *avertissement, causes et moyens d'ap-*

---

ayant rendu le parlement sédentaire, les chevaliers qui y présidoient, voulant se distinguer des gens de loi, firent faire des bonnets de la *forme de leurs casques.* Ce ne fut que sous le règne de Philippe-le-Long qu'on imagina des casques en *forme de cône,* et comme un sabot renversé.

(Traité des anciennes armes offensives et défensives des François. Paris, 1635.)

pel, griefs, salvations, contredits, répliques, pro-duction nouvelle, inventaire de production, moyens de faux, etc.

Ces diverses dénominations étoient appropriées à l'espèce d'écriture produite au greffe, pour être remise au *rapporteur,* qui restoit ignoré des avo-cats et procureurs et des parties (précaution prise contre les sollicitations).

La salle se composoit, comme aujourd'hui, de trois parties.

La première formoit une enceinte appelée *parc* ou *parquet;* à son extrémité supérieure étoit une place réservée pour le siége ou *lit* du roi.

Aux deux côtés du siége royal régnoit un *grand banc* recouvert d'une tapisserie ornée de *fleurs de lis,* et arrangée de manière à laisser au *siége royal* la vue sur toute la salle.

C'étoit sur ce *grand banc* que siégeoient les présidents et conseillers.

Au dessous de ce *banc* étoit un autre banc garni aussi d'un tapis à fleurs de lis, et qui n'étoit distingué du banc supérieur que par sa moindre élévation. Il étoit appelé *premier banc,* et ré-servé aux gens du roi, baillis et sénéchaux, et aux *anciens avocats.* Ce *banc* étoit interdit aux *procureurs* et même aux *jeunes avocats.*

Dans une encoignure de cette enceinte il y

avoit deux bureaux ; l'un pour le *premier huissier*, chargé d'appeler les causes du rôle, et l'autre destiné au *greffier*.

La *seconde division* de la chambre d'audience se formoit d'une espèce de *cloison* à hauteur d'appui, surmontée d'une plate-forme, destinée à recevoir les pièces dont l'orateur avoit besoin pour sa cause.

A six ou sept pieds de cette *cloison antérieure* il y en avoit une autre qui séparoit le *public*.

Dans l'intermédiaire de ces deux cloisons se trouvoient plusieurs *bancs* ou *stales* à dossier, réservés aux *avocats*, *procureurs*, et aux parties intéressées dans la cause.

L'*avocat*, en *plaidant*, se tenoit debout devant le *barreau*, qui a fourni à la langue françoise l'expression figurée de *barreau*.

Au surplus, il ne faut pas s'imaginer la *grand'-chambre* d'alors sous la forme de nos *salles d'audience* d'aujourd'hui.

Dans ce temps-là, tout le luxe françois se portoit sur les meubles et les décorations intérieures des appartements et lieux publics. Ce goût s'étoit naturalisé en France à la suite des croisades, qui apportèrent une foule de recherches et d'inventions asiatiques, accueillies avec empressement par un peuple avide de modes nouvelles.

A cette époque, l'architecture françoise employée aux grandes constructions prit modèle sur l'architecture *syriaque*, *arabesque* ou *sarrazine*, que le peuple désigna depuis sous le nom de *gothique* (1).

Il en fut de même pour les distributions et les *décors* intérieurs (2).

Philippe-le-Bel et ses trois fils, princes fastueux et magnifiques, affectèrent, pour la *chambre des plaids*, une ostentation de luxe qui n'étoit pas dénuée d'intentions politiques.

Honorée journellement de la présence du roi, il convenoit d'environner cette chambre d'une pompe qui répondît à la majesté du trône.

D'ailleurs, étant destinée à recevoir fréquemment des monarques et des princes, ou leurs

---

(1) S. Louis avoit emmené avec lui en Palestine le célèbre Montereau, son principal architecte; et, à son retour en France, il lui ordonna de construire plusieurs basiliques sur le modèle de celles qu'il avoit vues en *Asie*.

La Sainte-Chapelle, ornée de ses vitraux magnifiques, de ses peintures et de ses dorures antiques, étoit une imitation parfaite des constructions arabes dont nous parlons.

(Hist. des arts en France de M. Lenoir.)

(2) « Les François, accoutumés au luxe *asiatique*, jouis-
« soient, dans l'intérieur de leurs maisons, des choses les plus
« recherchées, soit en décorations, soit en meubles, soit dans
« les choses les plus communes aux usages domestiques. »

(Hist. des arts en France, pag. 49.)

ambassadeurs, il étoit important de leur présenter sous un grand éclat le siége de cette *cour souveraine* si renommée dans l'Europe.

Un roi de France étoit fier de la *chambre dorée* de son parlement de Paris ; c'étoit le premier objet qu'il offroit à la curiosité des princes étrangers, comme autrefois, à Rome, on leur montroit le *Capitole.*

La *grand'chambre* (qui n'avoit pas encore subi de retranchements) étoit un vaste vaisseau double de ce qu'il est aujourd'hui.

Les parois étoient revêtues de riches étoffes de velours bleu, parsemées de fleurs de lis d'or, relevées en bosse, et terminées par des franges artistement travaillées.

Les *croisées* ou *fenêtres* étoient d'une dimension appropriée à celle de la chambre.

Mais comme elles auroient introduit un torrent de lumière en désharmonie avec la destination du local, cet inconvénient étoit prévenu par de superbes vitraux coloriés, habilement agencés les uns dans les autres, et qui, dans leur ensemble, offroient des tableaux intéressants.

Ces *vitraux*, brisant la force de la lumière, ne laissoient pénétrer dans la salle qu'une demi-teinte, et formoient une obscurité convenable à la majesté du lieu.

Les yeux, en se portant vers le plafond, n'y rencontroient pas une surface monotone de plâtre blanchi ; l'uniformité étoit rompue par des *pendentifs* revêtus de boiseries, et ornés de fleurs de lis d'or.

Ces *appendices* n'avoient pas seulement pour objet de satisfaire la vue ; distribués avec une ingénieuse combinaison, ils renforçoient la voix de l'orateur, et la distribuoient dans toutes les parties de la salle.

Or, représentez-vous ce vaste et magnifique vaisseau, garni d'un triple rang de sénateurs et de juristes revêtus d'un costume imposant ;

Le monarque, au milieu, sur son *lit royal;*

Le *premier huissier,* avec sa robe de pourpre, la tête couverte de son chapeau de *paillettes d'argent* et de *perles;*

Une assistance nombreuse, maintenue dans le plus grand ordre et dans une attitude respectueuse ;

Un profond silence, qui n'est rompu que par la voix sonore d'un orateur de prestance solennelle ;

Joignez à cela l'importance de la cause, les talents de l'orateur, le charme d'une élocution séduisante, vous aurez l'idée du plus auguste spectacle qui pouvoit alors s'offrir aux yeux des hommes, et vous ne serez plus étonné de l'admiration des étrangers, ni de la grande renommée du *parlement*.

§. II.

Avocats.

La *sédentarité* du parlement ne pouvoit manquer d'apporter quelques innovations dans le régime des avocats.

La plus marquante fut de grouper autour du parlement des hommes qui, jusque-là, étoient demeurés en état d'isolement, et de les assujettir à une discipline qui offrît une garantie de leur moralité et de leur science, en écartant du barreau les individus qui auroient compromis l'honneur de cette profession.

Un autre avantage, précieux pour cet *ordre* de nouvelle institution, étoit de le rapprocher du *parlement*, et de l'identifier, en quelque sorte, avec cette cour, qui lui communiquoit une partie de son éclat.

Les *avocats* se partageoient en trois classes :

Les *consultants* (qui prenoient aussi le titre de *conseillers*), les *plaidants* et les *écoutants*. C'est la distinction bien clairement prononcée par l'or-

donnance du 11 mars 1344, et par l'arrêt de réglement de la même année.

Advocati consiliarii, *advocati* proponentes,
et advocati novi, audientes.

La classe des *consultants* se composoit des plus
anciens, ayant au moins dix années de *tableau*.

Leur costume consistoit en une longue soutane
ou simare de soie noire, recouverte d'un *mantelet
d'écarlate rouge* doublé d'*hermine*, relevé par les
côtés, et attaché sur la poitrine par une *agrafe*,
ou *fermoir* plus ou moins riche (1).

Les avocats *écoutants* portoient la *soutane
noire*, avec mantelet d'*écarlate blanche* (couleur
du noviciat).

Enfin, le *mantelet* des avocats *plaidants* étoit
d'écarlate *violette* (2), mais descendant jusqu'aux
talons, et relevé par les côtés.

---

(1) *Ecarlate rouge.* Cet adjectif peut paroître aujourd'hui
bizarre, parceque l'on ne connoît plus d'autre espèce d'*écarlate*.
Mais dans le quatorze siècle il y avoit des écarlates de plusieurs
couleurs.

Sur ces trois couleurs, voyez la *onzième remontrance* de
M. *de Nesmont*, premier président au parlement de Bordeaux.

(2) *Boucher d'Argis*, dans son petit ouvrage ayant pour
titre: *Règles pour former un avocat*, assure que, dans l'usage,
on n'a jamais fait cette distinction des trois *couleurs*, et que

La classe la plus brillante étoit celle des avocats *plaidants* ou orateurs, objet habituel de l'attention du public.

La lutte des orateurs du barreau étoit un spectacle intéressant, dans un temps où il n'y en avoit pas d'autres. L'auditoire étoit le foyer d'une nombreuse affluence de personnes les plus distinguées qui s'y rendoient de toutes parts. Les seigneurs abandonnoient leurs *châteaux* et leur *chasse* pour venir écouter les plaids (1).

Le *public* se passionnoit, et prenoit parti pour tel ou tel orateur, comme il fait aujourd'hui pour tel ou tel acteur.

Tout *avocat* n'étoit donc pas également propre à paroître sur la scène judiciaire ; ses succès étoient subordonnés à ses dispositions naturelles, à ses talents, et même aux graces de son *physique*.

L'*avocat* ne devoit rien offrir aux regards du public qui rabaissât l'importance de sa *cause*, et

---

la *robe rouge* étoit portée par tous les avocats aux jours de cérémonie.

Mais *Boucher d'Argis* ne considéroit que l'usage des deux derniers siècles, sans remonter au premier âge de l'*ordre*.

(1) *V.* dans le recueil des *Fabliaux* du treizième siècle le conte du *Mantel d'écarlate.* Il y est question d'un *Vavasseur*, qui avoit abandonné son vieux château et sa jeune femme pour aller à Senlis écouter les *plaids*.

lorsque l'orateur lançoit au milieu du parquet le *gant du combat*, il falloit que la noblesse de sa personne fût en harmonie avec celle de l'action.

Cette considération étoit si puissante, qu'elle fit la matière d'un chapitre particulier dans le *Style du parlement* (1) :

« 1°. Que l'AVOCAT AU PARLEMENT soit doué d'une « prestance imposante et d'une taille bien pro-« portionnée, de manière à s'offrir avec avantage « aux yeux des magistrats et de l'*auditoire ;*

« 2°. Que sa *physionomie* soit ouverte, franche, « affable et débonnaire, et forme, d'avance, une « espèce de recommandation (2);

« 3°. Qu'il n'affecte pas, dans l'habitude de sa « personne, une assurance présomptueuse ; au « contraire, qu'il provoque la faveur et l'intérêt « de l'auditoire par une apparence de modestie et « de réserve (3);

« 4°. Qu'il n'ait rien de farouche ni d'irrégulier « dans les yeux et le regard ;

---

(1) *De* modo, gestu *et* habitu *quem habere debet* advocatus *curiæ parlamenti.*

(Style, pag. 829.)

(2) *Cum vultu læto.*

Vultum affabilem, jucundum et benignum.

(3) *Sit humilis.*

* « 5°. Que sa *pose* devant les magistrats soit dé-
« cente et respectueuse, et que sa *mise* ne laisse
« voir ni recherche, ni négligence ;

« 6°. Qu'en parlant il s'abstienne de décom-
« poser les traits de son visage, par les contor-
« sions de sa bouche ou de ses lèvres (1) ;

« 7°. Qu'il évite les grands éclats d'une voix
« glapissante (2) ;

« 8°. Qu'il sache régler ses intonations de
« manière à les tenir à une égale distance du
« *grave* et de l'*aigu;* que sa voix soit pleine et
« sonore, et offre la qualité d'un beau *me-*
« *dium* (3) ;

« 9°. Qu'en déclamant, il s'attache à une exacte
« *prononciation* (4) ;

« 10°. Qu'il observe de ne pas trop hausser la
« voix, ni de la déprimer (5) ;

« 11°. Qu'il ait soin de tenir son *style* en har-
« monie avec le sujet qu'il traite, et qu'il évite le

---

(1) *Recta sit facies ; nec labia detorqueantur ; nec immode-*
ratus oris hiatus....

Labia, quoque, torquere vel mordere, turpe est.

(2) *Verba non sint inflata, vel resonantia, vel in faucibus*
frandentia, nec vocis immanitate resonantia.

(3) *Sed* MEDIUM *servet.*

(4) *In pronunciatione vocis debet exerceri.*

(5) *In vocem non plus debito, deprimet vel exaltet.*

« ridicule de mettre de l'emphase oratoire à des
« objets de modique importance (1) ;

« 12°. Qu'il se garde de donner à sa tête et à ses
« pieds une agitation déplacée (2) ;

« 13°. Que les mouvements soient combinés et
« appropriés au discours, en évitant avec soin une
« gesticulation désordonnée et triviale. »

Ces conditions étoient encore plus nécessaires
alors, à cause de la solennité des audiences et de
l'importance des intérêts qui s'y traitoient.

En effet, il n'en étoit pas comme aujourd'hui,
où chacun a le droit d'occuper les cours judiciaires pour l'objet le plus exigu.

Les *bourgeois* plaidoient peu ; le petit peuple
encore moins. Leurs causes s'éteignoient presque
toutes *en première instance.*

Il ne restoit, pour le *parlement,* que les affaires
d'un intérêt majeur, qui y étoient portées ; soit
par *appel,* soit par le droit de *committimus,* soit
par *attribution;* et la présence habituelle du roi

---

(1) *Vox et oratio suæ causæ semper conveniant.*

*Grandia granditer proferenda ; parva subtiliter ; mediocria
temperate ; in parvis causis nihil grande , nihil sublime dicen-
dum est, sed levi ac pedestri sermone loquendum est.*

(2) *In gesta, caput vel pedes non ducat indebite, sed cuncta
membra debita maturitate regat.*

achevoit de donner plus d'éclat à l'audience et au ministère des orateurs.

Les *avocats* de ce temps-là se rapprochoient beaucoup de la magistrature.

D'abord, la seule qualité d'*avocat* leur présentoit cette élévation dans un avenir plus ou moins éloigné, puisque l'*élection* étoit la seule voie usitée alors, pour le remplacement des places vacantes.

C'étoit cette expectative qui poussoit vers le *barreau* une foule de jeunes gens des meilleures familles, et même de la noblesse, car l'opinion publique attachoit autant de considération à l'orateur qui parloit *debout,* qu'au juge qui l'écoutoit *assis* (1).

La carrière du barreau étant le premier degré qui conduisoit aux plus éminentes dignités, on conçoit que l'admission sur le *tableau* des avocats devoit être ardemment briguée.

Un *avocat* de ce temps-là n'étoit pas réduit a vivre de son état, qui n'étoit pour lui qu'une ressource auxiliaire.

Tous, ou presque tous, jouissoient d'une for-

---

(1) *Nec putes quisquam honori suo aliquid detractum, cum ipsemet necessitatem eligerit* standi, *et contempserit jus* sedendi.
(L. quisquis vult esse causidicus 6, cod. de postulando.)

tune patrimoniale, qui, jointe au produit de leur profession, les mettoit à même de vivre honorablement.

C'étoient, ordinairement, des enfants de la haute bourgeoisie, et de cette classe connue sous le nom de *Francs hommes*, retirés dans leurs domaines, où ils vivoient *noblement*, c'est-à-dire sans rien faire, et qui formoient l'intermédiaire entre le *noble* et le *villain*.

Ces *francs hommes*, jouissant d'une certaine aisance, se piquoient de donner une éducation distinguée à leurs enfants, en les envoyant aux diverses écoles des *universités* qui existoient alors, où ils étudioient le *droit civil* et *canonique*.

De là, les étudiants se répandoient dans le monde pour se livrer à l'état le plus conforme à leurs inclinations.

Le parti de l'*église* étoit adopté par les jeunes ambitieux, qui le considéroient comme un moyen prompt de parvenir aux dignités ecclésiastiques. Mais le *barreau* avoit aussi ses nombreux partisans, par l'attrait qu'il présentoit d'une représentation brillante et d'une perspective des dignités civiles.

Encouragés et soutenus par le secours de riches parents, ils n'avoient pas de peine à traverser les premières années d'un travail stérile.

Mais il ne se passoit pas beaucoup de temps sans qu'ils pussent recueillir les fruits de leur patience ; et si, au bénéfice de leur état, ils venoient à joindre leur fortune patrimoniale, ils étoient bientôt à portée de figurer dans le monde avec distinction.

Le passage de *Beaumanoir*, que j'ai cité ci-dessus, page 89, nous donne une idée de leurs dépenses.

En réglant les *honoraires* de l'avocat sur le train de sa maison, *Beaumanoir* déclare que l'avocat, qui n'a qu'*un cheval*, ne doit pas être aussi bien payé que celui qui marche à *trois ou quatre chevaux, et plus;* d'où il est aisé de conclure que la coutume d'alors étoit qu'un *avocat* se fît suivre d'un ou de plusieurs *domestiques à cheval;* et qu'un avocat, de quelque célébrité, avoit une suite de *quatre chevaux, et plus;* ce qui annonce déjà un train de maison assez considérable.

Et remarquez bien que *Beaumanoir* ne présente pas cette suite nombreuse comme un luxe, ni une affectation ridicule. Il en parle, au contraire, comme d'une chose toute simple, toute naturelle, et qui doit entrer en considération dans la quotité des *honoraires* de l'*avocat.*

Les avocats imitoient, en cela, les gentils-hommes et grands seigneurs qui ne marchoient jamais sans une suite nombreuse de chevaux.

Et qu'on ne cherche pas à expliquer le nombre de chevaux par la nécessité où se trouvoient alors les *avocats* de suivre le parlement dans ses tournées, lorsqu'il étoit encore *ambulatoire.* Car nous voyons, par les *satires* des poëtes de ce temps, que le luxe des *avocats* ne fit que s'accroître, lorsque le parlement eut été rendu *sédentaire* à Paris.

On leur reproche d'avoir des *hôtels*, des *châteaux, terres*, et *seigneuries, un train magnifique de maison*, des *oratoires domestiques*, des *chapelains*, une grande quantité de *valets* et de *chevaux*, et de rivaliser en tout avec la noblesse (1).

Tous ces avantages sembloient autoriser les prétentions des avocats aux honneurs de la *chevalerie*, et l'opinion publique favorisoit ce système, en les confondant avec les *chevaliers*.

Les écrivains du temps, soit *romanciers*, soit

---

(1) « Vous usez de toute *noblesse*,
    « Vous êtes francs de servitutes
    « Plus que n'est le droit d'*institutes ;*
    « **Vous avez *votre chapelain***
    « Pour chanter la messe au matin
    « Au partir de votre maison.
    « Vous êtes toujours en saison,
    « Vous avez paradis en terre. »
       (*Eustache des Champs.*)

satiriques, avoient l'habitude d'accoler les *avocats* et les *chevaliers*.

En parlant de la nécessité de la mort, *Eustache des Champs* dit que c'est un passage que les *avocats* et les *chevaliers* ne peuvent esquiver (1).

S'agit-il de parure dans les habits? ces mêmes écrivains donnent le même costume aux *chevaliers* et aux *avocats* (2).

Bouteiller, dans sa *Somme rurale*, réclamoit hautement la *chevalerie* pour les avocats.

« Or, scachez, dit-il, que le fait de *advocacerie*, « si est tenu et compté pour *chevalerie*; car tout « ainsi comme les *chevaliers* sont tenus de com- « battre pour le droict à l'épée, ainsi sont tenus « les *advocats* de soutenir le droict, de leur pra-

---

(1) « La mort à tous s'applique
  « *Nuls advocats* pour quelconque replique
  « *Ne chevalier* tant ait hermine figue,
  « Ne saist plaidier sans passer ce passage. »
    (Sainte-Palaye, tom. 1, pag. 341.)

(2) Le poëte, en s'adressant à la *Vérité*, trouve étrange que les *avocats* et *docteurs ès-lois* portent le même costume que les *chevaliers*, et lui demande si cet usage est raisonnable.

« Douce dame, je viens de vous apprendre se (si) science « est toujours en riche habit, vaillance aussi. »
  (*Ibid.* pag. 455.)

« tique et science, et pour ce sont-ils appellés en
« droict escrit, *chevaliers.* »

L'auteur applique à cette profession les mêmes
distinctions que celles de la chevalerie d'épée.

« Ils doivent et peuvent *porter d'or* comme *les*
« *chevaliers;* ils sont en droict escrit appellés *che-*
« *valiers ès-loix*, et ne rapportent pas le gain qu'ils
« font comme les chevaliers ; car tous sont comp-
« tés d'une condition en *chevalerie* et en *advoca-*
« *cerie.* »

Il est bon d'observer que *Bouteiller* ne parle
pas ici de la *chevalerie ès-loix* comme d'une *pré-*
tention susceptible de controverse, mais bien
comme d'une pratique admise généralement et
sans difficulté.

« *Tous* sont comptés d'une condition en *cheva-*
« *lerie et advocacerie.* »

Les monuments qui nous sont restés des
usages de ce temps ne permettent plus aucun
doute sur la chevalerie attachée à la profession
d'avocat (1).

Mais il ne faut pas entendre que cet honneur
s'appliquoit indistinctement à *tout avocat* quel-

---

(1) On ne peut révoquer en doute que les avocats n'aient
été jugés dignes de la *chevalerie.*

(Sainte-Palaye, tom. 2, pag. 96.)

conque, et fût inhérent au *titre d'avocat;* ce n'é-
toit qu'après un exercice de plusieurs années,
sans aucun reproche, que le titre de *chevalier*
étoit acquis.

Barthole, qui, à cette époque, étoit en possession de diriger l'opinion publique, établissoit en
principe qu'après *dix ans* d'exercice, le *docteur
en droit* devenoit, *ipso facto,* chevalier.

« Per decennium effici *militem, ipso facto.* »

(Barthole, ad lib. 1, cod. de professoribus.)

Comme, à cette époque, le droit romain servoit de régulateur dans la législation françoise,
il n'est pas surprenant qu'on lui empruntât aussi
sa munificence avec les avocats.

La loi *suggestionum,* au code, met au rang des
comtes et des *clarissimes,* les anciens *avocats* qui
ont fourni glorieusement leur carrière.

Il est juste, dit l'empereur, que les avocats qui
ont signalé une longue carrière par une fidélité
à toute épreuve dans la *défense de leurs clients,*
soient décorés d'un titre qui les separe de la classe
commune. « *Proque fide atque industria erga suos*
« *clientes comprobata, privatâ conditionis homi-*
« *num multitudine segregari.* »

Nous verrons, dans un instant, que cette ambition influa beaucoup sur la discipline de l'*ordre.*

Au surplus, l'expression d'*ipso facto* ne doit pas

1. 18

même être prise à la rigueur; car il est certain que ces dix années d'exercice dans la carrière du barreau ne constituoient pas le *chevalier;* mais donnoient à l'*avocat* l'expectative de la *chevalerie*, laquelle ne pouvoit être conférée que par le roi, ou par un chevalier délégué *ad hoc.*

Le roi commettoit ordinairement un ancien *chevalier* ès lois, pour conférer la chevalerie à l'avocat jugé digne de cet honneur.

Les cérémonies étoient absolument les mêmes que celles de la chevalerie d'*armes.*

Le récipiendaire, étant en présence du commissaire du roi, lui adressoit un discours approprié à la situation, et terminoit sa *supplique* en ces termes :

« Je vous prie donc, ô mon protecteur et mon-
« seigneur, de me revêtir de l'épée, du baudrier,
« des éperons d'or, du collier d'or, de l'anneau,
« et généralement de tous les ornements d'un
« vrai chevalier. Je déclare que je n'userai pas
« de ces avantages pour des intérêts profanes;
« mais bien pour les intérêts de la religion, de
« l'église, et de la sainte foi chrétienne, et pour
« la milice de la *science* à laquelle je me suis
« dévoué (1). »

---

(1) *Te itaque, pater optime, rogo ut* ense *primum, secundo*

Aussitôt que l'avocat avoit été honoré de cette distinction, il prenoit le titre de *messire*, ou de *monseigneur*, et jouissoit de toute la plénitude des droits des *chevaliers d'armes* (1).

---

loco cingulo, *dcinde auratis calcaribus, postremo* torque aureo, *atque* annulo *quæ insignia sunt equestria, ornandum me cures; quibus non pro rerum profanarum occupatione, sed pro ec- clesiæ tantum ac fidei christianæ, litterariæque militiæ jure conservando, in quam jampridem conscriptus sum, ut jure optimo, mihi licet.*

(1) Cette distinction accordée aux gens de robe, et qui les faisoit marcher de pair avec les *chevaliers d'armes*, déplaisoit beaucoup à certains grands seigneurs.

On voit dans les mémoires du maréchal de Vieille-Ville un exemple de cette puérile vanité. Il y est dit que sa fille ne pre- noit que le nom de *mademoiselle,* quoique son mari (Despinay) fût *chevalier d'armes,* affectant de ne plus reconnoitre d'autre chevalerie que celle de l'ordre du roi (S. Michel); « méprisant « (dit Vincent Carloix) l'aultre sorte de chevalerie, comme « trop commune, que les rois départent indifféremment à toutes « personnes, sans choix ni respect d'extraction ni de mérite, « et qu'elle auroit trop de compagnie, entre aultres les femmes « *des gens de justice,* qui faisoient ronfler leurs contrats et « ordonnances bien hautement de cette qualité, qu'ils croient « mériter pour avoir fait leurs cours entiers aux loix, à « cause duquel ils sont passés docteurs en l'un et l'aultre « droict. »

(Mém. du maréchal de Vieille-Ville. Collect. des Mém., tom. 29, pag. 216 et 422.)

Bouteiller, dans sa *Somme rurale*, en rapportant une décision arbitrale donnée par plusieurs célèbres avocats de son temps, au sujet d'une cotte d'armes revendiquée par trois acquéreurs, ajoute : « Fait et *conseillé* par les plus *notables* « *avocats et conseillers* de parlement ; *maître* Jean « *Cannat, monseigneur* Desmarets, *maître* Jean « Anniers, *maître* Jean de Habancourt, et Eus- « tache de la Pierre. »

La qualification de *monseigneur*, donnée ici à l'avocat Desmarets, étoit motivée sur la qualité de *chevalier ès-lois*, qu'il avoit obtenue après dix ans d'exercice.

Les autres *consultants* qui ne jouissoient pas du même avantage ne sont qualifiés que du titre de *maîtres*, qui étoit alors plus ou moins honorable, suivant qu'il étoit placé *avant* ou *après* le nom patronimique (1).

C'est vers ce temps qu'il faut placer la déno-

_____

(1) Les légistes prenoient le titre de *maître* avant leur nom de famille, M^e. *tel.* Les artisans, au contraire, ne plaçoient la qualification de *maître* qu'après leur nom, et avant celui de la profession. Par exemple, Paul, *maître maçon ;* ce qui s'observe encore aujourd'hui.

mination d'*ordre* adopté par les avocats au parlement.

Quoiqu'ils ne fussent pas *tous* chevaliers, *tous*
étoient appelés à l'être, et se considéroient comme
des chevaliers *commencés*. Ils virent dans leur
réunion sur le tableau un *ordre* de *chevaliers let-*
trés (miles litteratus), à l'instar des *chevaliers*
militaires, où l'on distinguoit les *chevaliers de*
bataille, *chevaliers des mines*, *chevaliers de siége*.
Ils affectèrent donc d'autant plus cette dénomination, qu'elle les distinguoit des autres corporations judiciaires qui commençoient à se former
sous le titre de *confréries*, de *corps*, de *commu-*
nautés.

Cette qualification d'ORDRE n'éprouva aucune
contradiction du côté du parlement, qui, composé lui-même d'*avocats*, devoit naturellement
être porté à anoblir son origine.

Les corporations d'*officiers ministériels*, tels
que *notaires*, *procureurs*, etc. n'étoient pas encore assez puissantes pour s'offenser de cette
distinction, qui fut, bientôt après, consacrée
par l'usage.

Voltaire, dans son *Histoire du parlement*, imagina de rajeunir cette dénomination d'*ordre*, en
la faisant descendre à 1730.

Après avoir parlé d'une altercation entre les

avocats et le *ministère*, et des écrits publiés à ce sujet, il ajoute :

« Ce fut vers ce temps-là (1730) que les avocats
« prirent le titre d'*ordre*. Ils trouvèrent le terme
« de CORPS trop commun. Ils répétèrent si sou-
« vent l'*ordre des avocats*, que le public s'y accou-
« tuma, quoiqu'ils ne soient ni un *ordre* dans
« l'état, ni un *ordre militaire*, ni un *ordre reli-
« gieux*, et que ce mot fût absolument étranger à
« leur profession. »

(Edition de Palissot, pag. 324.)

Ce que dit *Voltaire* est assez vrai, sauf l'*ana-
cronisme* par lequel il reporte à 1730 ce qui
appartient à 1330.

Il y avoit, en 1730, déjà plus de *quatre cents
ans* que le public étoit habitué au titre d'*ordre*,
qui est employé par tous les auteurs des *seizième
et dix-septième siècles*, ainsi qu'on peut s'en assurer par les ouvrages de *Pasquier* et de *Loisel* (1).

Mais *Voltaire*, outre son goût pour le sarcasme,

---

(1) « L'ORDRE des *avocats* fut alors la pépinière de tous les
« officiers de justice, des lieutenants généraux, civils, crimi-
« nels et particuliers, des *avocats* et *procureurs du roi, con-
« seillers de cours souveraines, maîtres des requêtes, présidents,
« voire *chanceliers* même. »

(Pasquier, Recherch., liv. 9, chap. 38.)

avoit conservé quelques traces de ressentiment contre l'ORDRE des *avocats* (1).

Au surplus, l'expectative des distinctions attachées à la profession d'avocat établissant une espèce de niveau avec la magistrature, il étoit à craindre qu'il n'en résultât quelques licences contraires au respect dû au caractère de juges, et que ceux-ci, par la même considération, ne montrassent pas assez d'énergie pour le maintien

---

(1) En 1739, il parut contre Voltaire un libelle de l'abbé Desfontaines, sous *le nom d'un avocat*.

Voltaire fit des démarches auprès de l'*ordre* pour l'associer à sa querelle, en désavouant officiellement le libelle. Il demandoit une lettre du *bâtonnier* et de *quelques anciens*, qui porteroit « qu'après s'être informés à tous les avocats de Paris, « ils avoient tous répondu qu'il n'y en avoit aucun capable de « faire un si infâme libelle. »

Voltaire demandoit encore que la lettre contînt un mot sur sa famille, « dont je serois, dit-il, plus honoré mille fois que « je ne suis affligé des insultes d'un scélérat comme Desfon- « taines. »

Et il ajoute : « Au reste, l'honneur qu'on daigneroit me faire « ne tomberoit, monsieur, que sur un homme pénétré d'estime « et de *respect* pour votre profession, et qui se *repent tous le* « *jours* de ne l'avoir *pas embrassée.* »

(Essais sur le barreau, par Falconnet, pag. 219.)

Il paroît que l'ordre n'apporta pas dans cette affaire l'activité qu'exigeoit la bouillante impatience de Voltaire : *Inde iræ.*

de leur dignité. Il fallut donc une loi expresse contre les magistrats eux-mêmes pour les garantir de leur propre foiblesse, en leur imposant l'obligation de sévir contre cette espèce de délit. C'est ce qui fut fait par l'article . . . de l'ordonnance du . . . . . . qui a été rapporté ci-dessus.

Il y avoit encore un autre inconvénient à craindre des distinctions honorables qui accompagnoient cette profession ; c'étoit l'affluence des individus de toute espèce qui, attirés par l'ambition ou la vanité , viendroient inonder le barreau.

Le parlement prévint cet abus, et se concerta, sur ce point, avec les avocats, pour former une espèce de rempart contre le danger d'une pareille invasion.

C'est ici qu'il faut placer l'époque de cette discipline judicieuse qui maintint pendant *cinq siècles* la considération de cet *ordre*.

Puisque la qualité d'*avocat* devenoit l'élément de tant de prétentions, il convenoit qu'elle ne fût accordée qu'avec bien des précautions.

Le parlement n'admettoit au *serment* le récipiendaire que sur la présentation d'un ancien avocat, qui ordinairement étoit honoré du titre de *chevalier*, et servoit, pour ainsi dire, de parrain et de caution de la moralité du récipiendaire.

Avant cette *présentation*, celui-ci avoit subi un examen sur sa science et sa capacité.

« La loi escrite défend à tous juges que ils ne
« reçoivent *advocatz* à *serment d'advocacerie*, si
« ainsi n'est que premièrement ils soient exa-
« minés suffisamment, si à ce est idoine, avant
« toute œuvre ; à fin que le peuple ne soit mie
« déçeu à soi mettre en la main d'un advocat que
« riens ne face à sa cause sous umbre du serment
« d'advocacerie que il a fait en la cour, et par ce
« semble qu'ils soient suffisants. »
(Bouteiller, tit. 2, pag. 672.)

Mais ce n'étoit pas assez d'être instruit et capable, il falloit encore être irréprochable dans
ses mœurs et sa conduite. Ce point donnoit lieu
à une *information* d'une autre espèce. C'est encore
Bouteiller qui nous apprend cette *condition*.

« A si NOBLE industrie et science qui peut se
« comparer à noblesse *de chevalerie*, s'ensuit que
« l'homme reprochable ne s'en puisse meler ; car
« à advocat convient de blamer vices, d'où s'en-
« suit que l'advocat soit *sans vices et sans re-*
« *proches.* » (Pag. 674) (1).

---

(1) Ces formalités se retrouvent dans le droit romain.

In eo qui se causidicorum numero adjungi optat, studiosé, mores natales quæri opportere.

L'admission au *serment* n'étoit pas süffisante pour consommer l'état de l'avocat, et le constituer *membre de l'*ORDRE. Ce n'étoit qu'un acte préparatoire qui lui ouvroit la carrière. Il prenoit son rang parmi les avocats *écoutants*, et étoit assujetti à un *stage* ou *noviciat* de plusieurs années, durant lesquelles il devoit être assidu aux audiences, se familiariser avec les principes et l'esprit de cette profession, fréquenter les anciens, les honorer, mériter leur estime ; en un mot, réaliser les espérances qui avoient préparé sa réception.

Ce n'étoit qu'après cette épreuve qu'il étoit porté sur le *tableau.*

Arrivé à ce terme qui l'introduisoit dans l'*ordre* (1), l'avocat ne cessoit pas d'être assujetti à la discipline de son corps, et soumis à une espèce de police fraternelle plus ou moins sévère, suivant la gravité des contraventions.

Les peines de ces contraventions étoient une

_____

(1) Cette condition d'être *inscrit sur le tableau* pour faire *partie de l'ordre*, se trouve encore aujourd'hui consacrée par l'article 9 du titre 2 du décret impérial du 14 décembre 1810, contenant réglement sur l'exercice et la discipline du barreau, en ces termes :

Art. 9. Ceux qui seront *inscrits au tableau* formeront seuls l'ordre des avocats.

réprimande publique ou à *huis clos*, la *suspension* temporaire, la *restitution*, enfin la *radiation* du tableau.

Les principaux reproches qui pouvoient attirer sur l'avocat l'animadversion de l'ORDRE se composoient de ceux-ci :

1°. Une négligence habituelle à se trouver à l'audience au moment de l'appel de ses causes, de manière à compromettre l'intérêt des clients, et à encourir l'affront d'une *amende ;*

2°. De se charger, sans choix, de bonnes et de mauvaises causes, et de les défendre avec artifice, subtilité, et infidélité dans les citations ;

3°. De se permettre dans ses plaidoyers des *invectives*, soit contre les *parties adverses*, soit contre leurs *défenseurs* et *conseils ;*

4°. D'offenser la dignité du tribunal par des expressions irrévérentielles, par des gestes inconvenables, ou par la perturbation de l'auditoire ;

5°. De faire preuve d'une ignoble avidité, en mettant à trop haut prix ses travaux et ses talents ;

6°. De retenir, à titre de *gage*, les pièces dont il a été chargé, soit pour la *plaidoirie*, soit pour l'examen et le *conseil ;*

7°. De faire un *traité* avec les clients, par

forme d'entreprise, pour conduire l'affaire, et partager le montant de la chose adjugée (1);

8°. De se charger de procuration pour négoce (2);

9°. De mélanger quelque emploi ou *commerce* avec la *profession d'avocat;*

10°. De mener un train de vie dissipée et contraire à la modestie et à la gravité de l'état.

Mais le délit le plus grave, et qui entraînoit irrémissiblement l'expulsion du barreau, étoit

---

(1) « Qui marchande à partie à mener la cause pour en « avoir la *moitié*, ou le *tiers*, ou *partie d'icelle*, sache que « c'est faussonnerie ou chose défendue par la loi, à peine « d'*estre privé de l'état de advocacerie*, à grand *blame et con-* «*fusion.* » (Somme rurale.)

(2) Cette prohibition imposée à l'*avocat*, de se charger d'une *procuration*, est motivée sur ce que le fondé de procuration est comptable envers son mandant; ce qui le tient dans un état de subalternité, jusqu'à ce qu'il ait rendu ses comptes.

D'ailleurs les *procurations* étoient interdites aux *chevaliers.*

« *Item.* Sçachez que *chevalier* ne doit pas s'entremettre de « faict de *procuration*, pour sa noble dignité de *chevalier.* »

(Bout., liv. 1, tit. 10, pag. 45.)

C'en étoit assez pour que la même prohibition fût adoptée par l'*ordre des avocats*, qui affectoient, dans les moindres circonstances, de suivre la marche et les principes de la *chevalerie.*

de répudier la défense d'une partie indigente (1),
ou celle d'une partie *opprimée* par un puissant
adversaire (2).

L'extrême sévérité de l'ordre des avocats, contre
ce *déni* de défense *aux indigents* et *aux opprimés*,
étoit une conséquence de leur système favori,
d'assimiler la profession d'*avocat* à la *chevalerie
militaire*.

Cette illusion, si c'en étoit une, étoit autorisée par les lois.

Le *fameux code romain*, qui étoit en possession de gouverner la France et toute l'Europe,
proclamoit, à chaque page, l'assimilation parfaite
de l'*avocat* avec le *militaire*.

« Qu'on ne croie pas, dit l'empereur, que nous
« ayons exclusivement placé le salut de notre em-
« pire sous la protection des *lances*, des *boucliers*,
« et des *cuirasses* (3), nous regardons les *avocats*
« aussi comme *militaires*, et comme tenant un
« rang distingué parmi les *défenseurs de l'em-
« pire* (4).

---

(1) *Quicumque parti patrocinium denegaverit*, careat foro.
(Cod. de postulando.)

(2) *Vel si* ambitione adversarii, *vel* metu. (*Ibid.*)

(3) *Nec enim solos nostro imperio* militare *credimus, illos
qui* gladiis, clypeis *et* thoracibus utuntur...

(4) *Sed etiam* advocatos.

« Leur profession est aussi précieuse au genre
« humain, et aussi périlleuse pour eux que s'ils
« l'exerçoient au milieu des *combats* et des *bles-*
« *sures* (1).

« En effet, la profession d'un avocat n'est-elle
« pas un *état de guerre en permanence* (2)? Ne
« consiste-t-elle pas à livrer journellement combat
« aux ennemis de l'ordre public et aux usurpa-
« teurs des propriétés particulières? Ils épuisent
« leurs forces et les ressources d'une voix élo-
« quente à dévoiler les injustices, à défendre le
« foible contre l'oppression du fort, à rendre l'es-
« poir aux familles désolées, à défendre l'hon-
« neur, la liberté, et la vie de leurs clients, et
« à préparer la sûreté des citoyens et le bonheur
« des générations futures. »

Il n'est donc pas étonnant que, sur l'autorité
de lois aussi positives, les *avocats* se soient appliqué les droits et les devoirs de la *chevalerie.*

Or, comme c'étoit un *devoir* sacré pour un vrai

---

(1) *Non minus provident humano generi quam si* præliis
atque vulneribus *patriam parentesque salvarent.*

(2) MILITANT, *namque,* causarum patroni *qui dirimunt am-*
bigua fata causarum suæ defensionis viribus, in rebus sæpe
publicis ac privatis lapsa erigunt, fatigata reparant, qui,
gloriosæ vocis confisi munimine, laborantium spem, vitam
et posteros, *defendunt.*

chevalier de prendre en main la défense du foible, et de ne jamais fuir devant les aventures périlleuses, de même aussi le *véritable avocat* contractoit l'obligation de prendre, en main, la cause du *pauvre* et de l'*opprimé*, sans redouter le ressentiment d'un puissant adversaire.

C'étoit ce généreux dévouement qui faisoit l'honneur de cette profession, qui la mettoit hors de la ligne commune, et lui appliquoit un caractère de *noblesse* et de vénération.

Lui ôter le mérite du *désintéressement* et du *courage*, c'étoit lui enlever le plus beau fleuron de sa couronne, et la replacer dans la classe des *officiers ministériels*.

Se signaler en public par le lâche abandon de la défense d'une partie *indigente* ou *opprimée;* n'oser aborder, corps à corps, un puissant personnage, par la crainte de son ressentiment, c'étoit flétrir l'ORDRE entier, et l'attaquer dans le principe de sa gloire.

L'*avocat* qui se rendoit coupable d'une pareille *poltronnerie*, devenoit indigne de rester dans les rangs d'un *ordre* qui plaçoit tout son orgueil dans le *désintéressement* et le *courage*.

CHAPITRE IX.

Variétés dans l'intervalle de 1300 *à* 1350.

I. Le droit d'*asile* dans les églises ou cimetières étoit encore en vigueur à cette époque (ordonn. du Louv. du 3 mai 1302). Néanmoins il avoit subi quelque modification.

D'abord, il n'étoit pas applicable à ceux qui s'étoient évadés de *prison.*

En second lieu, quiconque jouissoit du droit d'asile, ne pouvoit s'en aider que pendant neuf jours, après lesquels le juge *laïc* avoit le droit de s'en emparer, pour le faire sortir du territoire.

II. L'*excommunication* figuroit encore, avec éclat, dans ce demi-siècle.

Elle étoit prononcée contre ceux qui ne payoient pas leurs dettes. Il leur étoit enjoint de se *faire absoudre* dans le délai d'un an, faute de quoi leurs *biens étoient saisis*, et, sur le prix de la vente, l'église prélevoit une amende.

Celui contre lequel l'évêque avoit délivré une *cédule d'excommunication*, étoit, de droit, exclus de la profession d'*avocat*, et, sur la présentation de la *cédule d'excommunication*, le juge devoit lui interdire la parole. « Quod si apertâ litterâ,

« majorem *excommunicationem* contineat, vobis
« ostendatur, *excommunicatos* ad agendum vel
« *patrocinandum* non recipiatis. »

(Ordonn. de Philippe-le-Bel, du 23 avril 1399.)

III. Aussitôt que Philippe-le-Bel eut rendu le
parlement *sédentaire* à Paris, il lui donna pour
siége son propre palais, qu'il fit considérablement
agrandir pour le rendre digne de sa nouvelle destination. Il fit enfermer, dans son enceinte, une
place dite de *St.-Michel,* et une chapelle qui y
étoit établie. Ensuite, ce monarque, abandonnant son palais, alla fixer sa résidence au Louvre,
qui fut aussi celle de ses successeurs jusqu'à
Louis XIV.

IV. 1314. Les juges du comté de Valois firent
le procès à un *taureau* qui avoit tué un homme
d'un coup de corne, et le condamnèrent à être
pendu, après une instruction en forme, où plusieurs témoins avoient été entendus.

La sentence fut confirmée par arrêt du parlement, du 7 février 1314.

V. 1348. Vers la moitié de cette année, une
affreuse épidémie vint affliger la France. Ses
cruels ravages se firent particulièrement sentir à
Paris. Le mal commençoit par une tumeur sous
les aisselles ou dans l'aisne, et emportoit, en trois
jours, ceux qui en étoient attaqués. Cette cala-

mité dura deux ans, pendant lesquels la mortalité
alla toujours en croissant. Les sœurs de l'Hôtel-
Dieu périrent toutes, de manière qu'il fallut renouveler plusieurs fois leur communauté : le
cimetière des Innocents se trouva tellement en-
combré, qu'on fut obligé de le fermer, et d'en
ouvrir un autre hors des murs de la ville. Un
grand nombre de maisons, désertes et inhabitées
au sein de Paris, tombèrent en ruine.

La mortalité n'épargnant aucun rang, les personnages les plus augustes succombèrent. Telles
furent Jeanne, reine de Navarre, fille de Louis X,
dit le Hutin (celle-là même qui, en 1315, avoit
été l'objet de la fameuse discussion sur l'hérédité
de la couronne de France). Bonne, de Luxembourg, femme de Jean, de France, duc de Normandie, et fils aîné du roi, et, enfin, la reine
Jeanne, de Bourgogne, femme de Philippe de
Valois.

Pendant le cours de cette contagion, qui dura
dix-huit mois, l'exercice de la justice ne cessa pas.
Les magistrats du parlement et les avocats, ainsi
que les officiers ministériels, au lieu de fuir dans
les campagnes, loin du danger, se dévouoient
avec courage à leurs fonctions.

VI. 1335. Nous avons vu, sous le règne de
S.-Louis, qu'il étoit reçu en principe que tout

mari avoit le droit de *battre sa femme,* et de la *châtier corporellement,* pourvu que la correction n'allât pas jusqu'à la mort, ou à la mutilation d'un membre.

Cette doctrine se maintint en vigueur durant le quatorzième siècle; et les habitants de la petite ville de *Trié,* en Languedoc, attachoient tant d'importance et de prix au droit de *battre leurs femmes,* en toute liberté, qu'ils en firent une condition de leur soumission à Charles-le-Bel; cette confirmation leur fut effectivement accordée par l'ordonnance donnée à Vincennes, le 7 septembre 1325, en ces termes :

« Si quis uxorem suam correctionis causa per-« cusserit, vel vulneraverit, domino nihil solvet, « dùm tamen *modum corrigibilem* non excedat. »

(Ordonn. du Louv. tom. 12, p. 492.)

Ces mêmes habitants se réservèrent un autre privilége assez bizarre; ce fut, en cas de conviction d'*adultère,* d'en être quittes pour courir *tout nuds* d'un bout de la ville à l'autre.

« Si aliquis in adulterio deprehensus, currat « per villàm. »

Et, même, avec la faculté de se racheter de cette corvée au moyen d'une amende de 60 sous toulousains.

Encore falloit-il bien des formalités pour parvenir à constituer l'accusé en état de conviction.

Cet usage peut facilement s'expliquer dans un pays où les maris usoient, à volonté, du droit de *battre* leurs femmes; celles-ci devoient être souvent tentées de recourir à des consolateurs; et la représaille étoit trop fréquente pour qu'on la traitât avec rigueur.

Voyez mon Traité de l'*Adultère*, édition de 1783, p. 354.

VII. Dans l'intervalle de 1300 à 1350, il étoit d'usage que les *ordonnances des rois* fussent rédigées en *latin*; et c'étoit ainsi qu'elles étoient transcrites sur les registres du parlement.

Il en résultoit que la classe du peuple, qui n'entendoit pas le *latin*, étoit hors d'état de connoître et d'exécuter des réglements qui l'intéressoient le plus; tels que les *corporations d'arts* et *métiers*.

Cet inconvénient s'étant fait sentir, en 1345, à l'occasion d'un réglement concernant les métiers de *tanneurs, corroyeurs, baudroyeurs, et cordonniers de Paris*, qui devoit être, pour ceux-ci, d'un usage journalier, Philippe de Valois se détermina à le faire rédiger en *françois* (1).

_____

(1) *Dictas ordinationes nostras ut à personis, dicta opera sive artes exercentibus quæ, ut plurimum,* latinum *non intel-*

Mais les *arrêts* ne continuèrent pas moins à être rédigés en *latin*, quoique prononcés en *françois*.

SECTION II.

Contenant la seconde moitié du quatorzième siècle, depuis 1350 jusqu'à 1400.

J E A N.

C H A R L E S V.

C H A R L E S VI.

CHAPITRE PREMIER.

Avénement du roi Jean à la couronne en 1350. Ce prince débute par des coups d'autorité arbitraire, et la violation des formes juridiques, qui lui enlèvent la faveur publique. Ayant été fait prisonnier à la bataille de Poitiers, le dauphin Charles convoque les états généraux, pour aviser aux moyens de payer sa rançon. Assemblée des états généraux

---

ligunt facilius et absque interprete intelligi valeant, et pro hoc perfectius observari, non in latino (*licet* stylus curiæ nostræ hoc requirat) *sed in* gallico, *dictari et scribi fecimus sub hac forma.*

de 1356. Dispositions peu favorables des députés. Leurs prétentions à la réformation du royaume. Comité de salut public, composé de trente-six membres. Les plus ardents, réunis en conciliabule dans la salle des Cordeliers, *demandent le renvoi des ministres et de plusieurs membres du conseil du roi, qu'ils déclarent avoir perdu la confiance de la nation. Le dauphin casse et dissout l'assemblée. Nouvelle autorité qui se constitue d'elle-même à l'hôtel-de-ville, sous la présidence de Marcel, prévôt des marchands, et qui se dit chargée du salut du peuple. Sa première opération est de casser le parlement et de proscrire les magistrats, ainsi qu'un grand nombre d'avocats les plus distingués, et suspects d'attachement à la cour. Introduction de la couleur bicolore appliquée aux chaperons. Le régent, tenu en captivité dans son palais, sanctionne toutes les décisions de la municipalité. Marche d'un attroupement de soi-disant patriotes, vers le palais, armés d'instruments de mort de toute espèce. Massacre, au palais, de l'avocat Regnault d'Acy. Le dauphin est obligé de prendre la cocarde patriotique, qui lui est présentée par Marcel. Proclamation des soi-disant patriotes, portant invitation aux habitants des campagnes d'exterminer les nobles et de brûler tous les châteaux. Désorganisation complète du palais de justice, qui se trouve sans juges, sans avocats et sans plaideurs. Fin du règne de la terreur, par la mort tragique du prévôt*

*Marcel. Arrestation et désarmement de ses com-
plices. Députation de deux avocats vers le régent,
retiré à Charenton, pour le supplier de revenir à
Paris. Transport de ce prince au palais. Rétablissement du parlement. Ouverture des audiences.
Négociations avec le roi d'Angleterre sur la rançon
du roi. Guillaume de Dormans et Desmarets, avocats au parlement, au nombre des plénipotentiaires. Traité de Bretigny, du 7 mai 1360. Lecture
solennelle de ce traité par l'avocat Desmarets.
Retour du roi de sa captivité. Sa mort. Diverses
ordonnances de ce roi sur le régime judiciaire.
Témoignages de reconnoissance et de considération accordés par Charles V à l'ordre des avocats.
Institution d'un conseil de tutèle, pour le cas où
l'héritier présomptif de la couronne seroit appelé
au trône en minorité. Charles V fait honneur à
l'ordre des avocats de choisir six d'entre eux pour
faire partie de ce conseil, conjointement avec les
plus hauts personnages du royaume. Sous le règne
de Charles V, le barreau recouvre sa splendeur
première. Mort de ce monarque en 1380. Discorde
entre les oncles du jeune roi (Charles VI). La
décision de leurs débats est mise en arbitrage.
L'avocat Desmarets est un de ces arbitres. Dila-
pidations et exactions commises par les oncles du
roi. Mécontentement du peuple. Insurrection générale. Les portes de l'hôtel-de-ville forcées. Enlève-
ment des armes et des maillets de plomb. Origine*

*de la dénomination des Maillotins. Massacre des
commis à la perception des impôts. Fuite des magistrats et notables. Cessation des audiences. Formation spontanée d'une milice bourgeoise. Service
signalé rendu par l'avocat Desmarets, qui parvient
à dissiper les factions et à rétablir le calme. Députation des avocats Arnaud de Corbie et Desmarets
vers le roi, pour obtenir une amnistie, qui leur est
accordée. Renouvellement de la sédition après le
départ du roi pour la Flandre. Retour du roi.
Appareil menaçant de son entrée dans Paris.
Arrestations nombreuses et arbitraires. Exécutions
sanglantes. Plusieurs avocats décapités. Jean Desmarets conduit au supplice avec une distinction
ignominieuse. Opinion uniforme des historiens sur
l'iniquité de cette exécution. Retour de la tranquillité. Considération rendue à l'ordre des avocats,
que la cour continue d'employer à d'importantes
fonctions. Juvénal des Ursins, avocat au parlement,
nommé prévôt des marchands. Oudan des Moulins,
avocat, est promu à la dignité de premier président.
Trois membres de l'ordre des avocats sont appelés
par la cour au concile national tenu en 1394. Prospérité renaissante du barreau de Paris.*

1380.　Lorsque tout annonçoit au Barreau de Paris
la continuité de ses succès, il touchoit au moment
d'une affreuse catastrophe.

JEAN venoit de succéder à son père, Philippe de Valois (23 août 1350.)

Les abus d'autorité et les indiscrétions qui signalèrent les premières années de son règne devinrent le germe d'un mécontentement général, précurseur ordinaire de quelque commotion.

L'orage éclata, en 1356, après la perte de la bataille de Poitiers, dans laquelle Jean fut fait prisonnier (19 septembre 1356.)

1356.

Ce funeste événement jeta la consternation dans tous les esprits, et, pour comble de malheur, la direction du gouvernement tomba entre les mains d'un jeune prince de dix-neuf ans, sans expérience (le dauphin Charles, duc de Normandie.)

Le besoin urgent de se procurer des fonds extraordinaires pour payer la rançon du roi, détermina le dauphin à presser la convocation des députés aux *états généraux*, qui se trouvèrent réunis à Paris, au nombre de huit cents, le 17 *octobre* 1356, dans la *grand'chambre* du *parlement*.

1356.

Jamais assemblée d'*états généraux* n'avoit été plus nombreuse ni mieux composée.

On voyoit dans le clergé beaucoup d'*évêques*, *archevêques*, grande quantité d'*abbés mitrés*, d'*ecclésiastiques dignitaires* et *docteurs*, *maîtres en théologie* (qu'on appeloit alors *maîtres en divinité*).

Du côté de la *noblesse*, des seigneurs de *fleurs de lis* (princes du sang), ducs, comtes, barons, etc.

Enfin, le *tiers-état* offroit *quatre cents* députés des bonnes villes, l'élite de ce qu'il y avoit alors de plus riche et de plus éclairé entre les bourgeois.

L'ouverture de l'assemblée se fit par le *chancelier Pierre Laforêt*, que nous avons vu figurer sur le *tableau* des *avocats* du règne précédent.

Le *chancelier* exposa aux députés le misérable état des finances, la nécessité urgente de former la *rançon* du roi, et de mettre fin à sa situation douloureuse, en les conjurant de n'entremêler leur délibération d'aucun autre objet étranger à celui de leur convocation.

Mais il trouva dans l'assemblée des dispositions bien différentes.

Courbés depuis long-temps sous le joug d'une autorité capricieuse et déréglée, les députés des trois ordres avoient apporté un profond ressentiment du passé, avec l'intention de ne rien décider, en matière de finance, qu'au préalable la cour n'eût fait droit sur la réformation qu'ils avoient à proposer.

L'assemblée nomma un *comité* de *trente-six membres*, pour rédiger un projet qui lui seroit rapporté.

Les *trente-six membres* furent pris (comme il arrive toujours en pareil cas) parmi ceux qui avoient montré plus de chaleur, de vivacité et d'énergie.

Ceux-ci se retirèrent au *couvent des cordeliers*, où ils formèrent une espèce de conciliabule, autour duquel venoit se réunir ce qu'il y avoit de plus exalté dans l'assemblée.

Le premier résultat de leur travail fut d'exiger la *destitution* d'un certain nombre de personnages qui formoient le *conseil du dauphin*, et dont plusieurs étoient ou *magistrats du parlement*, ou *avocats* distingués, sous le prétexte qu'ils avoient perdu la *confiance de la nation*.

Le *dauphin*, ayant eu communication de cette proposition, prit un moyen adroit pour arrêter les réformateurs dans leur course ; ce fut de dissoudre l'assemblée avant même que le rapport du *comité des trente-six* eût été présenté.

L'assemblée n'étant pas en mesure contre cet événement imprévu, il fallut obéir, au grand regret des *faiseurs*, qui virent évanouir leurs *spéculations régénératrices*.

La plupart des *députés*, qui commençoient à se repentir de s'être laissés emporter aussi loin, saisirent cette occasion de retourner dans leurs foyers.

Mais le *dauphin* eut bientôt un plus terrible adversaire à combattre dans une autorité nouvelle qui s'étoit *constituée d'office* à l'hôtel-de-ville sous la direction de *Marcel, prévôt des marchands :* elle affectoit de braver l'autorité royale, prétendant être dépositaire des *droits du peuple.*

Sa première opération fut de casser le parlement, et d'en recréer un autre, formé de sujets dévoués à la faction.

Les ministres et les membres du parlement dont la *destitution* avoit été projetée furent *proscrits, arrêtés* ou *poursuivis,* leurs biens confisqués, leurs meubles pillés, et les conseillers intimes du dauphin destitués, avec des qualifications injurieuses, par une ordonnance publiée sous le nom du dauphin au mois de *mars* 135...

Parmi les individus frappés de cette réprobation se trouvoient plusieurs *avocats* au parlement qui étoient membres du conseil particulier du dauphin, et notamment *Regnault d'Acy,* dont nous aurons bientôt à raconter la fin tragique (1).

---

(1) Avons privé et privons, débouté et déboutons de tous les offices, services et conseils de notre très cher seigneur et pere et des nôtres, et sans rappel, et comme *indignes et non suffisans,* c'est à savoir maître *Pierre de Laforest,* maître *Regnault d'Acy,* etc.

(*V.* ci-dessous la déclaration du 8 mai 1359.)

Marcel, l'ame de ces mouvements, imagina une décoration qui devoit servir aux patriotes à se reconnoître ; c'étoit une espèce de *cocarde rouge* et *blanche* appliquée au *chaperon,* et dèslors ce signe devint général, tant il y auroit eu de danger à s'en abstenir.

Maître du dauphin, qu'il tenoit dans une espèce de captivité, Marcel lui faisoit souscrire toutes les *ordonnances* et *déclarations* qu'il lui plaisoit.

Au premier signe de résistance qu'il éprouvoit de la part du dauphin ou de son conseil, il *encoléroit* le peuple ou l'alarmoit ; fertile en inventions pour le tenir perpétuellement en haleine, tantôt il faisoit fermer tout-à-coup les portes de Paris, sous le prétexte de prévenir l'invasion des amis de la cour, tantôt il ordonnoit la fabrication d'*un camp autour de Paris.*

Il donna ordre au prévôt de Paris de mettre en liberté tous ceux qui étoient « détenus comme « *larrons, meurtriers, voleurs de grands chemins,* «*faux-monnoyeurs, faussaires, coupables de viol,* « *ravisseurs de femmes, perturbateurs du repos* «*public, assassins, sorciers, sorcières, empoison-* « *neurs.* »

Encouragé par cette recrue d'exécuteurs, il ameute la populace, et lui annonce qu'il n'y a

qu'un moyen de mettre le dauphin à la raison,
c'est d'aller lui faire une *visite en masse* dans son
palais, et de le débarrasser des conseillers per-
fides qui l'environnoient ; et, sur-le-champ, cette
troupe infernale se mit en marche vers le palais,
armée d'instruments de mort de toute espèce.

La première victime qui tomba sous leurs coups
fut l'*avocat Regnault d'Acy,* qui sortoit d'auprès
du dauphin ; homme probe et instruit, et qui
jouissoit de la plus haute considération. Il est
poursuivi et percé de coups dans une boutique
où il s'étoit réfugié.

Après cette expédition, *Marcel,* à la tête de sa
troupe, monte les degrés du palais, entre dans
la chambre du dauphin, et lui fait accepter le
chaperon aux couleurs de la faction, comme une
sauve-garde, et ordonne aux siens de faire leur
devoir. Alors commence un massacre dont les
détails sont du ressort de l'histoire (1).

Les séditieux *écrivirent aux villes voisines* pour
justifier cette mesure de sûreté, et les inviter à
en faire autant de leur côté vis-à-vis les nobles et
partisans de la cour.

Ces invitations produisirent leur effet dans les
campagnes, où les paysans, ayant formé une

1357.

_____

(1) **Vély,** tom. 9, pag. 280.

réunion sous le nom de *Jacquerie*, firent une guerre atroce aux *nobles*, sous prétexte de se venger des vexations qu'ils en éprouvoient.

Pendant que la France étoit ainsi le théâtre d'horreurs et de carnage, que devenoient le *parlement* et son *barreau?* Il est aisé de voir qu'il n'y avoit plus ni *parlement* ni *barreau*.

Dans ces jours d'effroi, chacun tremblant pour ses jours, ne s'occupoit que du soin de les dérober aux assassins, sans songer à des procès. Tous les magistrats étoient en fuite ou cachés. Il ne restoit en évidence que ceux qui, par une prudente dissimulation, avoient su éloigner d'eux l'attention des séditieux.

Il en étoit de même des *avocats*.

Tous ceux qui jouissoient de quelque célébrité avoient disparu; et Paris, livré à la plus complète anarchie, n'avoit plus ni *juges*, ni *avocats*, ni *plaideurs*.

Cependant le moment arriva de mettre un terme à ce règne d'iniquité.

Marcel, devenu lui-même odieux à ses partisans, est massacré sur la place le 1er août 1358.   1358.

Au bruit de sa mort, l'alégresse publique se répand dans toute la ville; les *chaperons mipartis* sont foulés aux pieds. Le peuple, dont il avoit été l'idole, outrage son cadavre. Tous ceux

des siens qui se présentent sont massacrés ; les
autres se réfugient dans leurs maisons, et y sont
poursuivis ; on enfonce les portes, on les charge
de chaînes ; un cri général demande qu'on leur
fasse leur procès ; et pendant plusieurs jours on
les traîne au supplice *par charretées,* aux accla-
mations d'un peuple ivre de joie, et qui les couvre
de huées et de malédictions.

Les bons citoyens, que la terreur avoit comprimés, sortent de leurs retraites.

On choisit parmi eux deux anciens avocats,
J. Alphonse et *Jean Pastouret,* qui sont députés
vers le régent, à Charenton, pour le supplier,
au nom de la ville de Paris, d'y venir rétablir le
calme par sa présence. Le régent se rend à ces
supplications, et rentre dans Paris au milieu des
bénédictions.

Son premier soin est de rendre aux tribunaux
leur activité, et de réparer les injustices commises, sous son nom, contre ses plus fidèles
serviteurs.

Comme depuis près de deux ans le cours de la
justice étoit interrompu, et qu'il n'y avoit pas
eu de parlement, par la fuite ou le meurtre
d'une grande partie des magistrats, et que, d'un
autre côté, la restauration du système parlemen-
taire exigeoit quelque temps, le régent se borna

à établir une *commission provisoire*, représentation du parlement, et composée des débris de cette cour.

C'est ce qu'il fit par son ordonnance du 18 octobre 1358 (trois mois après la mort de Marcel).

Le 28 mai 1359 le régent se transporta au parlement, où il prononça lui-même une ordonnance, par laquelle il rétablit dans leurs emplois les officiers dont la destitution avoit été arrachée par la déclaration du mois de mars 1357, en regrettant, avec amertume, d'avoir été l'instrument d'une pareille ingratitude (1).

Dès ce moment les audiences furent ouvertes, et les officiers de justice rentrèrent en fonctions ; mais pendant long-temps le palais n'offrit aux yeux qu'une triste solitude.

Le déplorable état où se trouvoient les propriétaires ne laissoit plus aux tribunaux de matière pour les occuper.

Pour ramener la tranquillité dans l'état, il falloit nécessairement terminer la captivité du

---

(1) *Voyez* cette déclaration, qui est un monument précieux pour l'histoire, et qui peint avec franchise ou état de choses qui s'est reproduit sur la fin du dix-huitième siècle.

(Ordonn. du Louv., tom. 3, pag. 345.)

roi, qui étoit une cause permanente de troubles et de désordres.

1360.   *Edouard*, mécontent de la résistance que le régent avoit opposée aux conditions qu'il exigeoit, avoit pris le parti de traiter lui-même de cette *rançon*, à la tête d'une armée formidable qui couvroit la France de désolation.

Après avoir poussé plusieurs fois jusqu'aux portes de Paris, il s'étoit retiré sur Chartres.

Ce fut là qu'on arrêta enfin, de part et d'autre, le projet d'une négociation.

Le *régent* nomma plusieurs plénipotentiaires, parmi lesquels on trouve *deux avocats*, *Guillaume de Dormans* et *Jean Desmarets*.

Les députés se réunirent au village de *Bretigny*, près Arpajon, qui depuis a donné son nom à ce fameux traité.

Après une semaine de conférences, le *traité* fut signé le samedi 7 mai 1360.

Avant de le ratifier, le régent convoqua les notables de Paris, en présence desquels il fit lire le traité par l'avocat *Jean Desmarets*; et toute l'assemblée ayant paru satisfaite des conditions, le régent le signa, en jura l'observation.

1361.   A la suite de ce traité, JEAN sort de sa captivité, et revient en France après *quatre ans* de prison.

Jean survécut peu à sa delivrance, et mourut 1364.
à Londres en 1364.

Au milieu des agitations qui troublèrent ce
règne désastreux, on entrevoit encore quelques
traces de sollieitude pour l'administration de la
justice et la discipline du palais.

Par une ordonnance du mois d'octobre 1351,
JEAN annonce l'intention d'envoyer dans les bailliages et sénéchaussées des commissaires choisis
parmi les jurisconsultes les plus éclairés, pour
recueillir les anciennes coutumes du pays, faire
un triage de ces coutumes, abolir celles qui seroient abusives, et conserver les autres, les faisant revêtir de la sanction royale et de la formalité
de l'*enregistrement.*

A son retour d'Angleterre, il parut encore
s'occuper de l'ordre judiciaire, par une ordonnance du mois de *décembre* 1363, presque entiérement consacrée à la discipline des *avocats.*

Charles V, son fils, qui lui succéda en 1364,
n'oublioit pas que c'étoit dans cet *ordre* qu'il
avoit trouvé, pendant ses malheurs, ses appuis
les plus fermes, ses conseils les plus éclairés, et
ses plus fidèles serviteurs.

Le sang de l'infortuné *Renaud d'Acy,* massacré
presque à ses pieds, provoquoit toute sa reconnoissance.

Aussi le monarque honora-t-il toujours le barreau de Paris de la plus haute distinction, en
appelant ses membres aux emplois qui demandoient le plus de zèle et de talent.

Il donna un témoignage de cette considération,
en 1374, dans une occasion bien importante,
lorsqu'il s'occupa de l'établissement d'un *conseil
de tutèle*, pour le cas où il viendroit à mourir
avant que le jeune Charles, héritier présomptif
de la couronne, eût atteint sa majorité.

A côté des noms les plus illustres qui com-
posent le conseil de tutèle (1), le roi ne dédaigne
pas de placer les noms de plusieurs *avocats du
parlement de Paris* qui étoient en plein exercice
de leur état, ou qui étoient sortis du sein de
cet ordre (2).

Cependant l'éclat et la puissance du parlement
se fortifioit de jour en jour, et sa qualité *de cour
de France et des pairs* amenoit à sa *barre* les personnages les plus augustes.

---

(1) Duguesclin, le comte d'Harcourt, Enguerrand de Coucy,
Olivier de Clisson, Guillaume de Craon, Pierre de Villau,
Pierre d'Aumont, Philippe de Savoisy, etc.

(2) *Arnaud de Corbie, Etienne de la Grange, Dubois,
Evrard de Cromagon, Jean Barruel, Jean Pastourel, Jean
d'Acy.*

Le règne de *Charles V* est signalé par plusieurs ordonnances et réglements sur l'administration de la justice et le perfectionnement de l'*ordre judiciaire*.

Pendant la durée de ce règne, le BARREAU de Paris reprit sa splendeur et sa célébrité. Le train et l'aisance des avocats les plaçoit de pair avec les *prélats* (1).

Enfin, ses malheurs étoient effacés, lorsque l'avénement de Charles VI au trône (en 1380) le replongea dans de nouvelles afflictions.

Les ducs d'*Anjou*, de *Bourbon*, de *Berry* et de *Bourgogne*, oncles de Charles VI (alors âgé de douze ans seulement), ne s'accordèrent pas sur le *conseil de régence* établi par l'ordonnance de 1374.

Une assemblée des plus grands personnages de l'état ayant été convoquée pour régler cette grande question, il fut convenu qu'elle seroit soumise à quatre arbitres, au nombre desquels fut *Jean Desmarets, avocat au parlement*, qui paya cher, par la suite, le dangereux honneur de décider les querelles des princes.

---

(1) Le public désignoit les uns et les autres sous la qualification de *gros chaperons fourrés*.

(*Voyez* au chapitre *variétés* le propos de Duguesclin.)

Les *arbitres* ayant formé, par leur décision, une espèce de *concordat*, les princes s'y soumirent, et il fut homologué au parlement par arrêt du 2 *octobre* 1380 (quinze jours après la mort du roi).

Jean Desmarets, qui faisoit l'office d'*avocat du roi*, porta la parole, en cette occasion, pour expliquer et justifier les dispositions de ce *traité* important, qui contenoit les destinées de la France.

Mais les princes n'exécutèrent de ce traité que les dispositions utiles.

Considérant la France comme une mine à exploiter, et s'étant partagé le royaume, chacun d'eux couvrit de désordres et de dévastations la portion qui lui étoit échue.

Au milieu de l'indignation générale, ce fut de Paris que partit le premier signal de mécontentement (en 1380).

La populace s'ameute, forme des groupes, et demande à grands cris la suppression des *nouveaux impôts*.

L'audace s'accroît par la foiblesse du gouvernement; les *chaînes* sont tendues, le cri *aux armes* se répète dans toute la ville; on parle de couper le *pont de Charenton*, de renverser le *Louvre* et la *Bastille*. Les mutins enfoncent les portes de l'hôtel-de-ville, enlèvent les *armures*, et s'attachent principalement aux *maillets* de *fer* et de *plomb* qui y avoient été déposés en 1356 (ce qui leur fit donner le nom de *Maillotins*).

Leurs premiers coups tombèrent sur les *agents du gouvernement*, les *receveurs des impôts*, les *adjudicataires des fermes*, et les *collecteurs*. Ils rompent les portes des prisons, qui vomissent une foule de scélérats destinés au supplice.

Paris présente le spectacle d'une ville prise d'assaut.

La plupart des magistrats, des gens de marque et bons bourgeois prennent la fuite, abandonnant leurs maisons au pillage.

Après plus de trois jours passés dans cette affreuse position, ceux des officiers municipaux qui avoient eu le courage de rester au milieu de ces furieux font promptement armer dix mille bourgeois. Ressource impuissante !

Mais un homme de courage vint rétablir l'équilibre ; ce fut encore *Jean Desmarets*, qui, ayant harangué la populace, dont il étoit respecté, parvint à la dissiper et à rendre le calme à la ville.

Il restoit à apaiser la colère du roi, qui s'avançoit à la tête d'une forte armée pour punir la révolte des Parisiens. Mais il s'ouvrit, à cet effet,

1392. une négociation, qui fut terminée à la satisfaction de la cour et du peuple ; et l'on voit encore figurer *Arnaud de Corbie* et *Jean Desmarets* parmi ces sages médiateurs.

Le roi étant retourné en Flandres (1), des esprits turbulents profitèrent de son absence pour reproduire dans Paris les mêmes agitations, et rallumer le feu mal éteint de la sédition.

L'audace des *Maillotins* se fortifioit par l'espérance que l'armée françoise seroit exterminée en Flandres. Il en arriva tout autrement.

Charles, indigné de cette récidive, fait marcher son armée sur Paris, où il entre en maître irrité, et comme dans une place de conquête (janvier 1383.)

Il fait abattre les barrières.

Le connétable et les principaux officiers de l'armée se saisissent des postes où les mutins avoient coutume de se rassembler ; les *chaînes* sont arrachées, et transportées à Vincennes ; les habitants sont désarmés ; plus de *trois cents* personnes sont arrêtées, parmi lesquelles se trouvent des citoyens paisibles attachés au gouvernement, mais qui sont immolés à la haine ou à l'avarice de

---

(1) Au secours du comte de Flandres, contre les Gantois qui s'étoient révoltés, ayant *Artevelle* à leur tête.

leurs ennemis particuliers : tels étoient *Guillaume de Sens*, *Jean Desmarets*, *Jean Filleul*, *Jacques Duchâtel* et *Martin Doublé*, tous *avocats*. Les prisons encombrées se vident successivement ; mais les *détenus* n'en sortent que pour marcher à l'échafaud.

Un de ces chars funèbres s'avançoit vers les halles, composé de douze victimes conduites à la mort. La surprise et la consternation furent générales, quand, sur un siége élevé au dessus des autres, on aperçut *Jean Desmarets*, ce respectable vieillard, qui avoit usé sa vie et ses talents dans des services sans nombre rendus à son ingrate patrie.

Loin d'être complice des désordres publics (dit un de nos historiens), il les avoit prévenus ou réparés, et toujours il les avoit condamnés.

« Le peuple, les grands, ceux même qui le « perdoient, tous étoient persuadés de son inno- « cence.

« Sans se plaindre de ses persécuteurs, il pro- « nonça, d'une voix ferme, ces paroles de *David :* « *Judica me, Domine, et discerne causam meam* « *de gente non sancta.* »

Il se présenta à la mort héroïquement, et se refusa, sur l'échafaud, à une lâcheté qu'on lui proposoit comme moyen de sauver sa vie ; car,

HISTOIRE

dit : « Me Jéhan, criez mercy au roi, afin qu'il
« vous *pardonne vos forfaits.* Adonc se tourna-t-il,
« et dict : *J'ai servi au roi Philippe, son grant*
« *ayeul, au roi Jéhan, et au roi Charles, son père,*
« *bien et loyaument; nonque ces trois rois ne mé*
« *sçurent que demander, et ne me feroit cettuy ci,*
« *s'il avoit age et connoissance d'homme, et crois*
« *bien que de moi juger, il n'en soit en rien cou-*
« *pable. Si n'ai que faire de lui crier mercy, mais*
« *à Dieu vueil crier mercy, et non à autre, et lui*
« *prie qu'il me pardonne tous mes forfaits.* Adon-
« ques prit-il congé du peuple, dont la graigneure
« partie pleuroit pour lui ; et en cest estat mourut
« M. Jéhan Desmarets. »

(*Froissard*, au second volume, chap. 130.)

Il n'y a, dans les mémoires du temps, qu'une
voix unanime sur l'iniquité de cette condamnation. « On peut, dit un historien moderne (Vély),
« considérer cette mort comme un des événements
« les plus honteux de ce règne, et peut-être un de
« ceux qui contribuèrent le plus aux calamités
« publiques. »

Le prétexte dont on chercha à couvrir cette
condamnation fut que *Jean Desmarets* étoit resté
dans Paris pendant la sédition, sans avoir éprouvé
de mauvais traitements de la part des séditieux.

Étrange reproche! qui, dans les cas de troubles civils, placeroit les hommes honnêtes et paisibles dans l'alternative de périr victimes de l'un ou l'autre parti.

La véritable cause se trouvoit dans le ressentiment que les ducs de Berry et de Bourgogne avoient conservé contre *Jean Desmarets*, au sujet du conseil de régence.

La haine de ces deux princes étoit favorisée par celle du chancelier *d'Orgemont*, et de son fils, évêque de Thérouenne, et depuis évêque de Paris.

L'indignation publique ne cessa de peser sur celui-ci, qu'on regardoit comme le plus ardent provocateur de la mort de Desmarets, au point que, vingt-sept ans après, ayant péri d'une manière tragique, le peuple considéra cet événement comme la punition de la mort de Jean Desmarets.

Lorsque ces scènes sanguinaires eurent atteint leur terme, le barreau reprit ses occupations et son activité, qui ne furent plus troublées dans les *dix-huit années* qui terminèrent le quatorzième siècle.

La cour même, honteuse de l'énorme iniquité commise envers *Jean Desmarets*, sembla redou-

1389. bler de considération pour la classe à laquelle il appartenoit, en appelant plusieurs de ses membres aux emplois les plus distingués.

C'est ainsi qu'en 1389 la place importante de prévôt des marchands fut donnée à *Jean Jouvenel*, dit *Juvénal*, avocat au parlement, pour l'exercer au nom du roi.

Peu de temps après, *Oudan Desmoulins*, aussi avocat, fut appelé à la dignité de premier président, sur la démission de Pierre *Giac*, nommé chancelier.

Enfin, dans le *concile national*, tenu à Paris en 1394, composé des patriarches d'Alexandrie et de Jérusalem, de sept archevêques, de quarante évêques, de quatre conseillers au parlement, et d'une grande quantité d'abbés et de docteurs, la

1394. cour fit à l'ordre des avocats l'honneur d'y appeler *trois de ses membres*.

Telle étoit la situation de l'*ordre* à l'ouverture du *quinzième siècle*.

Mais avant d'entrer dans cet âge, nous allons expédier ce qui reste à dire sur les cinquante dernières années qui viennent de s'écouler.

ORDONNANCES *et* RÉGLEMENTS *relatifs à l'administra-*
tion de la justice, depuis 1350 *jusqu'à* 1400.

1. 1351. (Octobre.) ORDONNANCE *du roi Jean sur*
le bien, utilité et réformation du royaume.

Cette *ordonnance* contient plusieurs articles,
parmi lesquels nous n'indiquerons que ceux qui
ont rapport à l'*ordre judiciaire.*

D'abord, on y voit le premier germe de la
rédaction des coutumes, exécutée deux siècles
après ; car c'est ainsi qu'il faut entendre l'art. 4,
qui porte :

« Que des personnages de science et de probité
« seront envoyés dans les sénéchaussées et bail-
« liages de notre royaume, pour s'informer des
« *anciennes coutumes du royaume,* et comment
« on en usoit au *temps de S. Louis;* voulant que
« si, à compter de cette époque, ils trouvoient
« que quelques *coutumes* fussent abolies, et qu'on
« en eût introduit d'autres qui fussent abusives,
« ils eussent à révoquer celles-ci, en ramenant les
« choses à leur premier état, en faisant *enregistrer*
« leur décision pour plus grande notoriété (1).

(1) *Et mittemus bonas personas et sufficientes per senechal-*

Il est ordonné que toutes les causes portées au parlement seront *expédiées dans le cours de deux ans.*

« *Défendu* aux procureurs chargés des intérêts « du roi de faire la postulation pour d'autres, si « ce n'est pour leurs parents.

« Les *baillis* et *sénéchaux* seront tenus de rendre « la justice *en personne*, sans qu'il leur soit permis « de se faire substituer par un *lieutenant,* si ce « n'est pour cause d'impossibilité notoire.

« Aucun ne pourra exercer la fonction de *séné-* « *chal, bailli, prévôt, juge, lieutenant* dans le « lieu de sa naissance, ni acquérir aucun im- « meuble dans le ressort de sa juridiction, tant « qu'il sera en fonction ; ni se marier, ni con- « sentir au mariage de leurs enfants, sœurs et « nièces, dans l'étendue de leur administration.

« *Défendu* aux baillis et sénéchaux de recevoir « des plaideurs *aucun présent,* si ce n'est choses « *à boire et à manger* (1).

« Et encore sous la condition que les *comestibles*

---

lias et *baillivias regni nostri, ad sciendum de* consuetudinibus antiquis *regni nostri et quomodo tempore beati Ludovici ute-batur eisdem ; volens quod,* etc.

(1) *Excepti esculento et poculento et aliis ad comedendum et bibendum ordinatis.*

« seront d'un prix modique, et en si petite quan-
« tité, qu'ils ne puissent pas excéder la consom-
« mation d'un jour (1).

« *Injonction* à tous les juges de veiller à ce
« que leurs *femmes, enfants, frères* et *sœurs,*
« *neveux* et *nièces*, leurs *commis, adjoints* ou
« *amis, parents* et *alliés,* ne reçoivent aucun don
« de la part des plaideurs ; et s'il arrive que le
« juge ait connoissance d'une pareille contraven-
« tion, il lui est enjoint d'user de toute autorité
« sur ces personnes pour les contraindre à en
« faire la restitution (2). »

C'est dans cette ordonnance que les actes des
notaires sont taxés, depuis quatre lignes jusqu'à
six, à raison de deux *deniers* de monnoie courante ; et si leurs écritures excèdent *six lignes,*
l'ordonnance ne leur alloue qu'*un denier* pour
trois lignes.

La *ligne* doit être de la longueur d'une *palme,*
et contenir *soixante-dix lettres* au moins, etc.

(Ordonn. du Louv., tom. 2, pag. 459.)

----

(1) *Quod* infra unum diem possint absque devastatione
illicita consumi.

(2) *Quod si contrarium fecerit, compellunt personas præ-
dictas ad redendum sic per sordem recepta quam cito ad
eorum notitiam devenerint.*

II. ORDONNANCE *du régent Charles, du mois de mars* 1356, *portant destitution de plusieurs de ses conseils et offices.*

(Ordonn. du Louv., tom. 3, p. 130, art. 11.)

III. ORDONNANCE *du régent Charles, du* 28 *mai* 1359, *portant révocation de l'ordonnance ci-dessus.*

(Ordonn. du Louv., tom. 3, pag. 445.)

IV. ORDONNANCE *de Charles V, régent, du* 19 *mars* 1359, *concernant la compétence du parlement.*

Cette ordonnance contient deux dispositions intéressantes, et qui méritent d'être signalées.

Par la première, il est dit et reconnu que le parlement de Paris est la *justice capitale et souveraine de tout le royaume de France*, représentant, sans moyen, la personne du roi.

La seconde disposition lui ordonne de n'avoir aucun égard « *aux lettres patentes ou closes du* « *roi, qui ne soient revêtues de son sceau*, et même « *signées de sa main*, ni à ordre quelconque donné « valablement, s'il jugeoit que ces lettres *fussent* « *en opposition avec les lois du royaume.* »

V. Ordonnance *de Charles, régent, du mois d'avril* 1358, *concernant les notaires de Paris.*

Elle défend aux *notaires* d'aller les dimanches au *châtelet,* pour travailler de leur état, ni même d'aller s'établir dans les couvents voisins *ou les cabarets,* pour y dresser leurs actes.

Alors les notaires n'avoient ni *études,* ni *cabinets* dans l'intérieur de leurs maisons.

Leur laboratoire étoit établi dans les salles du *Châtelet,* et sur des *bancs numérotés,* qui faisoient partie de leur office, et qui se transmettoient aux successeurs.

Ces *bancs* étoient plus ou moins précieux, selon qu'ils étoient plus ou moins achalandés.

Comme il y avoit des notaires laborieux qui alloient à leurs *bancs* les dimanches et fêtes, et qui accaparoient la pratique au détriment de leurs confrères, moins actifs ou plus religieux, il intervint un *réglement* qui leur ferma l'accès du Châtelet les jours fériés.

Evincés de ce siége de travail, ces mêmes notaires avoient imaginé de se transférer dans des maisons voisines, et même dans les cabarets ; ce qui donna lieu à l'ordonnance ci-dessus.

VI. Ordonnance *donnée à Hesdin au mois de décembre 1363 , contenant réglement sur le jugement des procès.*

Au nombre des articles dont cette ordonnance est composée, il suffira de rapporter ceux qui concernent les *avocats.*

L'article 9 leur impose l'obligation de *signer* leurs écritures, afin, dit-il, que l'auteur de ces écritures soit encouragé, par là, à faire preuve de précision, de clarté et de science (1).

L'article 10 veut que, soit dans les plaidoiries, soit dans les écritures sur *appointement,* les avocats aillent droit au *fait* et à la *question,* voile levé, et sans subterfuges ni moyens évasifs (2).

Nous avons déjà fait observer qu'il y avoit une espèce d'*appointement* sommaire qui se réduisoit à la production d'un *mémoire* de part et d'autre.

_____

(1) *Ut scientia et experientia advocatorum curiæ lucidius appareat, ut que* succincte, bene et substantialiter *scribendum intentius animentur, volumus quod advocati qui* scripturas *fecerint, in fine scripturarum, sub* proprio nomine et cognomine se suscribant.

(2) *Procedatur, velo levato, summarie et de plano, proponendo verum factum, sine palliamentis aut rationibus frivolis et non necessariis ; quod etiam servetur in* scribendo.

Suivant le même article 10, ce genre d'instruc-tion ne doit être qu'un *résumé* de l'affaire, sans répétitions, redites, ni superfluités (1).

VII. ORDONNANCE *de Charles V, du 17 janvier 1367, concernant les fonctions des avocats et procureurs au châtelet.*

Quoique cette ordonnance soit presque tout entière consacrée à la discipline des audiences du Châtelet et aux fonctions des *procureurs*, il s'y trouve, néanmoins, plusieurs dispositions re-latives aux *avocats*.

D'abord il est interdit aux procureurs de con-sentir ni demander *délai et remise* sans le conseil et le consentement de l'*avocat* chargé de la cause. (Article 11.)

L'article 15 autorise les parties condamnées *aux dépens* à exiger la représentation de la *quittance* de l'avocat adverse, pour constater ce qui lui a été payé par son client.

Nota. Il est à remarquer que cette quittance

---

(1) *Et quoties partes debent ex præcepto curiæ rationes juris, et facta tradere per modum memoriæ, nihil superfluum tra-dant, nec in scribendis idem bis repetant; et hoc adjungatur advocatis et procuratoribus in vim prestiti juramenti.*

est devenue sans objet, depuis que les honoraires à la charge de la partie condamnée ont reçu une fixation uniforme par des réglements.

Enfin, l'article 20 n'accorde à chaque avocat que *quatre causes* par audience, afin qu'il y ait place pour les autres, à moins que, par des considérations particulières, le prévôt ne juge à propos d'en admettre davantage.

VIII. LETTRES *du roi Charles V, du 22 juillet 1370, adressées au parlement, sur l'expédition des jugements.*

On a vu au liv. 1er, pag. 153, une ordonnance de Philippe de Valois, du mois de novembre 1318, qui réservoit certaines causes *pour être plaidées en présence du roi.*

Ce témoignage d'intérêt donné par le monarque aux contestations d'entre ses sujets, ne pouvoit être considéré que comme un acte de protection et de sollicitude paternelle ; mais les courtisans et les gens en crédit de l'hôtel du roi trouvèrent le moyen de s'emparer de cette réserve, pour la convertir en *lettres de surséance et d'évocation,* dans les causes dont ils redoutoient le résultat.

Ils n'avoient, pour cela, d'autre chose à faire que d'obtenir une lettre du roi adressée au par-

lement, pour porter la cause sur le *rôle du roi ;*
lettre que le monarque accordoit aisément, ne
soupçonnant pas la perfide intention qui la provoquoit.

L'abus étoit arrivé au point que cette retenue
pour le *rôle du roi* étoit appliquée aux causes du
plus chétif intérêt, et tout-à-fait indignes de la
présence du monarque.

La multiplicité de ces retenues pour le *rôle du
roi* les avoit converties en déni de justice, et ce
scandale s'étoit maintenu pendant plus d'un
demi-siècle, à la faveur des troubles civils.

Mais Charles V, voulant s'assurer par lui-même
d'une manœuvre qui lui étoit dénoncée de toutes
parts, se transporta plusieurs fois au parlement,
pour y faire vider le *rôle du roi*. Ce fut à cette
occasion qu'il rendit l'ordonnance ci-dessus, qu'il
est intéressant de connoître.

Le roi y déclare qu'il lui est souvent arrivé d'a-
voir, « par importunité des requérants, mandé
« au parlement de surseoir à prononcer les arrêts
« jusqu'à un certain temps sur aucunes causes, et
« aussi, par l'infestation de certaines gens de
« nostre hostel et autres, nous avons voulu oir,
« pardevant nous, la plaiderie d'aucunes petites
« causes dont il n'appartient point, et pour ce
« que nous avons naguere esté et sommes avertis

« que par le delai desdicts arrets, le droit des
« parties a esté et est appetissé contre raison, et
« semblablement pour oir telles mesmes causes
« nostredict parlement a été empechié, nous vous
« mandons que doresnavant, pour quelconque
« lettre ou mandement que vous ayez de nous
« au contraire, vous ne sursoyez ou delayez à
« prononcier et donner lesdicts arrets ; toutesfois
« qu'il vous semblera bon à faire selon justice
« et raison, et aussi il n'est pas dans nostre in-
« tention de oir doresnavant telles causes, ne
« les rappeler pardevant nous. »

IX. Ordonnances *de Charles V, du 3 juillet* 1371,
concernant les débiteurs excommuniés pour
dettes.

Dans ce temps-là, les évêques faisoient un
étrange abus de *l'excommunication;* ils s'en servoient, pour leurs intérêts temporels, contre
leurs *fermiers, débiteurs, adverses parties,* etc.

De plus, ils en aidoient leurs amis et les amis
de leurs amis contre leurs débiteurs ; et, comme
il y avoit une amende pécuniaire attachée à l'absolution, c'étoit une branche de revenu pour
l'évêque.

Il arriva de là que cette arme, si redoutable

autrefois, perdit une grande partie de sa force.
Les débiteurs, ne se croyant pas légalement
excommuniés pour des intérêts qui n'avoient
aucun rapport à la religion, ne se mirent point
en peine de se faire *absoudre,* préférant de garder leur argent et leur excommunication ; et il
y eut telle excommunication qui dura dix et
vingt ans, sans que le *réprouvé* fît la moindre
démarche pour s'en affranchir.

Il en résultoit des inconvénients préjudicia-
bles, tout à la fois, à la religion, aux créanciers,
à l'ordre public, et au régime judiciaire.

Le premier étoit de frapper de discrédit et de
déconsidération une arme religieuse qui, sagement appliquée, pouvoit produire des effets sa-
lutaires.

En second lieu, les créanciers qui recouroient
à ce moyen bizarre n'en tiroient pas grand avantage, par le peu d'importance que l'opinion publique attachoit à ces sortes d'excommunications.
Au contraire, le débiteur, qui par là cessoit d'être
justiciable de la juridiction laïque, à couvert de
toutes poursuites et procédures, ne se pressoit
pas de provoquer son *absolution.* L'excommunication étoit pour lui un état de surséance, et une
sauve-garde contre les poursuites.

En troisième lieu, c'étoit une atteinte portée à

l'autorité des tribunaux, que l'*excommunication* privoit de ses justiciables, et souvent de ses officiers. C'étoit une interruption du régime judiciaire, qui se trouvoit paralysé à leur égard. Ainsi, *avocats, procureurs, notaires, huissiers,* se trouvoient sans emploi pour ou contre les *excommuniés.* Ajoutez que l'ordre public en étoit journellement troublé par les querelles et le scandale qui naissoient au sujet de l'excommunication.

Cet état de choses, qui ne pouvoit subsister plus long-temps, fut l'occasion de *l'ordonnance* ci-dessus, dont les dispositions sont assez bizarres.

Elle est rendue sur la requête de l'évêque de Langres, qui exposoit au roi « que, dans son « diocèse, il se trouvoit une prodigieuse quantité « de personnes frappées d'*excommunication* (1) « de vieille date, telles que dix, douze et vingt « ans (2); que ces *excommuniés,* endurcis dans

---

(1) *Nobis fuit expositum :*

Quod est tanta multitudo personarum, excommunicationum *sententiis, ligatarum.*

(2) *Quarum aliquæ, dictas sententias, per decem annos, aliæ per viginti, cæteræ plus, aliæ minus, quasi in profundum malorum descendentes.... sustinuerunt et sustinent animis induratis.*

« l'impiété, envisageoient avec intrépidité le
« chemin de l'enfer ; qu'ils devenoient souvent
« la cause de grands troubles dans les églises où
« ils se présentoient, parceque leur présence fai-
« soit cesser l'office divin (1) ;

« Que ces excommuniés sont d'autant plus re-
« préhensibles dans leur insouciance, que ce
« sont, pour la plupart, des gens aisés et même
« riches, qui pourroient bien, s'ils le vouloient,
« s'acquitter envers leurs créanciers (2), à la re-
« quête desquels ils ont été frappés d'excommu-
« nication, et se procurer à peu de frais le bénéfice
« de l'*absolution* (3) ;

Qu'au lieu de cela, ils préfèrent de rester en
« état de réprobation, au grand scandale des
« fidèles, et au détriment de leurs créanciers (4);

« Et qu'il n'y a que l'autorité royale qui puisse
« mettre un terme à ce désordre. »

---

(1) *Propter accessum temerarium, divina perturbantur.*

(2) *Quamvis personæ memoratæ, sint adeo locupletes et in bonis abundantes quod bene possint, si vellent, se acquittare erga suos creditores ad quorum instantiam dictis sententiis sunt ligatæ.*

(3) *De offensis per ipsas commissis satisfacere ac absolutionem suarum beneficia procurare.*

(4) *In creditorum suorum prejudicium et jacturam.*

Le moyen que trouva le monarque de remédier à cet abus forme la matière de l'ordonnance.

1°. PERMIS à l'évêque ou à l'archidiacre de dénoncer au tribunal de l'arrondissement toute personne qui sera en *état d'excommunication* depuis *un an.*

2°. Sur cette dénonciation, le tribunal enjoindra à l'*excommunié* de se procurer, sans délai, l'*absolution*, et de rentrer dans le giron de l'église, sous peine de la *saisie* et *exécution de ses biens* (1).

3°. D'un autre côté, le monarque défend à l'évêque ou à l'archidiacre de mettre à trop haut prix l'*absolution*, mais leur enjoint, au contraire, d'user de modération (2).

X. ORDONNANCE *de Charles V, de novembre* 1364, *portant réglement sur l'instruction des procès.*

Cette ordonnance fut faite pour la chambre des *requêtes du palais*, qui étoit alors surchargée

---

(1) *Compellatis seu compelli faciatis per captionem et expropriationem bonorum suorum (si et prout opus fuerit) ad procurandum à dictis sententiis se absolvi et ad redeundum ad gremium sanctæ matris ecclesiæ.*

(2) *Proviso quod pro dictis absolutionibus non exigatur ultra modum.*

d'affaires, par la quantité des *committimus* accordés aux personnes en place.

A la suite du *préambule* viennent plusieurs articles qui ont pour objet l'accélération des jugements, entre autres ceux-ci :

« INJONCTION aux conseillers de se rendre à la « chambre tous les jours continuellement et dili-« gemment, à *la même heure que viennent ceux* « *de la grand'chambre*, pour entendre et expé-« dier les causes qui seront *en état*.

« Et donner *défaut* contre les parties négli-« gentes.

« Quand la cause n'aura pas été terminée à l'au-« dience du matin, elle sera continuée à l'*audience* « *de l'après-dîner*.

« Les causes qui ne peuvent pas s'achever la « même journée seront reprises au plus prochain « jour plaidoyable. »

Chaque partie qui poursuit le jugement de la cause doit être munie d'un *placet* ou d'un *mémorial* qui énonce en substance la nature de la cause et l'indication du jour de la plaidoirie (1).

Il sembleroit qu'on avoit déjà devancé la for-

---

(1) Que toutes les parties aient promptement en leurs mains le *mémorial* de leur journée et de l'état de leur cause, *écrit et scellé* du scel par nous établi audit siége.

malité du *timbre* ; car il est dit que ce *mémorial* sera *scellé* du scel établi audit siége ; ce qui suppose la perception d'un *droit fiscal*.

L'article 6 reproduit l'éternelle « invitation aux « *avocats* de plaider laconiquement leurs causes, « et de les rendre claires, en laissant de côté les « *fins de non-recevoir* qui ne seroient pas de « nature à emporter le gain de l'essence de la « cause (1). »

Ce même article tient tant à cœur d'amener les *avocats* à ce mode de plaidoirie, qu'il en fait l'objet d'une espèce d'adjuration en ces termes :

« Et ce ENJOIGNONS nous et recommandons ex- « pressément *auxdits avocats*, et *sur leurs serments* « *et loyauté*, qu'ils ont à nous, à notre cour audit « parlement et audit siége des requêtes. »

---

(1) « Que tous les advocats plaidoyans audit siége plaident « *sommierement* et de plain leurs causes, au plus *clerment* et « *briefement* qu'ils pourront et sçauront, en délaissant du tout « les fins de non recevoir, et de *avoir et non avoir cause* en « action; se n'est en cause où clerement et notoirement il sera « à faire. »

XI. ORDONNANCE *de Charles V, du 16 décembre 1364, concernant l'expédition des procès au parlement.*

L'ordonnance précédente étoit faite pour la chambre *des requêtes.* Celle-ci concerne la *grand'-chambre.* On y retrouve les mêmes intentions; mais elle est particuliérement applicable aux procès tombés en *appointement.*

Le *préambule,* après avoir rappelé toutes les mesures prises par les *ordonnances anciennes* pour l'*expédition des procès,* se plaint de l'inobservation de ces ordonnances par des *avocats* et *procureurs* qui apportent beaucoup de lenteur à *produire* leurs écritures.

Cette ordonnance se termine par une disposition *pénale* contre les avocats et procureurs en retard. « Nous voulons et commandons, se defaut « y a par l'*avocat* qui en sera chargié, que *tantot « et sans delai,* et sans *aucun deport, dix livres* « parisis soient levées sur ses biens, applicables « aux frais de la *chapelle* où l'on chante conti- « nuellement, du palais ou de l'*Hôtel-Dieu.* »

XII. Ordonnance *de Charles V, du 8 février* 1367, *portant attribution au prévôt du châtelet de la connoissance de tous les actes passés sous le scel du châtelet.*

Cette *attribution* fut pour la juridiction du châtelet l'époque d'une grande prospérité.

XIII. Ordonnance *de Charles V, du mois d'octobre* 1374, *sur la tutelle des enfants de France, en cas que le roi décède avant la majorité du fils aîné.*

C'est dans cette ordonnance qu'on voit plusieurs *avocats* désignées au rang des membres du *conseil de tutelle.*

XIV. Ordonnance *de Charles VI, du* 11 *février* 1396, *portant rétablissement de la confession en faveur des condamnés.*

Elle fut rendue à la sollicitation de *Pierre de Craon,* rentré en grace après une condamnation à mort.

(Voyez *infra* au chap. VI.)

Ce que ce seigneur trouvoit de plus douloureux dans sa condamnation étoit d'être exposé à mourir *sans confession* (car alors la privation du sacrement de *pénitence* étoit un accessoire de la peine).

Cinq ans après, étant rentré en grace auprès du roi, son premier soin fut de solliciter du monarque l'usage de la *confession* en faveur des condamnés à mort.

Il y eut, à ce sujet, une convocation d'assemblée, où se trouvèrent les princes du sang, les gens du conseil du roi, un grand nombre de conseillers au parlement, du châtelet, et *six des plus anciens avocats,* désignés sous le titre de *grands clercs* et *sages hommes,* en présence desquels la question fut débattue.

La majorité des voix se déclara pour la *confession* (1).

Et sur cela intervint l'ordonnance ci-dessus, portant :

« Doresnavant, à toutes personnes qui, pour « leurs démérites, seront condamnées à mourir, « soit offert par les ministres de la justice par « laquelle ils seront detenus et condamnés, et

---

(1) « Et par ce que par la plus grande et la plus saine partie « de tous nous a esté conseillé faire l'abolition dessus dicte, « NOUS, etc. »

« leur soit baillé et administré le *sacrement de*
« *confession*, selon l'ordonnance de nostre mere
« la sainte église, après ce qu'ils auront été con-
« damnés et examinés sur tous les cas dont ladicte
« justice les voudra examiner, et ains qu'ils se
« partent du lieu où ils seront detenus, pour estre
« menés au lieu où ils devront estre *exécutés*, et
« que à eulx confesser à prestre soient menés par
« lesdicts ministres de la justice, en cas qu'ils
« soient si esmeus ou surpris de tristesse qu'ils
« n'auroient cognoissance de la vouloir ou de-
« mander (1).

XVII. ORDONNANCE *du 16 juillet* 1378, *portant*
réduction des procureurs du châtelet.

A l'époque où cette ordonnance fut rendue,
le *scel du châtelet* ayant le privilége d'être *attri-*
butif de juridiction (en vertu de l'ordonnance
du 8 février 1367), il attiroit à Paris une foule

_____

(1) Le seigneur de *Craon* fit, aussitôt après, élever, auprès
du gibet de Paris, une croix de pierre marquée à ses armes.
C'étoit au pied de cette croix que le prêtre devoit recevoir la
confession du condamné. De plus, il donna un fonds aux Cordeliers, en les chargeant à perpétuité de cette œuvre de miséricorde.

d'affaires et de plaideurs de toutes les parties du royaume.

Cette considération offrant aux *procureurs* la perspective de gros bénéfices, ces officiers s'étoient multipliés à un tel point, que le produit de leur état ne pouvoit plus les faire vivre honorablement.

C'est ce qui détermina le gouvernement à en réduire le nombre. Vérification faite, il fut reconnu que *quarante* procureurs suffisoient à l'expédition des affaires.

Ce fut ce calcul qui donna lieu à l'ordonnance du 16 *juillet* 1378.

« Que de cy avant n'aist en nostre dict chastelet « que *quarante procureurs généraux.* »

A l'égard du mode de *réduction*, il est confié à une *commission* formée *de conseillers au parlement, de conseillers au châtelet, et du prévôt.*

La même ordonnance appelle les *procureurs supprimés* en remplacement des procureurs *maintenus, à* mesure des vacances.

CHAPITRE III.

Ouvrages et traités de jurisprudence qui ont paru dans l'intervalle de 1350 à 1400.

Durant cet intervalle, le *barreau françois* fut enrichi de plusieurs ouvrages, tant sur le droit romain que sur le droit coutumier et sur la procédure.

A la tête des docteurs et interprètes du droit romain qui brillèrent à cette époque, il faut placer Pierre *Baldus de Ubaldis*, élève de Barthole, natif de Perouse, et qui enseigna le droit à Padoue et à Pavie.

Ce fut lui qui, envoyé à *Avignon* vers le pape *Clément VI*, parvint à persuader à ce pontife de quitter Avignon, et de transférer le saint siége à Rome.

La réputation de BALDE se maintint pendant près de deux siècles au barreau de Paris, où il étoit en vénération.

Elle déclina insensiblement, et trouva un violent adversaire dans *Claude de Ferrière*, professeur en droit.

Aujourd'hui le nom de *Balde* repose dans une

si profonde obscurité, qu'il est même oublié dans le catalogue de M. *Camus*.

A l'égard des ouvrages de *jurisprudence françoise et de procédure* qui parurent de 1350 à 1400, je n'ai trouvé que ceux-ci :

I. *Somme rurale*, ou *le grand Coutumier général de pratique, civil et canon;*

Par *Jean Bouteiller, conseiller en la cour de parlement.*

Cet ouvrage fut publié en 1360.

Le titre de *Somme rurale* est mal appliqué ; car il feroit croire que l'ouvrage concerne la jurisprudence *agraire* et la *pratique des campagnes*, et il n'en est rien. Les *lois rurales* ne s'y trouvent qu'accessoirement, et forment la moindre partie de l'ouvrage, qui est infiniment curieux pour la connoissance de l'*ordre judiciaire* de ce temps-là.

La *Somme rurale* a toujours été en grande estime auprès des jurisconsultes des seizième et dix-septième siècles.

Cujas l'appelle *optimus liber.*

Mornac, en ses observations sur le premier titre du code, en parle ainsi :

« Summa ruralis Joannis *Butillarii*, sub Ca-
« rolo VI, consuetudines varias, legesque Franciæ
« in codicem, titulosque idoneas redigit. »

Denis Godefroy a fait à sa louange ce distique latin :

Quæ tibi dat codex, quæ dant digesta, quod usus,
Rurales paucis, hæc tibi summa dabit.

On y trouve plusieurs passages intéressants sur la profession d'*avocat*, dont j'ai fait usage dans le cours de cet ouvrage.

II. *Coutumes notoires.*

C'est un recueil de maximes et de principes à la manière des *Institutes de Loisel;* ouvrage précieux en ce qu'il atteste la jurisprudence du temps, et qu'il a même servi de base à plusieurs articles de la *Coutume de Paris.* On le trouve imprimé à la fin du *second volume* du commentaire de *Brodeau* sur Paris.

III. *Décisions de Jean Desmarets.*

Ouvrage qui parut vers 1360. C'est un recueil d'*arrêts*, de *consultations* et de *jugements* sur *arbitrages.*

L'intérêt de cet ouvrage est fortifié de l'intérêt personnel inspiré par l'auteur. C'est cet infortuné Jean *Desmarets*, qu'une affreuse vengeance fit périr sur l'échafaud, et dont il a été question ci-dessus, page 313.

On trouve ces *décisions* à la fin du commentaire de *Brodeau* sur Paris.

IV. Le *Songe du vergier, Somnium viridarii.*

Cet ouvrage eut, dans son temps, le plus grand succès ; il est attribué à *Raoul de Presle*, fils naturel de ce Raoul de Presle qui étoit l'ami d'Enguerrand de Marigny.

Ce n'est autre chose qu'un livre de *jurisprudence* en faveur de la juridiction séculière contre les prétentions de la juridiction ecclésiastique.

L'auteur, pour mettre cette matière à la portée des gens du monde, imagina le cadre d'un *songe*, à l'imitation du roman *de la Rose*, qui alors étoit dans la plus haute réputation.

Etant endormi au milieu d'un *verger*, il est témoin, en songe, d'une dispute entre un chevalier attaché au roi et aux prérogatives de la couronne, et un clerc dévoué au pape, et grand partisan de la juridiction ecclésiastique.

Tous les deux se livrent des assauts, et s'attaquent par des arguments pour défendre leur système ; mais le chevalier l'emporte sur son adversaire, qui finit par s'avouer vaincu.

Sous cette enveloppe légère, le *Songe du verger* fut toujours considéré comme un ouvrage profond qui a le mieux exposé et développé les principes de la matière.

MM. *Pithou* et *Dupuis*, en traitant le même sujet, n'ont pas dédaigné d'appeler le *Songe du verger* pour auxiliaire, en le faisant imprimer, en entier, à la suite de leur grand ouvrage des *Libertés de l'église gallicane.*

Le *Songe du verger* a été écrit en deux idiomes, *latin* et *françois*, sans que les meilleurs critiques puissent décider lequel des deux est original ou traduction (1).

V. *Bélial*, ou *Procès de Bélial à l'encontre de Jésus-Christ.*

Autre ouvrage de jurisprudence déguisé sous la forme d'un *procès*.

Dans les *Mélanges d'une grande bibliothèque*, lettre E, page 19, on trouve ce qui suit :

« Traduit du latin d'*Ancharano*, jurisconsulte
« napolitain. L'original latin existe dans quelques
« bibliothèques, en manuscrit, et a été aussi

---

(1) Les deux éditions sont dédiées à Charles V.

Lacroix du Maine, dans sa Bibliothèque;

Lancelot (Mémoires de l'académie des belles-lettres, tom. 13, pag. 659);

De la Monnoie (dans une lettre mise à la tête de l'édition françoise, dans les Preuves et Libertés),

Pensent que ce livre a été composé en *latin*, et ensuite traduit en *françois.*

« .iciennement imprimé ; mais ce qu'il y a de
« curieux en françois, c'est qu'il montre les an-
« ciennes formes de notre jurisprudence aux-
« quelles ce livre est accommodé.

« La première édition de ce livre est de Lyon,
« 1482, et la seconde de 1484.

« Cet ouvrage extraordinaire et ridicule a eu
« un si grand succès, qu'il a été traduit en alle-
« mand dès 1472 ; partout où il a été imprimé, il
« a été accommodé aux formes judiciaires de ce
« pays - là. Ainsi, la traduction françoise nous
« apprend la manière de procéder usitée au *quin-*
« *zième siècle* ; de sorte qu'il n'est presque besoin
« que de la lire pour en juger. On peut suivre,
« dans les gravures en bois, au trait, qui sont
« extrêmement ridicules, mais fort nettes, toute
« la marche des procédures. On y voit les diables
« habillés en *huissiers, sergents, procureurs, gref-*
« *fiers* et *avocats consultants* de l'enfer.

« *Salomon* est le premier juge de cette grande
« affaire, et *Moïse* est l'avocat de Jésus-Christ.

« Le diable plaide sa cause lui-même, car il est
« plus fort en chicane que tout le barreau. On
« fait une *enquête*, on entend des témoins ; *David,*
« *Isaïe, Ezéchiel* et *S. Jean-Baptiste* sont du nom-
« bre. Ces témoins sont favorables à *Jésus-Christ.*
« Cependant *Bélial* se défend comme un diable.

« On plaide sur le possessoire et sur le pétitoire.
« Enfin, Salomon prononce en faveur du Fils de
« Dieu. On croit le diable vaincu ; mais il en ap-
« pelle au juge souverain, qui ne peut être que
« Dieu le Père. L'affaire est portée devant ce su-
« prême magistrat, quoiqu'il soit père de sa partie
« adverse. Le diable ne le récuse pas, mais pro-
« pose un compromis. Aristote est arbitre du côté
« de Jésus-Christ, mais Jérémie est du côté du
« diable. Isaïe, qui est le troisième, décide la
« question. On juge bien que le diable perd enfin
« son procès. Les juifs et les païens, qui sont in-
« tervenus, sont également condamnés. Les chré-
« tiens pécheurs, de tous états, seroient, peut-
« être, traités plus sévérement, si la sainte Vierge
« n'intercédoit pour eux.

« Telle est la substance de ce livre, qui a passé
« dans son temps pour être non seulement un
« des plus curieux et des plus intéressants, mais
« des plus instructifs. »

Il est aisé de voir que ce procès est d'origine
italienne, et de la même école que le procès de
Satan contre la *Vierge Marie*, en *présence de
Jésus*, dont j'ai parlé au chapitre 3 du livre précédent, pag. 197.

Le sujet de ce procès est encore puisé dans le
mystère de la rédemption, avec cette différence

que l'instruction est beaucoup plus ample, embrassant les procédures de première instance, d'appel et d'arbitrage.

Le vrai titre de l'ouvrage est celui-ci :

Processus Luciferi

contra Jesum

Coram judice Salomone.

L'auteur est Pierre *Ancharanus*, jurisconsulte italien, célèbre par sa profonde connoissance du droit canonique, dont il donna des leçons à Boulogne, à Padoue, etc.

CHAPITRE IV.

Fragment du tableau des avocats au parlement dans l'intervalle de 1350 à 1400.

DEUXIÈME TABLEAU.

C'est une pénible tâche que de recomposer un *tableau* dont il faut chercher les débris sous le voile funèbre qui les couvre.

A travers les mouvements convulsifs de ces *cinquante* années, l'on n'aperçoit qu'un étroit intervalle de tranquillité.

Les *avocats* furent livrés à toutes les chances de la fortune ; les uns trouvèrent leur élévation et les dignités sur le même chemin qui conduisit les autres à la *captivité* et aux *supplices*.

La nomenclature qui va suivre donnera une idée de cette bigarrure.

I. *Jean Desmarets*, simple avocat en 1350. Quelques années après, il joignit à cette qualité celle d'*avocat du roi*, qu'il conserva jusqu'à sa mort, arrivée en 1382.

Jeté, par son mérite et sa réputation, dans les plus hautes affaires, il eut le malheur, après la mort de Charles V, d'être appelé pour *arbitre* entre les quatre oncles du jeune roi, qui se disputoient l'autorité.

S'étant montré favorable aux prétentions du duc d'Anjou, il s'attira le ressentiment des ducs de *Bourgogne* et de *Berry*, qui s'en vengèrent cruellement quelque temps après, en le faisant comprendre dans une *fournée* de victimes immolées *révolutionnairement*, et traînées par *charretées* à l'échafaud.

(*Voyez* le récit de son supplice ci-dessus p. 313.)

Vingt-quatre ans après, son corps, gardé secrétement dans sa famille, fut transféré en l'église de Sainte-Catherine du *Val des Écoliers*. Son effigie et celle de sa femme y subsistoient encore à l'époque de la révolution.

Jean Desmarets est auteur de plusieurs ouvrages de jurisprudence, entre autres des *Déci-sions* dont j'ai parlé au chapitre précédent.

II. *Renaud d'Acy*, avocat en 1356, et de plus honoré de la clientelle du roi *Jean* et du dauphin Charles, et admis dans leurs conseils. (*Voyez* ci-dessus, pag. 202.)

Il se trouva au nombre des officiers et *conseils* du prince dont la destitution étoit demandée par le comité des *trente-six*, et que le dauphin avoit eu la foiblesse d'abandonner.

Renaud d'Acy, au lieu de faire comme plusieurs autres, en cessant de se montrer en public, eut le courage ou l'indiscrétion de continuer ses fonc-tions au palais de justice.

Un jour qu'il en sortoit (le 11 févriér 1357), il fut rencontré par un attroupement de populace qui marchoit en *masse* vers la demeure du dau-phin, et qui, l'ayant reconnu, se jeta sur lui.

Renaud, s'étant courageusement défendu con-tre ses assassins, avoit trouvé le moyen de s'é-chapper, et d'atteindre la boutique d'un pâtissier, où il crut trouver un asile; mais il y fut saisi par un groupe de furieux qui achevèrent de le mas-sacrer.

Un an après, le dauphin *Charles,* en exprimant ses regrets de cette affreuse catastrophe, qualifie Renaud d'Acy d'*avocat général, et de monsieur le roi et de nous.*

Cette qualification d'*avocat général* ne doit pas s'entendre dans l'acception reçue aujourd'hui : elle s'applique à la simple qualité d'*avocat.*

La dénomination d'*avocat général* se retrouve encore dans les anciennes ordonnances, qui lui joignent celle de conseiller. *Advocatos et consiliarios generales parlamenti.*

Ainsi, *Renaud d'Acy* réunissoit trois titres : celui d'avocat *général* (c'est-à-dire du public), celui d'*avocat du roi*, et enfin celui d'avocat du *régent.*

LOISEL fait observer que le titre d'*avocat général du commun* précède les deux autres qualités ; « ce qui n'est pas, dit-il, un petit honneur à « l'*ordre* des avocats. »

III. *Pierre Dupuiset.* Il est cité, dans la *Chronique de Saint-Denis,* au nombre des avocats qui périrent sur l'*échafaud* à l'occasion de l'émeute de 1356.

IV. *Guillaume de Dormans.* Il étoit le second fils du *procureur au parlement* qui avoit pris le nom de *Dormans,* parcequ'il étoit né dans ce bourg, près de Beauvais.

Guillaume, ayant suivi le barreau, s'y fit une grande réputation de probité et de savoir. Le *régent* l'employa dans des occasions critiques pour calmer l'effervescence du peuple.

ɔit encore simple *avocat*, ainsi
qu'il est p̶ro̶, par les lettres patentes du 20
février 1359, adressées par le régent Charles au
prévôt de Paris, dans lesquelles *Dormans* est
qualifié d'*avocat au parlement.*

« Dilecto Guillelmo de Dormans , *advocato*
« *generali.*

(Ordonn. du Louv., tom. 3, pag. 445.)

Ce fut sous cette seule qualité d'*avocat au parlement* qu'il fut nommé, *en* 1360, pour négocier
le *traité de Bretigny.* Il parcourut à grands pas la
carrière des dignités, et nous allons le retrouver,
au chapitre suivant, sous la qualité de *chancelier.*

V. *Jean de Fourcy.*

    Regnaud de Traisnel.

Ces deux avocats sont cités dans les lettres
patentes du 20 février 1359.

*Dilectis nostris magistris Joanni Fourcy et Regi-
naldo de Tryanello, in parlamento Parisiensi,
advocatis.*

(Ordonn. du Louv., tom. 3, pag. 445.)

VI. *Jean Lecocq*, dit *Galli*, auteur d'un *recueil
d'arrêts* et de décisions dont il sera parlé *infra.*

Il exerçoit en 1384.

VII. *Jean Juvénal des Ursins.* Il étoit, en 1386,
un des plus célèbres avocats. Pendant les troubles

de Paris, le régent lui confia l'office de *prévôt* des *marchands*, sur la démission de Jean de Sol-leville, qui trouvoit la charge trop pesante pour lui, dans une conjoncture si périlleuse ; et elle lui fut de nouveau confiée, en 1388, par le roi Charles V, aussitôt après que ce monarque eut pris en main les rênes du gouvernement.

Juvénal posséda cet office, sous le titre de *garde de la prévôté des marchands pour le roi*, jusqu'en 1406, époque à laquelle il rentra au barreau avec la qualité d'*avocat du roi*.

Juvénal remplit cette place avec le plus grand succès, et ce fut l'origine de la fortune de cette maison.

Le gouvernement lui donna, pour récompense de ses longs services, un hôtel à Paris, appelé l'*hôtel des Ursins*.

Jean Juvénal imagina de s'en faire un surnom, et depuis il ne fut plus appelé que *Juvénal des Ursins*. Ce nom devint celui de sa nombreuse et illustre postérité. Il fut le père du *chancelier*.

Il suivit Charles VII a *Poitiers,* et on le trouve désigné, par l'ordonnance de 1422, au nombre des membres du parlement transférés en cette ville. Il mourut en 1431.

VIII. *Blondel.* En 1359, après la mort du prévôt des marchands (*Marcel*), le duc régent fit arrêter plusieurs individus qui étoient signalés comme provocateurs de nouveaux troubles ; ce qui occasionna une grande rumeur parmi le peuple, qui s'attroupa à l'hôtel-de-ville.

Parmi les plus ardents et les mieux parlants se trouvoit l'avocat *Blondel*, que l'assemblée choisit pour aller devers le duc régent réclamer la liberté des *détenus*.

Blondel, accompagné d'une escorte nombreuse, arrive au Louvre, et parle au régent avec véhémence, et dans le style approprié aux circonstances.

Le *régent* écoute l'orateur avec bonté, et promet à sa troupe de la satisfaire le lendemain.

Le lendemain (30 octobre), le régent se transporte à la place de l'hôtel-de-ville, et, ayant monté sur un des *degrés de la croix*, il harangue le peuple, et lui expose les motifs des arrestations contre lesquelles il réclamoit.

Son discours produit la plus forte impression ; et l'*avocat Blondel*, se précipitant au devant du prince, lui demande et obtient pardon des expressions trop vives qui ont pu lui échapper la veille.

IX. *Jean Couart* est signalé au barreau comme ayant le premier introduit, par ses consultations, le principe que les *deniers prêtés, pour être em-*

ployés en achat d'héritages, doivent être réputés *immeubles;* décision qui fut adoptée par plusieurs arrêts rapportés par J. *Gally*, question 1re, et depuis consacrée par l'article 39 de la coutume de Paris.

Martin Doublé. Ce fut lui qui introduisit au palais la maxime que les *bâtards* ne peuvent recevoir aucun legs de leurs *père et mère* au-delà d'une *pension alimentaire*, dont *Loisel* a fait une de ses *règles de droit* (liv. 1, tit. 1^r). Il fut compris dans le groupe des victimes immolées *révolutionnairement* dans la *boucherie* de 1382.

X. *Jean de la Rivière.* Il fut envoyé au *concile de Constance* en 1414.

XI. *Pastoret.*

Alphonse.

Après la mort de *Marcel*, ils furent tous deux députés vers le dauphin, pour le supplier de rentrer dans la capitale; et depuis ils parvinrent aux emplois les plus honorables.

XII. *Raulin.* Comme il étoit, en même temps, *chancelier* du duc de Bourgogne, il se tint fortement attaché à ce parti.

Ce fut lui qui prit des *conclusions* contre le dauphin Charles, ainsi que nous le verrons au titre 1er du livre suivant.

XIII. *Pierre de Marigny.* Il exerçoit en 1396.

Vingt ans après, il devint *avocat du roi* dans le parlement dévoué à la faction de Bourgogne, et nous le verrons, en 1419, assister *Raulin* dans ses conclusions contre le dauphin Charles.

XIV. *Jean Haguenin.* Il devint par la suite avocat du roi, et fut employé à de hautes négociations.

XV. *Philippe de Morvilliers.* On le verra, dans le siècle suivant, figurer dans la haute magistrature du parti *bourguignon*.

XVI. *Guillaume Cousinot.* Nous le retrouverons, dans le commencement du siècle suivant, portant la parole pour la veuve et les enfants *d'Orléans*, contre le duc de Bourgogne.

XVII. *Jean de Vailly.* Il devint chancelier du dauphin, ce qui l'attacha à son parti.

En 1356, il fut poursuivi et persécuté par les mutins, *bouchers* et *cabochiens*. Néanmoins il échappa, en payant une forte rançon.

Il devint *président,* en 1413, dans le parlement *Armagnac,* qui étoit dévoué au dauphin; et, après l'atroce journée du 29 mai 1318, il trouva le moyen de se réunir au dauphin *Charles* à Poitiers, et fut incorporé dans le nouveau parlement.

XVIII. *Pierre Lagarde,* décapité par la faction de Bourgogne, comme *Armagnac*.

XIX. *Clément de Reissac,* signalé, dans le barreau

1.   23

de ce temps, par un arrêt qui annonce beaucoup de confiance et de considération, de la part du parlement, pour l'*ordre* des *avocats*.

Le prieur de Notre-Dame-des-Champs, dont il avoit plaidé la cause, lui demandoit la restitution d'une pièce qu'il prétendoit manquer au *dossier*, et il concluoit à ce que l'*avocat* fût tenu de se purger l'affirmation *litisdécisoire*.

Clément de Reillac se refusoit à la formalité du *serment*, sur le motif que sa parole suffisoit.

Tout le barreau étoit du même avis; et par arrêt (cité par *Gally*, question 369), *Clément de Reillac* fut déclaré affranchi de l'affirmation, sur le motif que la parole d'un *avocat* valoit bien son *serment* (1).

XX. *Jean Filleul.*

Jean de Rumigny.

Jacques du Châtel.

Tous trois immolés révolutionnairement à la suite des troubles de 1356.

---

(1) « Et pareillement la cour avoit lors telle confiance en la « *prud'homie des avocats*, que M. *Clément de Reillac*, étant « poursuivi par le prieur de Notre-Dame-des-Champs, pour « la restitution d'une pièce qui lui avoit été baillée, il fut *cru* « de la lui avoir rendue, et absous sur sa *simple parole*.

(Loisel, Dialogue, pag. 487. *V.* Gally, question 369.)

XXI. *Jean de Neuilly*, signalé au palais par la violence de ses plaidoiries.

XXII. *Joannes Gally* (quest. 97) fait mention d'un arrêt qui le condamne *personnellement* à une amende, *pour avoir injurié ses parties adverses*.

Ce *Jean de Neuilly* est devenu la tige d'une illustre famille, qui a fourni de grands sujets à la magistrature.

CHAPITRE V.

Etat du barreau sous son rapport avec les magistrats dignitaires, chanceliers, gardes-des-sceaux et gens du roi, dans l'intervalle de 1350 à 1400.

§. Ier.

Chanceliers.

Pierre de la Forest (de 1350 à 1356).

C'est ce même *Pierre de la Forest* qui se trouve sur le *tableau des avocats* au chapitre précédent.

Il fit l'ouverture des états de Paris de 1356, pendant la captivité du roi *Jean*, et, bientôt après, il fut frappé de proscription. Il abandonna les sceaux, et se réfugia à Londres.

Jean de Dormans (de 1357 à 1371).

Il succéda à *Pierre de la Forest*.

Il étoit le frère aîné de *Guillaume*, qui étoit encore, à cette époque, *simple avocat.*

Guillaume de Dormans (en 1371).

Jean de Dormans ayant obtenu sa *démission* de la dignité de *chancelier*, elle passa à *Guillaume de Dormans*, son frère puîné, *avocat au parlement.*

Toutefois la promotion de *Guillaume* à l'office de chancelier n'eut pas lieu du *propre mouvement du roi*, ni par la force de son choix ; il y fut procédé par la *voie de l'élection*, dont les détails sont ainsi consignés dans les registres du parlement :

« Ce JOUR vaqua la cour, du commandement du « roi, qui assembla tout son conseil, jusqu'au « nombre de *deux cents personnes*, ou environ, « *prélats, barons* et autres, en son hôtel à Saint- « Pol ; et là, en présence de tous, *monseigneur* « *Jéhan de Dormans, cardinal de Beauvais, chan-* « *celier de France*, s'adressa au roi, et lui dit ces « paroles : *Exaltasti me;* et les démena moult « sagement ; et, en conclusion, supplia le roi « qu'il voulust reprendre ses sceaux, et lui avoir « excusé de l'*office de chancellerie*, et y pourvoir « d'autres.

« Et, après plusieurs paroles, le roi reçut l'ex- « cusation dudict cardinal, et le retint de son « conseil le plus grand et le plus principal ; et

« puis, par voie de *scrutin*, il procéda à l'élection
« du nouvel chancelier par l'advis et délibération
« de sesdicts conseillers; et là fust esleu et créé
« chancelier *monseigneur Guillaume de Dor-*
« *mans,* chevalier, paravant chancelier du Dau-
« phiné, *frere dudict cardinal,* et fit serment au
« roi : et à tant se partit le roi et tout le conseil. »

Guillaume de Dormans étant mort le 11 *juillet*
1373, ce décès fut mentionné aux registres du
parlement en ces termes :

« Ce jour, du matin, trépassa de ce monde
« *messire Guillaume, seigneur de Dormans, chan-*
« *celier de France,* qui, longtemps en son vivant,
« fut *advocat général en parlement* (c'est-à-dire
« avocat des parties), et depuis *advocat du roi*
« audit parlement, etc. »

Pierre d'Orgemont (en 1373), ex-avocat au
parlement.

Il fut nommé chancelier, par la voix du scrutin,
en présence du roi Charles V.

Il quitta les sceaux en 1380, et fut remplacé par
Milon de Dormans, qui les garda jusqu'en 1389.

Arnaud de Corbie (de 1389 à 1408) ex-avocat.
(*Voyez* le tableau du chapitre précédent.)

Il étoit *premier président* à l'époque de sa promotion.

§. II.

Premiers présidents de 1350 à 1400.

Simon de Bucy (de 1350 jusqu'en 1370).
Guillaume de Sens (1370).
Arnaud de Corbie (de 1370 à 1399).

§. III.

Gens du roi.

C'est dans cette période de temps que le *procureur du roi* au parlement commença à être désigné sous la dénomination de *procureur général*. On en trouve un exemple dans l'ordonnance du roi Jean, du 2 octobre 1354, où il est dit que les lettres de grace ou de don accordées par le roi seront vérifiées, *vocato procuratore nostro generali*.

(Ordonn. du Louv., tom. 4, pag. 153.)

Cette qualification n'étoit pas accordée aux *avocats du roi*, et les ordonnances ne manquoient pas d'en faire la distinction.

Avocats du roi dans l'intervalle de 1350 à 1400.

Pierre de la Forest. . . . .   1350.
Guillaume de Dormans. . . . .   1357.
Pastoret. . . . .   1364.
Renaud d'Acy. . . . .   1367.
Jean Desmarets . . . .   1374.
Pierre Aufevre. . . . .   1385.
Odet Bertin. . . . .   1388.
Jean de Cessieres. . . . .   1389.
Jean Lecoq, dit *Joannes Galli* . . . .   1399.

Procureurs généraux dans l'intervalle de 1350 à 1400.

Guillaume de Saint-Germain . . . . .   1360.
Jean Auchet. . . . .   1385.

CHAPITRE VI.

Officiers ministériels de 1350 à 1400.

§. Ier.

Greffiers.

Le titre de *greffier* n'étoit pas encore admis au châtelet ; ceux qui tenoient la plume n'avoient d'autre titre que celui de clercs du greffe.

La dénomination de *greffier* étoit, à cette époque, concentrée dans le parlement.

Quelquefois même ils étoient désignés sous le titre de *registrateurs*, comme on le voit par l'ordonnance de Charles V, du 28 janvier 1372.

Mais on trouve aussi la dénomination de *greffier* employée dans l'ordonnance du même roi, du 16 septembre 1364, où il est dit, lors de l'*appointement* ordonné en matière de procès par écrit :
« Le greffier au parlement fera mention du *nom*
« *de l'avocat* sur la plaidoirie duquel l'appointe-
« ment aura été prononcé. »

(Joly, tom. 2 , pag. cxxv.)

Et cette dénomination de GREFFIER étoit si recherchée, qu'il fut défendu, par un arrêt du parlement, à qui que ce fût de prendre cette qualité, s'il n'étoit *greffier au parlement* (1).

Le *greffier* du *parlement* jouissoit de plusieurs exemptions et prérogatives, à l'instar des membres du parlement.

(*V.* l'ordonnance de Charles VI , du 14 mars 1397. Fontan, tom. 2, pag. cxxv.)

----

(1) *Nulli scribarum etiam regiorum præter unum curiæ actuarium grapharii, ut vocant, nomen usurpare licere.* « Que
« à nul appartient de s'appeler greffier que à celui de la cour. »
(*Id.* tom. 2 , pag. cxxv.)

§. II.

Procureurs.

Dans cet intervalle de temps, l'état de *procureur* acquit beaucoup plus de consistance.

Rangés sous la bannière d'une congrégation ou confrérie, il ne fut plus permis au premier venu de s'y aggréger.

Mais au moment où cette corporation s'épuisoit en efforts pour reconquérir la considération générale, cette louable ambition fut contrariée par l'intrusion de quelques mauvais sujets, qui reportèrent sur le corps entier la honte de leurs malversations personnelles.

La saine partie de la communauté fut la première à dénoncer au gouvernement ces *faux frères*, et à solliciter leur destitution, ainsi que des moyens de répression propres à prévenir ce retour d'un pareil abus; ce qui leur fut accordé par l'ordonnance du mois de novembre 1403, dont je parlerai au livre suivant, sous l'époque de 1400 à 1450.

§. III.

Notaires.

La profession de *notaire* à Paris n'approchoit pas encore de ce qu'elle a été depuis.

Ils n'avoient chez eux ni *cabinet*, ni *étude*. Le siége de leur travail étoit établi dans les *salles du Châtelet*, où ils rédigeoient leurs actes sur des *bureaux* qu'on appeloit *bancs*, distingués par *numéro*, et par une espèce d'*enseigne* qui indiquoit le NOM du *notaire* (précisément à l'*instar* des libraires que nous avons vus, de notre temps, dans les salles du palais).

C'étoit là que, pendant quelque temps, le public alloit chercher et choisir un *notaire*, même les *dimanches et fêtes*.

Cependant comme le travail du *dimanche* étoit d'un mauvais exemple, il intervint, sous le roi *Jean*, un réglement qui interdit aux notaires l'entrée du châtelet les *dimanches et fêtes*.

Mais plusieurs d'entre eux, pour ne pas manquer le *casuel* des *dimanches et fêtes*, éludèrent la prohibition, en allant, ces jours-là, s'installer dans des endroits voisins du châtelet, *couvents*, *églises*, et même *au cabaret*.

Comme cette ressource étoit particulière à quelques uns, qui, par là, s'emparoient de l'occupation de leurs confrères, la compagnie des *notaires* fit un réglement par lequel chacun des membres, tant pour lui que pour ses successeurs, s'obligeoit à s'abstenir d'aller le dimanche dans les salles et constructions du Châtelet (1).

« Comme aussi de s'établir, les mêmes jours de « dimanches, soit dans des *couvents* ou *églises*, « soit dans les *cabarets*, ou toute autre maison « voisine (2). »

Ce réglement fut homologué par ordonnance du régent Charles, du mois d'avril 1363.

Ce fut vers le même temps que le coût des écritures des notaires de Paris fut réglé à raison du nombre des *lignes*; savoir, un *denier* pour *trois lignes*; depuis quatre lignes jusqu'à *six*, DEUX deniers; et si l'écriture excède *six lignes*, il ne leur est alloué pour *trois lignes* (3).

---

(1) *Quod ipsi, eorumque successores, à modo in antea, cessabunt ab exercitione eorum officiorum et opere scriptus paragendæ in ejusmodi castalleto et sedibus ibidem constructis.*

(2) *Nec non in* cenobio, *seu* ecclesia, *seu* taberna, *vel* locis circum vicinis.

(1) *Videlicet de tribus lineis, unum denarium de quatuor lineis usque ad sex,* duos denarios usualis monestæ et non amplius. Ordonn. de Jean, octobre 1351.

(Ordonn. du Louv., tom. 2, pag. 459.)

Il ne restoit plus qu'à déterminer la longueur des lignes. C'est ce que fait la même ordonnance, en la fixant à la mesure d'une palme, contenant soixante-dix lettres au moins.

« *Et debet esse linea in longitudine unius palmæ* « *et continere sexaginta decem litteras ad minus.*»

Cependant le notaire est autorisé à percevoir un denier par deux lignes, lorsque la ligne se trouve plus longue à raison du papier ou de la nature de l'acte.

« Et si *plus protendatur* LINEA, *plus poterit no-* « *tarius recipere secundum longitudinem chartæ* « *vel instrumenti videlicet de duabus* lineis, *unum* « *denarium.* » (Ibid.)

§. IV.

Huissiers.

Cet intervalle ne nous offre rien, concernant les *huissiers* du parlement, qui mérite une attention particulière.

§. V.

Sergents.

Pendant le cours de ces cinquante années, le gouvernement fut assailli de plaintes contre les

sergents, à raison des salaires excessifs qu'ils exigeoient, et même des fraudes et prévarications
dans leurs fonctions.

Au nombre des reproches détaillés dans l'ordonnance du régent Charles, du mois de mars
1356, on voit figurer celui d'*un grand état* en-
tretenu aux dépens de ceux qui employoient leur
ministère.

« Il est venu à notre connoissance (y est-il dit)
« que les sergents, en allant faire leurs exploix,
« mainent un *grand état,* et font de grant dé-
« penses, au coux et aux frais des *bonnes gens*
« pour qui ils font les exploix, et vont *à deux*
« *chevaux* pour plus grant salaire gaignier ; les-
« quels, se ils alloient pour leurs propres be-
« soignes, iroient aulcunes foix à pié, ou seroient
« contens d'un cheval. »

Pour remédier à cet abus, l'ordonnance taxe
chaque journée à *huit sous* parisis.

« Nous qui voulons refrener, etc. »

La même ordonnance assujettit chaque sergent
à un *cautionnement* qui assure aux parties une
garantie contre ses *coulpes, mauvaisetés ou né-
gligences.*

Les *sergents* au châtelet, tant à *verge* qu'à
cheval, avoient obtenu, en 1353, de se constituer en *confrérie,* sous le titre de la *benoite*

Vierge Marie, de *monseigneur de S. Martin*, et de tous les *saints du paradis* (car ils ne croyoient pas pouvoir s'environner de trop de protecteurs).

A sa réception, le *nouveau sergent* étoit tenu de donner aux *confrères* un *grand dîner*, que l'on appeloit un *past*, et qui lui revenoit à 10 livres et plus, somme considérable dans ce temps-là, « dont aulcun étoit si grevé (dit le monarque, « que il leur convenoit vendre leurs biens et « aulcunes fois *leurs chevaux* pour les payer, et « s'ensuivoient noizes, rixes, et autres incon- « venients. »

Pour y remédier, le prévôt de Paris convertit ce *past* en droit de 20 sous parisis une fois payés à la *confrérie* par le récipiendaire.

§. VI.

Mangeurs.

On les retrouve encore, dans cette période, remis en activité.

Par exemple, l'ordonnance du roi *Jean*, du 17 décembre 1352, rendue en parlement, renou- velle la défense de *guerres privées*, sous les peines les plus rigoureuses envers les contrevenants. Au nombre de ces peines se trouve celle de recevoir dans leurs maisons et domaines des *mangeurs* et *gaspilleurs*, progressivement multipliés de jour en jour. « Ac in locis, domibus et bonis eorum « *comestores* et *vastatores*, et de *die* in *diem*, « ponendo. »

(Ordonn. du Louv., tom. 2, p. 511.)

On trouve, sous la date du 29 juin 1353, un mandement du roi *Jean*, adressé aux sénéchaux de Besançon, de Nismes et de Carcassonne, par lequel le monarque leur reproche de laisser multiplier, dans leurs districts, les *sergents* et les *mangeurs*, « in vestris districtibus diffusa *ser-* « *vientum* et *comestorum* ; » avec injonction d'en réduire le nombre.

CHAPITRE VII.

Procès fameux dans l'intervalle de 1350 à 1400.

I. 1350. *Jacques de Rue* et *Pierre Dulestre*, l'un chambellan et l'autre secrétaire de Charles de Navarre, dit le *Mauvais*, convaincus d'un complot contre la vie du roi, sont jugés au parlement, et condamnés à être *traînés sur la claie*, depuis le palais jusqu'aux halles, et là à être décapités sur un échafaud.

Leurs corps furent ensuite écartelés et divisés

en huit parties, exposées à *huit* potences dressées
hors des murs de la ville.

II. 1353. *Regnault de Pressigny*, seigneur de
Marans, près la Rochelle, étoit la terreur de ses
vassaux et de ses voisins. Le tableau de ses atrocités est bon à consigner ici, comme monument
historique de ce temps-là.

« Il n'y avoit aucune espèce de concussion,
« d'injustice et de barbarie qu'il n'eût exercées
« dans ses domaines : il rançonnoit tous les habi-
« tants, faisoit conduire en prison ceux qui refu-
« soient de lui payer les sommes qu'il exigeoit ;
« et s'ils persistoient dans leur refus, il les faisoit
« traîner au supplice. Il en avoit fait ainsi exécuter
« plusieurs, quoiqu'ils appelassent à la justice du
« du roi. Il attaquoit même les religieux, qu'il
« faisoit emprisonner, pour forcer les monastères
« de les racheter, ne les laissant aller qu'après
« leur avoir crevé un œil, arraché la barbe, et
« avoir assouvi sa cruauté par d'indignes outrages.
« Ce scélérat fut enfin arrêté lui-même. »

La justice, trop long-temps suspendue, vint
mettre un terme à tant d'atrocités ; et, par arrêt
du parlement, il fut condamné à expirer sur
le *gibet ;* ce qui fut exécuté, malgré les prérogatives de sa qualité, qui sembloient le soustraire à
l'infamie d'un pareil supplice.

III. 1357. Au mois de mars de cette année, on arrêta au village de Saint-Cloud un gentilhomme appelé *Philippot de Renti*, accusé d'avoir formé un complot pour *enlever* le régent, et le *conduire à Metz*.

Ce complot existoit réellement, mais dans les intérêts du régent, et pour le soustraire à la tyrannie sous laquelle les factieux le tenoient. Comme cette intention n'étoit pas assez évidente, elle ne put servir à la justification de cet infortuné, qui fut *décapité* aux halles.

IV. 1381. *Hugues Aubriot*, prévôt de Paris, remplissoit cette place avec la plus haute distinction. Sous son administration, la capitale s'enrichit de monuments nombreux, tels que la *Bastille*, le *petit Châtelet*, le *pont Saint-Michel*, et d'autres grands ouvrages qui sembloient lui donner un titre à la vénération générale.

Mais ce même magistrat avoit eu l'imprudence de se mettre en état de guerre avec l'*université*, et de s'en faire une ennemie implacable.

Elle agit avec tant de succès dans la poursuite de sa vengeance, qu'elle parvint à le livrer à la justice ecclésiastique pour crime d'*impiété*. Il fut arrêté et mis en prison.

Toutes les protections d'*Aubriot* ne purent

1. 24

l'arracher à une condamnation ignominieuse prononcée par l'officialité.

Il fut conduit au parvis Notre-Dame, où, monté sur un échafaud, il demanda, *à genoux et sans chaperon*, l'absolution de l'évêque, avec promesse de satisfaire à tout ce qui lui seroit imposé. Le recteur de l'université et les docteurs étoient présents, aussi bien que *l'inquisiteur de la foi*, qui fit publiquement la lecture des *crimes* et des *impiétés* dont le coupable avoit été convaincu.

Après quoi l'évêque, revêtu de ses habits pontificaux, lui donna l'absolution, et, pour pénitence, le condamna à une *prison perpétuelle*, et à jeûner au pain et à l'eau. (Mais *Hugues Aubriot* fut délivré l'année suivante.)

V. 1392. *Pierre de Craon*, un des principaux seigneurs de Charles VI, avoit fait assassiner le connétable *Clisson* par une troupe de ses gens armés.

Trois d'entre eux ayant été arrêtés, ils eurent la tête tranchée.

Pierre de Craon ayant pris la fuite, son procès lui fut fait par contumace, et l'arrêt du parlement qui le condamnoit à mort portoit aussi que ses maisons et châteaux seroient *rasés*; ce qui fut exécuté.

Cinq ans après, *Pierre de Craon* rentra en faveur auprès du roi, et se servit de cette occasion pour faire accorder l'usage de la *confession* aux condamnés à mort.

(*Voyez* ci-dessus, chap. II, pag. 334.)

CHAPITRE VIII.

Établissements et institutions de 1350 à 1400.

Il n'en existe pas, dans cet intervalle, qui ait quelque rapport avec l'*ordre judiciaire* et les intérêts du *barreau*.

CHAPITRE IX.

Usages, pratiques et costumes de 1350 à 1400.

Tout ce qui a été dit, sur la période précédente, au chapitre IX, pag. 256, s'applique à celle-ci.

Il n'y eut aucun changement notable dans les costumes des *magistrats* ni des *avocats;* c'étoit toujours une longue soutane recouverte d'un manteau, avec cette différence cependant que le *mantelet* des avocats étoit alongé, en descendant jusque sur les talons, et ouvert des deux côtés, pour la liberté des bras.

A l'égard des *procureurs*, ils n'avoient aucun autre costume qu'une soutane noire.

CHAPITRE IX.

Variétés depuis 1350 jusqu'à 1400.

I. *S. Louis*, *Philippe-le-Bel* et *Philippe de Valois* s'étoient épuisés en efforts pour abolir l'usage des *guerres privées* qui s'étoit introduit jusque dans la classe de la bourgeoisie.

Le roi *Jean*, se voyant sans espoir d'obtenir une abolition complète, chercha à modifier cet abus par quelques conditions, entre autres celles de ne point abattre les maisons, ni les moulins, ni de détruire les étangs, de tuer les chevaux et bestiaux, de rompre les greniers, la vaisselle, d'effondrer les tonneaux, de déchirer les titres, etc. (1).

---

(1) « Au cas qu'ils voudroient faire ou feroient *guerre* les « uns aux autres, ils ne pourront abattre ou faire abattre « maisons ne moulins, rompre ne faire rompre étangs, tuer « chevaux ne bestes; rompre guerines, huches, huchiaux, « lettres, vaisselle; effondrer vins, ne autres gats faire : et se « ils ont fait ou faisoient le contraire, ils en soient punis. »

(Ordonn. de mars 1350, pour les nobles de Vermandois. Ordonn. du Louv., tom. 2, pag. 395.)

Mais le privilége de *guerre privée* fut réservé aux nobles. L'article 17 l'interdit aux non nobles, qui commençoient à goûter cet usage de vider leur procès par l'épée, au grand préjudice des gens de justice.

Le défi de *guerre privée* se faisoit de parole ou par écrit.

A la faveur de ces guerres privées, les deux parties dévastoient les campagnes, outrageoient les personnes, et enlevoient les femmes et les enfants, qui étoient ensuite mis à rançon ; de manière que ces *guerres privées* dégénéroient en spéculation de finance.

II. Sur la fin du quatorzième siècle, les *avocats* tenoient un rang qui les plaçoit, dans l'opinion publique, à côté des prélats. C'est ce qui se voit par la réponse que fit *Bertrand Duguesclin* au roi Charles V.

En 1390, ayant été obligé de quitter son armée pour venir, en personne, solliciter du roi l'argent nécessaire à solder l'arriéré, il pressoit vivement le roi.

« Bertrand, dit le roi, je ne suis que un seul « homme ; si, ne puis pas estriver contre tous « ceux de mon conseil : mais dedans trois jours « ferai deffermer un coffre où vous pourrez trou- « ver *vingt mille francs.* »

» Hé Dieu ! se dist Bertrand, ce n'est qu'un
« dejeuner. Que ne faites-vous saillir ces grants
« sommes de deniers des *chaperons fourrés;* c'est
« à sçavoir des *prelats* et *advocats,* qui sont des
« *mangeurs de chrétiens.* »

(Mémoires relatifs à l'hist. de France, tom. 4,
pag. 476.)

L'inculpation, toute injuste et grossière qu'elle
pût être, sert au moins à faire voir que dans ce
temps les *avocats* étoient rangés dans la classe
des *gros chaperons fourrés,* et rivalisoient avec
les *prélats.*

LIVRE III.

Des Avocats et du barreau au quinzième siècle.

SECTION I^{RE}.

*Contenant la première moitié du quinzième siècle,
de 1400 à 1450.*

CHARLES VI.
CHARLES VII.

CHAPITRE PREMIER.

*Continuation des démélés entre les oncles du roi.
Louis, duc d'Orléans, frère du roi, assassiné par
le duc de Bourgogne. Vengeance demandée par la
veuve du duc d'Orléans (Valentine de Milan).
Elle se présente dans une assemblée solennelle,
assistée d'un avocat.*

*Le duc de Bourgogne obtient, à son tour, une autre
assemblée, où il paroît en personne, accompagné
de Jean Petit, faisant l'office de son avocat. Effet
de ce plaidoyer.*

Enthousiasme du peuple pour le duc de Bourgogne.

Sa haine contre les Orléanistes ou Armagnacs. *Les deux partis adoptent des signes distinctifs. Abus d'autorité du parti de Bourgogne, qui lui enlèvent l'affection populaire.*

Le parti Bourguignon *est supplanté par le parti* Orléans *dans l'administration de l'état. Destitution du* parlement, *qui est remplacé par un autre du parti* Armagnac. *Le* barreau *renouvelé dans le sens des* Armagnacs. *Henri* de Marle *promu à la dignité de chancelier. Emigration des partisans de la faction de Bourgogne en* Allemagne, *en* Angleterre *et en* Flandres.

La reine Isabelle de Bavière *est exilée à* Tours. *Elle appelle à son secours le* duc de Bourgogne, *qui la conduit à* Troyes.

Isabelle *revendique l'administration du royaume. Elle* CASSE *le* parlement de Paris. *Elle en établit un autre à* Amiens, *puis un autre encore à* Troyes, *tous deux composés des partisans de la maison de Bourgogne. Les cruautés du gouvernement* orléaniste *le font détester.*

Les d'Armagnacs *deviennent, de jour en jour, plus odieux. Tous les vœux se tournent vers le rappel du* duc de Bourgogne. *Conspiration en faveur du parti de Bourgogne. Surprise de* Paris. *Entrée des troupes de* Bourgogne. *Carnage affreux dans* Paris. *Massacre des* prisons, *dans les journées des* 10 *et* 12 juin 1418. *La majeure partie du* parlement, *du* barreau *et* officiers ministériels *exterminée.*

Rétablissement du parlement et du barreau, *recomposés dans les intérêts de la* faction de Bourgogne.

Le dauphin, réfugié en Poitou, réclame l'administration du royaume, comme héritier présomptif de la couronne. *Il casse le* parlement bourguignon, *et rappelle auprès de lui les membres du* parlement destitué. *Il transfère le* parlement *à Poitiers.*

Coexistence de deux parlements.

Assassinat du duc de Bourgogne sur le pont de Montereau, *en présence du dauphin.*

TRAITÉ *de* Troyes, *qui déshérite le dauphin Charles, et transfère la couronne de France au roi d'Angleterre (Henri V), (la jouissance réservée à Charles VI),*

Effet de ce traité *en France.*

Procédure criminelle instruite contre le dauphin. Arrêt *prononcé contre lui. Observations sur cet arrêt.*

Mort de Charles VI. Embarras du parlement *sur l'intitulé de ses arrêts. Alarmes et soupçons du* régent anglois *sur la fidélité des Parisiens au* traité de Troyes. *Formalité du* serment, *réitérée fréquemment à l'hôtel-de-ville et dans les assemblées de* quartier.

Arrivée du jeune Henri VI, roi d'Angleterre, à Paris. *Le parlement va au devant de lui jusqu'à la Chapelle-Saint-Denis. Les avocats et procureurs sont appelés par le parlement à faire partie de son cortége. Laconisme du* procès-verbal *de cette cérémonie. Séance tenue dans la grand'chambre,*

*et présidée par le roi d'Angleterre. Renouvel-
lement du serment de fidélité par toutes les
classes de Paris. Mécontentement général de la
domination angloise. Agitation sourde dans le*
barreau *pour sortir de cette humiliation. Entreprise
des bons bourgeois pour remettre la capitale sous
la domination de* Charles VII, *et en expulser les*
Anglois. Succès de la conspiration. Introduction
des troupes royales à Paris, dans la matinée du
13 avril 1436. Translation à Paris du parlement
de Poitiers. Entrée solennelle de Charles VII à
Paris.*

Amalgame des deux parlements. État du barreau,
qui reprend, peu à peu, son éclat et son activité.

Rétablissement de la pragmatique sanction. *Ordonnance du 28 octobre 1446, sur la disciplïne du
palais et le régime judiciaire. Confirmation du
mode d'élection pour la vacance des offices de judi-
çature. Dispositions contre la prolixité des* écritures
des avocats, *et de leurs* plaidoiries.

1400. CHARLES V, en fixant la *majorité* des rois à
quatorze ans, sembloit croire que, chez les
princes destinés à gouverner, la raison jouissoit
d'une précocité privilégiée, et devançoit le temps
marqué par la nature.

S'il eut cette présomption, elle fut étrange-
ment déçue dans la personne de son successeur,

qui, bien loin d'anticiper l'âge de la raison, fut accablé d'une *minorité perpétuelle*.

Chacun sait que ce fut en 1392 que commença cette aliénation des facultés intellectuelles qui ne finit qu'avec sa vie, et devint le germe de nouvelles calamités.

Le gouvernement de l'état tomboit, par là, entre les mains des quatre oncles du roi (les ducs de *Bourgogne*, de *Berry*, d'*Anjou* et de *Bourbon*), qui furent perpétuellement en dispute sur leurs prétentions.

Le plus puissant de ces quatre princes étoit le duc de Bourgogne, *Philippe*, surnommé le *Hardi*.

Mais il trouva bientôt un autre concurrent dans *Louis*, duc d'Orléans, frère du roi, jeune homme ardent, emporté, et qui, dans sa qualité de *frère du roi* et de *premier prince du sang*, croyoit avoir plus de droit au gouvernement que le duc de Bourgogne.

Le malheureux *Charles VI* (dans les intervalles de lucidité que sa maladie lui laissoit), envisageant avec effroi tous les malheurs attachés à cette rivalité, imagina que ce seroit un moyen de les prévenir que d'établir un *conseil* qui seroit collectivement le représentant de l'autorité royale, sans qu'il fût permis à toute autre per-

sonne de prétendre *individuellement* à l'administration.

Il se persuada encore que des *lettres patentes*,
qui contiendroient le mode d'administration,
auroient bien plus de force si elles étoient *jurées*
par tous les ordres de l'état.

1403.   Ces *lettres patentes* furent portées, le 10 mai
1403, par le connétable au parlement, où elles
furent publiées en présence des chambres assemblées, des gens du roi, des *avocats*, et *secrétaires*,
notaires, *greffiers* et *huissiers* de la cour, qui tous
allèrent, l'un après l'autre, se mettre à genoux
devant le chancelier, et firent le *serment* indiqué
dans l'ordonnance.

Mais cette mesure fut bien loin d'atteindre son
objet (1).

La mort du duc de Bourgogne, arrivée peu de
temps après (en 1404), sembloit délivrer le jeune
duc d'Orléans d'un compétiteur incommode.

Mais il en fut autrement, parceque le duc laissoit, dans la personne de *Jean-sans-Peur*, son
fils, nouveau duc de Bourgogne, un rival bien
plus redoutable encore que le père.

---

(1) Les noms des *avocats* qui se trouvèrent à cette cérémonie
sont consignés dans le procès-verbal du 11 mai 1403.
(*Voyez* Joly, liv. 11, aux *additions*, pag. ccxliij.)

L'animosité de ces deux *princes* s'accroissant de jour en jour, le duc de Bourgogne se délivra de son cousin d'Orléans par un assassinat (le 23 novembre 1407).

1407.

Aussitôt la duchesse d'Orléans, sa veuve (Valentine de Milan), accourt vers le roi, pour lui demander vengeance, elle obtient une audience publique, à laquelle tous les princes assistèrent.

Un *avocat* au parlement est chargé d'exposer la réclamation et les douleurs de la princesse, avec toute l'énergie de sa situation et l'éloquence du temps.

Le *chancelier* répond pour le roi, « que pour « l'homicide et mort de son frère à lui ainsi exposés, le plus tost qu'il pourroit en feroit bonne « et brieve justice. »

Le jour est indiqué pour commencer un procès où les juges devoient encore avoir plus de peur que l'accusé.

De l'autre côté, le duc de Bourgogne, qui s'étoit mis en sûreté dans ses états, publie un *manifeste* apologétique du meurtre du duc d'Orléans, et il obtient, à son tour, une audience publique, pour venir, *en personne,* proposer sa défense.

1408.

Au jour indiqué (le 8 mars 1408), le duc se présente à l'assemblée, composée des princes du

sang, des prélats, des seigneurs, des *membres
du parlement*, de l'*université*, du *prévôt des marchands*, des principaux notables, parmi lesquels
se trouvoit un grand nombre d'*avocats les plus
distingués*, accompagné d'un théologien nommé
Jean Petit, qui devoit faire l'office de son *avocat.*

Le plaidoyer de *Jean Petit* fit une grande impression sur l'assemblée ; et tel fut son succès,
que l'orateur fut obligé, pour satisfaire la curiosité publique, de le répéter le lendemain à une
tribune qui avoit été élevée exprès au *parvis
Notre-Dame;* et il y fut couvert d'applaudis-
sements.

Il entraîna l'*absolution* du duc de Bourgogne,
consignée dans des lettres patentes, où le roi
déclare que, « considérant la loyale ferveur et
« loyal amour et bonne affection du duc, il ôte
« de son *courage* (cœur) toute déplaisance, et
« veut qu'icelui *cousin de Bourgogne* soit et de-
« meure en son *singulier amour*. »

Mais la duchesse d'Orléans y parut accompagnée de *Pierre Cousinot*, avocat au parlement.

Celui-ci, après avoir développé toutes les ressources de l'art pour porter l'indignation dans
le cœur de l'auditoire, propose ses *conclusions*,
lesquelles étoient, « que le *duc de Bourgogne* fût

« tenu, en présence du roi, des princes, du con-
« seil et du peuple, de demander pardon à la
« duchesse et à ses enfants, *la tête découverte,*
« *sans ceinture,* et *à genoux ;* laquelle réparation
« seroit répétée au Louvre, dans la cour du palais,
« à l'hôtel Saint-Paul, et au lieu même où le crime
« avoit été commis ; que cette réparation fût pu-
« bliée, à son de trompe, dans tout le royaume ;
« que les hôtels du duc fussent rasés ; qu'il fût
« élevé sur leur emplacement des croix portant
« des inscriptions ; qu'il fût tenu de fonder deux
« collégiales, l'une à *Jérusalem,* l'autre à *Rome,*
« et de payer une amende d'un *million d'or ;* que
« de plus il fût exilé pendant vingt ans au moins,
« avec défense d'approcher de cent lieues des en-
« droits où la reine et les princes d'Orléans se
« trouveroient. »

Enfin, l'orateur termina par demander « la
« *jonction* du procureur du roi, pour conclure
« à *fin criminelle.* »

Mais ces conclusions ne firent pas la même fortune que l'apologie de *Jean Petit.*

La haute faveur dont jouissoit le duc de Bourgogne leur ôtoit toute leur force.

L'avantage de l'opinion publique se déclaroit
pour ce prince, malgré la défaveur attachée à un

meurtre, parceque le duc *assassiné* étoit généralement détesté, et que sa vie demandoit grace pour sa mort.

Cependant le gouvernement étant tombé, de la manière la plus absolue, entre les mains du *duc de Bourgogne*, les commencements s'annoncèrent sous les auspices les plus consolants.

L'enthousiasme des Parisiens se manifestoit par les démonstrations les moins équivoques, pendant que, d'un autre côté, la haine et l'exécration contre le parti d'*Orléans* alloient toujours en croissant.

Il n'y avoit pas de sûreté pour quiconque étoit soupçonné de tenir au parti d'*Armagnac*, et les meurtres étoient excusés dès qu'on disoit : C'est un *Armagnac*.

Pour se mettre à l'abri de ce reproche, lès habitants de Paris imaginèrent de prendre le *chaperon pers* (bleu), portant une *croix de Saint-André*, avec un J au milieu; « et, en moins de « quinze jours, il y eut à Paris cent milliers que « hommes que enfants signés de ladite *croix.* »

(Journal de Paris, page 5.)

Mais le duc de Bourgogne ne tarda pas à compromettre sa popularité par des abus d'autorité et des vexations criantes.

, Il porta l'abus du pouvoir jusqu'à exiger du parlement la remise des *consignations*.

Le *parlement*, dépourvu de tout moyen de résistance, se vit obligé de céder, et, par arrêt du 12 novembre 1412, il ordonna aux gardiens 1412. de la *caisse des consignations* d'en remettre le montant entre les mains du duc de Bourgogne, à la charge que ces fonds seroient réintégrés dans la caisse sur les premiers deniers de la recette royale.

Ce ne fut pas tout encore. Pour compléter les fonds dont il disoit avoir besoin, il établit une *contribution* sur la ville de Paris, avec ordre aux officiers municipaux d'en faire la répartition sur les corps et communautés.

Néanmoins, par égard pour le parlement, il lui laissa la liberté de se taxer lui-même; et, par arrêt du 12 novembre, le parlement s'engagea à fournir, sous deux jours, *mille livres tournois*, dont 40 livres par le premier président, 20 livres par chaque président, etc.

Ce qui fortifioit l'exécration du peuple contre le gouvernement bourguignon, c'étoit l'impunité accordée aux agents subalternes, qui enchérissoient sur la tyrannie.

Au nombre de ceux-ci étoit une clique d'hommes du peuple, appelés *Cabochiens* (parcequ'ils

1. 25

avoient à leur tête le nommé *Caboche*, écorcheur de chevaux).

Cette troupe étoit renforcée par d'autres *meneurs*, qui jouissoient d'un grand crédit parmi le peuple, et dont l'histoire a conservé les noms, tels que les *Saint-Yon*, *Jean* de *Troyes*, *Le Gouais*, etc.

Ces excès rendant le gouvernement insupportable, les Parisiens soupiroient après un nouvel ordre de choses ; et, la haine du parti d'Orléans s'affoiblissant de jour en jour, il ne falloit qu'une occasion pour anéantir le gouvernement du duc de Bourgogne.

Cette occasion se présenta bientôt.

Le parti *Armagnac*, lassé lui-même de cette déplorable lutte, s'avisa de proposer au parti de Bourgogne de poser les armes, de cesser toutes les hostilités, et de se réunir au roi, pour cimenter une paix solide et durable.

Des manifestes, publiés avec profusion, apprirent aux Parisiens ces pacifiques dispositions, au moment même où le duc de Bourgogne développoit un grand appareil de guerre.

1413. Cette perspective de *paix*, comme par un effet magique, jeta le peuple dans le ravissement et dans l'ivresse. Les cris : *La paix! la paix!* formèrent une acclamation générale qui ne souffrit 1413. plus de contradiction.

Deux *Cabochiens*, *Jean de Troyes* et *Jean de Gouais*, s'étant avisés de contrarier cet enthou-siasme, ils coururent les risques de la vie ; leurs maisons furent pillées, et ils n'échappèrent à la fureur du peuple que par une prompte fuite.

Les d'*Armagnacs* étant rentrés en grace, ils s'emparent du gouvernement, comme avoit fait le duc de Bourgogne, et n'épargnent rien pour anéantir ce parti.

Mais bientôt le peuple commence à sentir qu'il n'avoit fait que changer de tyran, et il fut réduit à regretter le duc de *Bourgogne*.

La première mesure du gouvernement *Arma-gnac* fut de destituer le *parlement*, et tous les *officiers ministériels* qui avoient exercé sous le régime bourguignon.

Le 3 *août* 1413, Eustache *de Laitre*, qui n'étoit *chancelier* que depuis deux mois (après la démis-sion d'*Arnaud de Corbie*), fut destitué, comme tenant au parti de Bourgogne, et remplacé par *Henri de Marle*, affectionné au parti Armagnac ; préférence funeste qu'il paya bien cher cinq ans après.

Tous les *Armagnacs* qui avoient *émigré* sous le

gouvernement du duc de Bourgogne rentrèrent par *milliers*, et renforcèrent le parti.

Et dans le même temps, les partisans du duc de Bourgogne, ou soupçonnés tels, proscrits et persécutés, recourent aussi à l'*émigration*, soit en *Allemagne*, ou en *Angleterre*, ou en *Flandres*; heureux quand, à la faveur de travestissements de toute espèce, ils parviennent à tromper la surveillance de leurs espions.

Assailli d'alarmes et de terreur, le connétable d'*Armagnac* s'environne des mesures les plus tyranniques, sous le nom de *mesures de sûreté*, et provoque l'exécration universelle.

Dans son délire de fureur, il a la maladresse de se faire une ennemie de la reine Isabelle, qu'il exile en Touraine.

Celle-ci abandonne, dès ce moment, le parti *Armagnac*, dont elle avoit été, jusque-là, un des plus forts appuis. Du fond de son exil, elle s'adresse au duc de Bourgogne, pour l'arracher à la tyrannie du connétable et de ses agents.

1417.

Le duc accueille avec transport ce surcroît de force, vient à *Tours*, enlève la reine, et la conduit à *Chartres*.

Là, à la faveur d'anciens pouvoirs qu'elle avoit arrachés à la foiblesse du roi, *Isabelle* revendique l'administration du royaume, à l'exclusion de tous autres.

Elle commence par créer un *parlement,* dont elle indique la résidence à *Amiens.*

Morvilliers, avocat au parlement, et membre du conseil de la maison de Bourgogne, est nommé *chancelier.*

On grave un *sceau,* qui représentoit, d'un côté, la *reine* ayant les bras étendus vers le ciel, et sur le rescif, les armes de France et de Bavière, avec cette inscription :

« *C'est le scel des causes, souverainetés et appel-* « *lations pour le roi.* »

Dans toutes les lettres expédiées en son nom, elle s'intituloit :

« I s a b e l l e, par la grace de Dieu, royne de « France, ayant, pour l'occupation de *monsei-* « *gneur le roi,* le gouvernement et administration « de ce royaume, par l'octroi irrévocable à nous, « sur ce fait par mondit seigneur et son conseil. »

Mais bientôt elle quitte *Chartres,* pour suivre le duc de Bourgogne à *Troyes;* et là, comme à *Chartres,* entraînée par la vengeance et l'ambition, elle crée encore un *parlement,* dont elle fixe la résidence à *Troyes.*

Ces lettres patentes, datées du 16 *février* 1417, sont un monument précieux.

Elles débutent par un éloge pompeux du parlement de Paris sous les règnes précédents. « Alors « justice en grant équité y estoit briesvement ad-« ministrée par les pairs de France et royaux con-« seillers constitués et préposés au siege de la « court *capitale et souveraine du royaume,* ren-« dant à un chacun ce que sien étoit, exhaussant « et rememorant les bons, corrigeant et punissant « les mauvais, selon leurs desmerites, sans nul « espargner ; dont la *renommée fut si grande et* « *glorieuse par le monde universel,* que les na-« tions et provinces tant voisines dudit royaume, « comme etrangeres et très loingtaines, souventes « fois y affluoient, les aucunes pour *contempler* « *l'état de la justice, qu'ils réputoient* plus à « *miracle* que à *l'envie humaine ;* les autres libe-« ralement se ils se soumettoient pour y avoir « droit et appaisement de leurs grands débats et « haultes querelles, et y trouvoient en tout tems « *équité, justice et loyal jugement ;* et si longue-« ment que de telles vertus ledit royaume a est « adorné, il demoura en prosperité et felicité. »

Passant ensuite à la comparaison de cet état de choses avec l'ordre actuel, Isabelle déplore l'avilissement du nouveau *parlement.* Elle attribue ce changement à la « *faulte des loyautés,* « *mauvaise convoitoise, damnée ambition, outra-*

« *geuse rapine, cruelle tirannie* et *iniques comme-*
« *tations et conspirations* du comte *d'Armagnac*
« et autres ses consorts, complices et alliés, gens
« de *basse, vile* ou *damnable et réprouvée nais-*
« *sance,* etc. etc. »

A la suite de tous les griefs allégués par la
reine contre les *d'Armagnacs,* se trouve celui de
l'avoir fait reléguer à *Tours,* et d'avoir opprimé,
en diverses manières, tous ceux qui annonçoient
des dispositions à la tranquillité du royaume,
« en jettant les uns à la riviere, en bannissant les
« autres, les boutant hors de leurs emplois, les
« envoyant en exil ou loingtain pays, ravissant
« leurs biens-meubles et revenus, et tant de leurs
« benefices et offices, comme de leur patrimoine,
« ilceux biens appliquant à leur singulier profit ;

« D'avoir fait fondre les reliquaires et joyaux,
« tant du roi que de l'église de Paris et d'autres
« églises, pour en faire à leur plaisir ;

« D'avoir boutté feu en divers lieux du royaume,
« *tué, rançonné et pillé* indifféremment toutes
« personnes, et fait tant d'autres cruelles et in-
« humaines oppressions que *entendement humain*
« *pouvoit penser.* »

Tant d'imputations (qui n'étoient malheureu-
sement que trop bien fondées) sont suivies d'une
autre qui est relative au *parlement.*

ISABELLE reproche aux *Orléanistes* d'avoir créé un *parlement* à leur guise, et disposé à consacrer aveuglément leur tyrannie ; d'avoir

« Mis et préposé de leur tortionnaire aucto-
« rité, au lieu de *prudhommes*, pour exercer la
« *justice souveraine du parlement à Paris, petites*
« *gens* de *nulle autorité et prudence, séditieux*,
« *perturbateurs de paix, conspirateurs, cruels,*
« *ignorants, ennemis et adversaires du bien com-*
« *mun, persécuteurs des bons* et *souteneurs des*
« *mauvais*, etc. »

Après avoir épuisé toutes les inculpations les plus flétrissantes à l'égard du *parlement*, ISABELLE expose la nécessité qu'il y a, pour le bien de la nation, de lui donner un *autre parlement* mieux composé, et qui soit hors de l'influence de la faction.

Elle auroit pu, dit-elle, se borner à établir un autre parlement auprès d'elle, en laissant sub-sister celui qui résidoit à Paris ; mais elle consi-dère que la concurrence de *deux parlements* est impraticable, en ce qu'il convient qu'*il n'y ait qu'un seul et unique parlement* en France qui soit *dépositaire de l'autorité royale*.

« CONSIDÉRANT, en outre, que en ledict royaume
« *ne doit avoir que une cour capitale et souveraine*
« en laquelle doivent estre mises et préposées

« notables et solemnelles personnes de grant
« science, loyauté, prudence et expérience de
« justice, ayant Dieu devant les yeux, aimans
« mondict seigneur, sa seigneurie et le bien
« commun du royaume ; qui, pour doutes de
« menaces, faveur ou acceptations de personnes,
« rejettées toutes haines et corruptions, ne lais-
« sent ou diffèrent à faire loyalle justice, tant
« aux grants comme aux petits, à la semblance
« et maniere des vrais et loyaults juges qui, en la
« *cour souveraine et capitale de ce royaume*, sou-
« loient par grande diligence rendre droit justice
« à chascun. »

Elle ajoute que la concurrence de deux cours
seroit susceptible d'inconvéniens, à cause des
divisions qui pourroient en résulter.

Par ces considérations,

« ISABELLE declare *casser, annuller, oster, abolir*
« *et mettre au neant,* la cour du parlement estant
« à Paris ; sçavoir, la grant chambre, celle des
« requestes de l'hostel, des enquestes et requestes
« du palais.

« *Voulant* et *ordonnant* que pour et au lieu du
« palais royal à Paris, se tienne doresenavant le
« parlement *comme cour souveraine et capitale*
« *de la justice* de ce royaume en cette ville de
« *Troyes.* »

La reine se réserve de nommer les membres de ce parlement. Mais à l'égard de ceux qui composoient le *parlement de Paris,* « et qui si *dam-* « *nablement ont destruit et gasté la justice souve-* « *raine dudict royaume,* ils sont *cassés,* et privés « de tous gages, profits, emolumens, etc.; révo- « quant tous pouvoirs et commission que par « avant ils ont eus en icelle cour, avec deffenses « de eux entremettre en quelque manière que ce « soit, de connoistre, jugier, déterminer, ap- « poincter sentences, sur peine d'estre déclarés « *rebelles, desobéissans, faussaires,* et *abuseurs de* « *justice,* et *d'estre punis comme tels,* etc. »

(Ordonn. du Louv., tom. 10, pag. 440.)

Cette destitution ne fit pas grande impression sur les Parisiens, soit qu'étant comprimés par la surveillance redoutable du connétable, ils ne fussent pas en force de lui opposer de résistance, soit qu'ils ne vissent dans ces *lettres* que la déclamation d'une femme vindicative, aussi exagérée dans ses haines que dans ses amours.

Le parlement de Paris tint si peu de compte de cet édit de *suppression,* que trois mois après (juillet 1417), il rendit arrèt contre le duc de Bourgogne, à l'occasion des lettres et manifestes qu'il avoit distribués dans le royaume.

« Cet arrèt (du 21 juillet) DÉCLARE lesdites

« lettres *mauvaises* et *séditieuses*, *scandaleuses*,
« offensives de la majesté royalle, et *ordonne*
« laditte court que lesdittes lettres, comme telles
« que dict est, seront *déchirées*, rompues, et
« *arses publiquement* en la ville de Paris et ès
« autres villes, cités et lieux de ce royaume où
« elles ont été envoyées. »

Cependant, comme le duc de Bourgogne faisoit, de jour en jour, des progrès alarmants, le
connétable crut devoir s'assurer de la fidélité des
Parisiens par le renouvellement du *serment* qui
leur avoit été déjà demandé tant de fois.

L'ordonnance du 5 *août* 1477, qui exigeoit ce
renouvellement de *serment*, fut adressée au parlement, et enregistrée.

La lecture en ayant été faite en présence du
barreau, convoqué exprès, le *serment* fut prêté
le même jour; et les *registres du parlement*, qui
nous ont conservé les noms des signataires, font
voir *quarante-cinq avocats*.

Un an s'étoit à peine écoulé que le duc de
Bourgogne trouva le moyen de se rendre maître
de Paris, par la trahison de *Perinet-Leclerc*
(29 mai 1418).

Alors ce fut un carnage général de tout ce qui
tenoit ou passoit pour tenir à la faction d'*Armagnac*.

Le parlement, objet de la haine d'*Isabelle*, et si outrageusement signalé par ses lettres de *desti-tution* (du 16 février 1417), fut la première victime désignée aux assassins.

N'envions pas à l'histoire le récit affligeant du *massacre des prisons*, pendant les affreuses journées des 12 juin et 20 août, qui offrent une effrayante ressemblance avec celles que les *mémoires* de notre temps légueront à la postérité.

Après ces exécutions sanglantes, la capitale ne sortit de la domination des ORLÉANISTES que pour rentrer sous celle de *Bourgogne*.

Le dauphin Charles, sauvé de la fureur des Bourguignons par le courage de *Tanneguy du Châtel*, avoit pris la fuite, et laissoit le champ libre à son adversaire.

Alors il fallut recomposer un *nouveau* parle-ment, un *nouveau* barreau, rétablir de *nouveaux officiers ministériels*.

Cette réorganisation s'effectua par une ordon-nance du roi, du 22 juillet 1418.

« Par l'advis et délibération *de nostre très cher* « *et très amé duc de Bourgogne*, AVONS *esleuz*, « *creez, ordonnez, constituez* et *establiz*, et par « ces presentes *eslizons, créons, ordonnons, cons-* « *tituons* et *establissons* ès états et offices cy après « déclairez, sçavoir, etc. »

Viennent ensuite les *noms* des magistrats et officiers nouveaux qui étoient attachés au parti bourguignon (1).

A l'égard des parlements éphémères d'*Amiens* et de *Troyes*, établis par *Isabelle*, cette ordonnance maintient l'exécution de ce qu'ils auroient prononcé.

Quant aux procès non terminés, ils seront renvoyés au *nouveau parlement*.

Mais pendant que le parti de Bourgogne cherchoit à se fortifier de l'appui d'un parlement dévoué à ses intérêts, le *dauphin* usoit du même moyen.

Ce jeune prince, échappé aux meurtriers, avoit pris la route du Poitou, accompagné d'un nombreux et puissant cortége, qui s'étoit corroboré des fugitifs et des débris de la faction d'*Armagnac*.

Quand il se vit en force, il commença à distribuer dans toute la France des *manifestes*. En sa qualité de PRÉSOMPTIF *héritier du trône*, il réclamoit l'administration du royaume, usurpée par le duc de Bourgogne.

---

(1) Ceux qui seroient curieux de connoître leurs noms, les trouveront consignés au dixième volume des ordonnances du Louvre, page 460, et au premier volume des Offices de Joly, page 200.

Il protestoit contre la création du prétendu *parlement* établi à Paris (par l'édit du 22 juillet 1418) au choix du duc, et qui n'alloit devenir entre ses mains qu'un nouvel instrument d'oppression.

Enfin, il rend, le 21 septembre (1418), une ordonnance, datée de *Niort,* portant annullation du prétendu parlement de Paris, et *création d'un parlement* dans la ville de *Poitiers.*

Cette ordonnance offre beaucoup de dispositions du plus grand intérêt pour l'histoire nationale et celle du *barreau.*

D'abord le *préambule* contient le détail de l'invasion de Paris, par le parti de Bourgogne, dans la journée du 29 *mai* précédent.

Charles ne traite pas mieux le *parlement* du duc de Bourgogne qu'*Isabelle* n'avoit traité le *parlement Armagnac.*

Il lui reproche d'être un ramas de brigands, protecteurs du *massacre des prisons,* de gens ignorants, sans aucune connoissance de l'ordre judiciaire, indignes de faire les fonctions de juges, et, pour la plupart, *repris de justice* pour leurs méfaits (1).

---

(1) « Tous lesquels sont fauteurs, adherens et complices des « *meurtres, excès, crimes, delits* et *maléfices,* et des *entre*-

Le dauphin ajoute (1) qu'à parler exactement, Paris se trouve *sans parlement;* et qu'à lui seul, comme héritier présomptif de la couronne, et fondé des pouvoirs du roi, pendant son indisposition, il appartient de rendre à la justice son activité.

A la suite de cet exposé vient la disposition qui transfère à Poitiers la *juridiction souveraine* du royaume, avec tous les droits, attributs, autorité, prérogatives et priviléges qui appartenoient au parlement destitué par le duc de Bourgogne.

La même ordonnance contient les noms de quelques membres appelés à former ce nouveau parlement.

(Ordonn. du Louv., tom. 10, pag. 477.)

Le parlement de *Poitiers* ne tarda pas à être

« *prises damnables* faictes par le duc de Bourgogne contre la « majesté royale de mondict seigneur.... *gens ignorans et non* « *experts, ne cognoissans* en fait de justice, et indignes à avoir, « tenir et exercer tels offices, plusieurs desquels étoient et *sont* « *bannis du royaume pour leurs demérites.* »

(1) « Attendu qu'en l'absence et durant l'empeschement de « mondict seigneur, à nous, *qui sommes son seul heritier et* « *successeur universel*, et non autre, de quelque autorité qu'il « soit, appartient le gouvernement du royaume. »

porté au *complet,* par la réunion des fidèles serviteurs du dauphin.

Le BARREAU de *Poitiers* se fortifia d'un grand nombre d'*avocats* qui désertoient celui de la capitale ; et comme dans l'un et l'autre parlements les *arréts* se rendoient au *nom du roi*, cette rivalité offroit le spectacle scandaleux de deux cours qui s'anathématisoient respectivement au nom de la *méme autorité*, invoquée de part et d'autre.

Néanmoins, à travers ces hostilités, des négociations s'engagèrent à plusieurs reprises, pour rapprocher le *dauphin* et le *duc de Bourgogne.*

C'est au milieu de l'une de ces tentatives que ce prince, ayant été attiré à une entrevue sur le *pont* de *Montereau-sur-Yonne,* y fut massacré en présence du dauphin (10 septembre 1419).

Les détails de cet événement, quelque intéressants qu'ils soient, n'appartiennent pas à notre ouvrage, et nous n'en parlons que parcequ'il fut le germe d'autres événements qui sont de notre ressort.

Cette nouvelle frappa la capitale d'une consternation générale.

L'attachement des Parisiens pour le duc de Bourgogne se signala par les plus vives démonstrations ; on porta le *deuil* pendant *trois jours.*

Le meurtre de *Jean de Bourgogne,* enlevant à

Isabelle son plus puissant appui, augmenta la 1419. haine qu'elle avoit déjà conçue contre son fils.

D'un autre côté, *Philippe* (surnommé le *Bon*), unique héritier de *Jean*, accourut du fond de la Flandre.

S'étant réuni à Isabelle, pour combiner leurs moyens de vengeance, le résultat de cette confédération fut de déposséder le *dauphin Charles* de l'hérédité au trône, et de faire passer la couronne sur la tête de *Henri V, roi d'Angleterre*, comme condition de son mariage avec *Catherine de France*, fille chérie d'*Isabelle*.

Cette translation de la couronne de France sur la tête de *Henri V* d'Angleterre présentoit de grands avantages à toutes les parties contractantes.

Isabelle y trouvoit l'accomplissement de sa *vengeance* et de son *ambition*.

De sa *vengeance*, en ce qu'elle enlevoit une brillante couronne à celui qu'elle regardoit comme son plus cruel ennemi.

Son *ambition*, en ce qu'elle voyoit la couronne de France se maintenir dans sa descendance par *Catherine* : ajoutez qu'elle devenoit belle-mère d'un jeune roi qui, par reconnoissance d'une dot aussi précieuse, ne manqueroit pas de la combler d'honneurs et d'autorité.

Quant au *duc de Bourgogne*, non seulement
il y trouvoit, comme Isabelle, l'avantage d'une
légitime vengeance du meurtre de son père,
mais encore le contre-coup se reportoit sur la
branche d'Orléans, qui par là perdoit la perspective de monter un jour sur le trône de France.

Pour *Henri V* d'Angleterre, il est facile de voir
quel prix il devoit attacher à cet événement,
puisque, tout-à-coup et comme par enchante-
ment, il voyoit rentrer dans sa maison cette
couronne tant convoitée par ses aïeux.

Ce *traité* fut consommé à *Troyes* le 21 mai 1420.

Charles VI y assure à son gendre l'hérédité du
trône de France, ne s'en réservant que l'*usufruit;*
et même, pour affranchir le monarque anglois
des inquiétudes d'une trop longue attente, il
l'admet, sur-le-champ, à l'exercice de la puissance royale sous le titre de régent.

La seule prérogative que le *traité* réserve au
malheureux Charles VI est le nom de roi de
France.

« ITEM. Que de toute notre vie notredit fils le
« roi Henri ne se nommera ou escrira aucune-
« ment, ou fera nommer ou escrire *roi de France;*
« mais de tous points se abstiendra tant comme
« nous vivrons. »

On y convient de la *formule* qui sera employée

par le roi, vis-à-vis du monarque anglois, tant
en *françois* qu'en *latin*.

« ITEM. Est accordé que nóus, durant notre
« vie, nommerons et appellerons et escrirons
« notredit *fils le roi Henri*, en *langue françoise*,
« en *langue latine* par cette manière :

« *Noster dilectissimus* FILIUS *Henricus, rex* AN-
« GLIAE, *hæres* FRANCIAE. »

Il n'y est parlé du dauphin que pour le vouer
à la vengeance.

« ITEM. Considérés les *horribles et énormes crimes*
« *perpétrés audit royaume de France par Charles,*
« *soi-disant dauphin de Viennes*, il est accordé
« que nous, ne nostredit fils le roi Henri, ne
« aussi nostre très chier fils Philippe de Bour-
« gogne, ne traicteront aucunement de paix ou
« de concorde avec ledit Charles, ne feront, etc. »

Le lundi 29 *mai* 1420, ce *traité* fut apporté au
parlement par des commissaires du roi, du duc
de Bourgogne et du roi d'Angleterre.

Le 31 *mai*, assemblée dans la grand'chambre
du parlement, composée des *présidents, conseil-*
lers des chambres, des maîtres des requêtes, des
gens des comptes, des généraux sur le fait des
finances, recteurs et maîtres de l'université, pré-
vóts de Paris et des marchands, abbés, prélats et
gens d'église, official de Paris, échevins, quarti-

niers, dixainiers, bourgeois, manants et habitants
de Paris, en la présence desquels le *premier pré-*
sident (Philippe de Morvilliers) fit lire le *traité,*
avec invitation d'en jurer l'exécution ; ce qui fut
fait sur-le-champ, sans difficulté de la part de
tous les assistants.

(*Voyez* le procès-verbal dans D. Felibien, t. 4,
pag. 584.)

Le 3 *juin,* les *conseillers, avocats* et *procureurs*
qui ne s'étoient pas trouvés à cette assemblée
prêtèrent leur *serment* à l'audience, entre les
mains du premier président (1).

Cette résignation sera, sans doute, un objet
d'étonnement.

Comment se pouvoit-il faire que le *parlement*
et le *barreau* vissent avec tant de docilité une
violation aussi outrageante de la plus sacrée de
nos lois fondamentales? Qu'étoient devenus ce
parlement et ce *barreau* qui, en 1328, avoient com-

---

(1) « Ce jour, aucuns des *conseillers, advocats et procureurs*
« *dudict parlement* firent en ladicte chambre, ez-mains du pre-
« mier président, serment de tenir le traicté de paix faict entre
« le roy nostre souverain seigneur, d'une part, et le roi d'An-
« gleterre, ainsy que faict avoit esté par les *autres conseillers,*
« *advocats et procureurs* assistans en la chambre dudict parle-
« ment le penultieme jour de may passé. »

(D. Felib. , *ibid.*)

battu avec énergie les prétentions d'*Edouard III*? 1420.

(*Voyez* ci-dessus, pag. 149 et suivantes). Mais la réponse est facile.

Les hommes habiles et courageux avoient été exterminés par la faction de Bourgogne, dans les journées des 29 mai, 12 juin et 20 août 1418.

Le peu qui avoit échappé au carnage étoit en fuite. La face du *barreau*, entiérement renouvelée de la main du duc de Bourgogne, n'offroit plus que des partisans soumis, qui n'avoient garde de contrarier, par la moindre réclamation, les intérêts de leur protecteur.

La même considération sert à expliquer l'arrêt du parlement, du mois de janvier 1421, rendu contre le dauphin, et que le comte de *Boulainvilliers* appelle, assez mal-à-propos, la *honte éternelle du parlement de Paris* (1).

La plupart des historiens, tant françois qu'étrangers, se sont mépris sur le mode de cette condamnation, les uns l'attribuant au parlement, les autres au conseil de Charles VI; et, par leurs contradictions, ils sont parvenus à couvrir d'obscurité un des points les plus intéressants de notre histoire.

C'est donc ici le moment d'éclaircir une question

_____

(1) Dans son Traité du gouvernement.

qui touche d'aussi près au *barreau* et au *régime judiciaire*.

D'abord, il faut se rappeler la situation de la cour de France immédiatement après le *traité de Troyes*, portant exhérédation du dauphin Charles.

Ce *traité* n'offroit pas au monarque anglois un titre bien solide, tant que le *droit d'héredité* à la couronne subsisteroit dans la personne du dauphin ou de sa *postérité masculine*.

Pour consolider, aux yeux de la nation françoise, l'exhérédation stipulée par le traité de Troyes, il parut indispensable de la faire confirmer par une condamnation solennelle, qui dépouilleroit le dauphin de sa qualité d'héritier présomptif de la couronne, et le frapperoit d'incapacité, même dans sa descendance masculine, seul moyen de délivrer Henri V d'une rivalité aussi dangereuse.

Il n'y avoit qu'une condamnation pour crime de *lèse-majesté* qui pût produire cet effet, parce-qu'elle emportoit la déchéance du droit de successibilité, l'*indignité* reversible sur la *lignée*, la confiscation de tous les biens présents et à venir, la privation de tous les droits féodaux, etc. etc. Mais comment se procurer une pareille condamnation? Il n'existoit aucune loi qui appliquât le caractère de crime de *lèse-majesté* au meurtre d'un prince du sang : et douze ans auparavant, lorsque le duc Jean de Bourgogne s'étoit reconnu coupable de l'assassinat du duc d'Orléans, *premier prince du sang*, *frère du roi*, *et fils de France*, il n'étoit venu à l'idée de personne de trouver dans ce crime le caractère de *lèse-majesté*.

D'un autre côté, on ne pouvoit pas se flatter que le *parlement* consentiroit à donner d'*office* la qualification de crime de lèse-majesté au meurtre du duc *Jean*, sans y être autorisé par une loi expresse. Déjà cette cour, pressentie sur ce point, toute dévouée qu'elle étoit au parti de Bourgogne, avoit laissé entrevoir qu'elle ne porteroit pas la complaisance jusque-là.

Cependant cette qualification de crime de *lèse-majesté* devenoit de *première nécessité* pour le prince anglois ; à quelque prix que ce fût, il en falloit venir là ; toute autre condamnation auroit été illusoire.

Pour se procurer cette précieuse qualification, voici la manœuvre qui fut imaginée :

On convoque à Paris, à l'hôtel Saint-Paul, pour le 23 décembre (1420), une *assemblée solennelle*.

Les plus grands personnages de l'état et les corps les plus puissants y sont appelés, les grands officiers de la couronne, l'université, le prévôt de Paris, les échevins, les notables les plus distingués.

Le roi et son *cher* fils adoptif, le roi d'Angleterre, y paroissent avec tout l'appareil de la puissance royale, assis tous deux sur *le trône*.

A l'ouverture de cette assemblée, on voit renouveler la scène qui avoit eu lieu en 1408, au sujet du meurtre du *duc d'Orléans*. (*Voyez* ci-dessus, pag. 381.)

Le jeune duc de Bourgogne (*Philippe*) s'avance dans la salle, accompagné d'un nombreux et brillant cortége.

Arrivé au pied du trône, il se prosterne, et demande au roi, tant en son nom personnel qu'au nom de sa mère, Marguerite de Bavière, et de Marguerite, Anne et Agnès de Bourgogne, ses sœurs, que bonne et briève justice soit faite des *coupables, fauteurs* et *adhérents* de l'assassinat commis à *Montereau* sur la personne du feu duc Jean de Bourgogne.

Après le jeune duc, Nicolas *Raulin*, avocat au parlement, et conseil ordinaire de la maison de Bourgogne, prenant la parole, avec la permission du roi, expose l'historique de cette sanglante catastrophe, en l'accompagnant de détails propres à provoquer l'indignation, et il conclut, contre les *auteurs, complices, fauteurs* et *participants*,

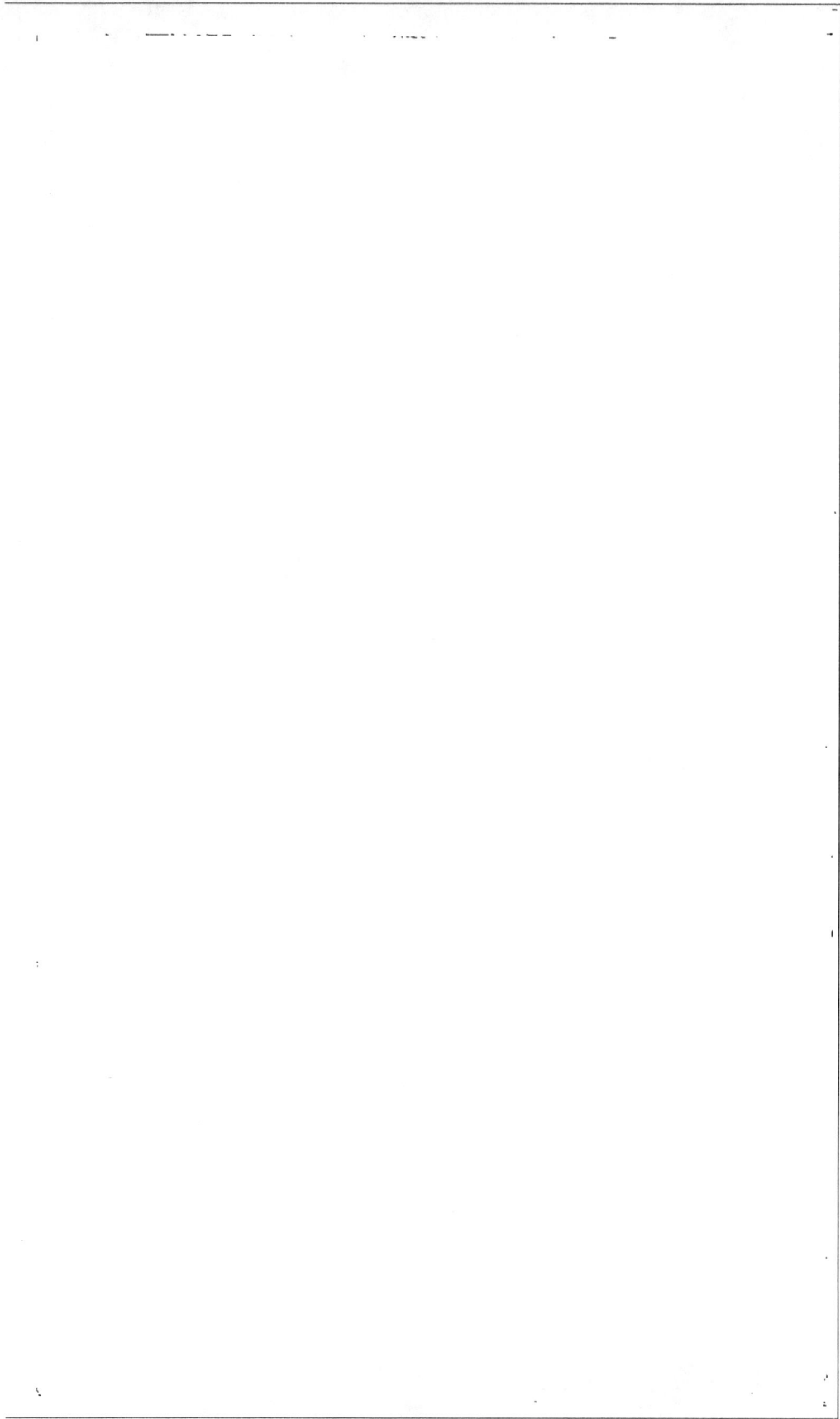

à des condamnations civiles du même genre que celles prises, douze ans auparavant, par la duchesse d'Orléans. (*Voyez* ci-dessus, p. 383.)

Quant aux *fins pénales,* qui intéressent la *vindicte publique* et l'honneur du trône, il déclare en laisser la charge aux *gens du roi.*

C'étoit l'usage de ce temps que dans les affaires d'une grande importance un *avocat* se fortifiât d'un certain nombre d'autres *avocats,* pour l'encourager par leur présence, lui suggérer quelques moyens utiles, et le remplacer au cas de besoin.

Or, la maison de Bourgogne ne mit pas de parcimonie dans l'usage de cette faculté, puisqu'elle donna à *Nicolas Raulin* une douzaine de *compagnons d'armes,* pris, pour la plus grande partie, dans le barreau de Paris, et dont l'histoire a conservé les noms (1).

L'*université,* le *prévôt* de Paris, les *échevins* et les *gens du roi* se joignirent à la maison de Bourgogne, et demandèrent qu'il plût au roi de faire

---

(1) Pierre de Mory, Richard de Chanley, Thierry Le Roy, Robert Le Josne, Jean Chouzal, Guy Geliner, Jolezan Frepier, Laurent des Bordes, Jean de Gand, Barthélemy des Tourbes, Oudart Le Fer, Leguy Bertrand.

(Journal de Paris, page 243.)

une éclatante punition du crime, et de le considérer comme un crime de *lèse-majesté*.

Le *roi*, ayant pris l'*avis* de tous les grands personnages qui assistoient à cette séance, prononça :

« Tous ceux qui avoient participé au damnable
« crime fait et perpétré en la personne du duc,
« avoir commis crime de *lèse-majesté*, et consé-
« quemment avoir forfait *corps et biens*, et être
« *indignes* de *toutes successions directes* et collaté-
« rales, et de toutes *dignités*, *honneurs* et *préro-*
« *gatives ;* avoir encouru les autres peines portées
« par les lois contre les *criminels de lèse-majesté,*
« *leur lignée et postérité*... les vassaux et sujets
« desdicts criminels absous de tous sermens de
« fidélité, promesses et obligations de service,
« tant eux que leurs successeurs, leur deffendant
« de les ayder, servir, ni assister, sur peine d'être
« declarés *criminels de lèse-majesté.* »

Remarquez bien cette disposition, et *autres*
peines portées par les lois contre les criminels de
lèse-majesté, leur lignée et postérité. C'étoit à quoi
l'on en vouloit venir, pour autoriser le parlement
à prononcer l'*indignité* du *dauphin* et *de sa lignée.*

Le *dauphin* n'est pas désigné *nominativement*
dans ce prononcé, et ne devoit pas l'être. La
déclaration du roi n'avoit d'autre objet que de
signaler l'espèce de *pénalité* attachée au meurtre

de Montereau, sauf au parlement à en faire l'application à qui de droit.

Cette déclaration, adoptée en séance royale, revêtue d'une espèce de sanction nationale, fut adressée au parlement, et *enregistrée*.

En exécution de cette déclaration, le parlement commença une instruction criminelle contre les *auteurs*, *complices* et *adhérents du meurtre du duc Jean*.

Le dauphin, se trouvant désigné dans l'information, fut décrété d'*ajournement personnel*, et assigné, le 3 *janvier* 1421, à son de trompe, suivant l'usage, à *trois jours;* ce qui eut lieu contre tous les autres accusés.

Après l'accomplissement des formalités usitées en matière de *contumace*, le parlement rend son arrêt, qui condamne Charles de Valois, *dauphin*, et seul fils du roi, au *bannissement* perpétuel hors du royaume, et le déclare *indigne de succéder de toutes seigneuries venues et à venir*.

Par l'exposé de la procédure qui amena la condamnation du dauphin Charles, on voit que cette condamnation se compose de deux opérations distinctes et successives, émanées de deux autorités différentes, et séparées par une distance de plusieurs jours.

On ne peut donc trop s'étonner de la négligence, de l'inexactitude ou de la mauvaise foi des écrivains qui ont confondu ces deux opérations en une seule, pour la coordonner avec leur opinion personnelle.

Par exemple, le comte de *Boulainvilliers*, qui professoit la haine des *parlements*, n'a pas manqué de flétrir le parlement de Paris, par l'imputation d'un arrêt inique, et qu'il disoit être *sa honte éternelle.*

Quand, d'un autre côté, le *président Hénault*, pour sauver l'honneur du corps dont il étoit membre, imaginoit de nier l'existence d'un *arrêt de condamnation*, qu'il imputoit à la *séance royale* du 23 *décembre* (1).

Mais le président *Hénault* avoit grand tort de recourir à ce palliatif pour échapper à l'anathème du comte de *Boulainvilliers*.

Il y avoit une autre manière bien plus solide de réfuter cet écrivain ; c'étoit d'avouer franchement l'*arrêt du parlement,* en le justifiant d'ailleurs de tout reproche, comme l'exécution nécessaire de la déclaration du 23 *décembre* précédent.

En effet, cette *déclaration* ayant déterminé la nature du meurtre en question, et l'ayant revêtu

_____

(1) Abrégé chronologique, an 1420.

du caractère de *crime de lèse - majesté*, peut - il tomber dans l'esprit de personne qu'il fût possible au parlement de s'écarter de cette loi qui, par la pompe et la solennité de son émission, ne laissoit plus d'accès à la résistance?

D'ailleurs, le dauphin Charles, en se laissant condamner par *contumace*, enlevoit toute espèce de ressource à la bienveillance du parlement, et se livroit lui-même à la condamnation.

Tout ce que le parlement pouvoit faire de mieux étoit de ne prononcer son arrêt qu'après l'accomplissement des formalités prescrites en pareil cas, et c'est ce qu'il avoit fait, de l'aveu de *Juvénal des Ursins* lui-même, qui étoit du parti du dauphin (1).

Il n'est donc pas vrai que cet *arrêt* puisse être considéré comme la *honte du parlement*, ainsi que l'a osé écrire le fanatique *Boulainvilliers*. Mais la *honte éternelle* de cette condamnation se trouve dans cette assemblée de princes, seigneurs, ducs et hauts barons, qui, dans la séance du 23 décembre, livrèrent le fils de leur roi à la haine du monarque anglois, et comprimoient, par la violence, un parlement qu'ils désespéroient de corrompre.

---

(1) « Et après TOUTES *formalités faites en tel cas.* »

1422.   Quoi qu'il en soit, *Charles* appela de ce jugement, tant pour lui *que pour ses adhérents*, à
Dieu et à la *pointe de son épée*, et fit vœu « de.
« relever son appel, tant en *France* qu'en *Angle-*
« *terre*, et de par tous les *pays du duc de Bour-*
« *gogne.* »

Or, ses *adhérents* étoient en grand nombre, et
la ville de *Poitiers,* où Charles s'étoit retiré, étoit
devenu le point de leur réunion.

Telle étoit la situation des affaires, lorsque la
mort de l'infortuné *Charles VI,* arrivée le 4 octobre 1422, fit craindre une nouvelle agitation,
en mettant à découvert les affreuses conséquences
du TRAITÉ de *Troyes.*

La commotion partit de ce même *parlement*
dévoué aux intérêts du duc de Bourgogne, et si
cruellement outragé par le dauphin, dans son
ordonnance du 14 *septembre* 1418 (portant translation du parlement à *Poitiers*).

Jusque-là le *parlement*, même en reconnois-
sant la régence du prince anglois, sembloit n'obéir
qu'au roi; c'étoit au *nom du roi* que les arrêts
étoient rendus et les actes expédiés; de manière
que l'administration de la justice n'offroit rien
encore qui pût blesser les lois fondamentales.

Mais il en étoit autrement quand il s'agissoit
d'abdiquer le nom du roi de France, pour lui

substituer celui du *roi d'Angleterre*, et de proclamer l'asservissement de la France sous un
joug étranger.

Alors l'honneur national reprit ses droits. Il y
eut un interrègne de vingt jours, durant lesquels les *arrêts* furent expédiés sous une formule
particulière, qui ne faisoit mention ni du roi de
France, ni du roi anglois.

Le régent *Bedfort* (qui gouvernoit pendant la
minorité du roi anglois Henri VI), indigné de
cette incertitude de la part du parlement, la termina par des ordres réitérés, sous lesquels la
répugnance du parlement fut obligée de fléchir.

La même impression s'étoit communiquée à
toutes les classes de la nation ; et, à partir de
cette époque, le *régent anglois*, commençant à
concevoir des inquiétudes sur l'avenir, chercha
à se rassurer par des mesures qui ne servoient
qu'à mieux les révéler.

Dix jours après les obsèques du roi, il convoque, dans la *grand'chambre*, une assemblée
composée des *présidents, conseillers, magistrats*
des autres cours supérieures, de ceux du *Châtelet*, de l'*évêque* de Paris, de l'*université, prévôt*
de Paris, *échevins, avocats*, et autres principaux
bourgeois et notables.

Le *régent* prend séance sur les hauts siéges, à

la place occupée ordinairement par le premier président.

Le chancelier, *Jean Leclerc*, porte la parole par ordre du prince anglois.

Il rappelle, dans un long discours, les circonstances qui avoient précédé le *traité de Troyes*, les articles de ce *traité*, les *serments* dont il avoit été accompagné ; et il termine sa harangue par exiger le renouvellement du *serment*, qui ne laisse plus de doute sur l'exécution de ce traité, ni sur l'assentiment du peuple françois au nouveau gouvernement.

Ensuite le chancelier, tenant un *missel ouvert*, appelle tous les assistants au serment, à commencer par le régent, qui donna l'exemple.

Ce ne fut pas encore assez pour tranquilliser les alarmes du régent.

Il voulut que le même serment fût prêté *individuellement* par tous les habitants de la capitale, même par ceux de la classe la plus obscure.

A cet effet, on usa d'une mesure que nous avons vu souvent se reproduire dans notre *révolution*.

Ce fut de convoquer à l'hôtel-de-ville les divers *quartiers* ou *districts* de Paris, pour en former autant d'assemblées particulières, où chaque assistant, *nominativement* appelé, venoit prêter,

entre les mains du *président,* le serment de fidélité à l'exécution du *traité de Troyes,* et *haine* au
soi-disant dauphin.

La même formalité se répéta dans toutes les
villes qui étoient restées sous la domination angloise ; précaution bien illusoire vis - à - vis un
peuple aussi volage dans ses affections, et qui,
en *haine* comme en *amour,* n'attache aucune
importance à ses serments.

Charles ayant été sacré à Reims en 1429, cette
cérémonie, qui, en elle-même, n'ajoute rien à l'autorité royale, produisit néanmoins une grande
sensation dans l'esprit du peuple, et accéléra la
réduction de plusieurs villes.

Le régent anglois, pour contrebalancer ces
avantages, imagina de faire venir de *Londres* à
Paris le jeune Henri VI, dans l'espoir que la présence du jeune roi, *petit-fils de France,* pourroit
ranimer le zèle des Parisiens. Il annonça au parlement l'arrivée prochaine de ce monarque.

A la suite de plusieurs assemblées au parlement, pour se concerter sur le mode des cérémonies à observer en cette circonstance, il fut
arrêté que le parlement iroit, en *corps de cour,*
au devant du roi jusqu'à la Chapelle Saint-Denis,
les conseillers clercs en *robe de couleur violette,*
et les conseillers laïcs en *robes rouges* et chape-

rons fourrés, tous à *cheval;* et qu'attendu l'absence d'un grand nombre de conseillers, le cortége seroit renforcé par les *avocats* en robes longues et *chaperons fourrés,* également à cheval.

1431.   L'arrivée du roi d'Angleterre, après plusieurs remises, eut enfin lieu le 2 décembre 1431.

Ce jour-là, le cortége partit du palais entre neuf et dix heures, marchant deux à deux, pour aller au devant du roi, qui étoit arrivé la veille à Saint-Denis.

Le *procès-verbal* continue ainsi :

« Et icelui (le roi) rencontrerent entre la Cha-
« pelle Saint-Denis et le molin à vent, accompagné
« de ducs, comtes, barons et grans seigneurs
« d'Angleterre ; et après ce que lui a esté dict par
« la bouche du premier président ce qui avoit
« esté deliberé d'estre dict en reverence et humi-
« lité, et après sa response convenable sur ce
« faicte, retournerent paisiblement, sans presse,
« en l'ordre qu'ils estoient partis, jusques en la-
« dicte chambre de parlement. »

Voilà à quoi se borne le procès-verbal de cette *cérémonie,* à la différence de certains autres, qui, en pareille circonstance, sont d'une grande prolixité, sans faire grace des moindres détails.

Quelle est la raison d'un pareil laconisme? A en croire le *greffier,* c'est parcequ'il manquoit de

parchemin. *De cæteris solemnitatibus primi ad-
ventûs regis, nihil aliud scribitur ob defectum
pergameni.*

Mais quel étrange motif ce greffier donne-t-il
là ? Comment croire qu'à cette époque l'administration de la justice fût tombée dans un tel
délabrement, que le *greffe* n'étoit pas même
assez fourni de *parchemins* pour écrire les *arréts*
ni les *procès-verbaux ?*

Les historiens se sont abusés, en prenant à la
lettre cette déclaration du *greffier* sur la disette
du *parchemin.* Un peu plus de méditation laisse
entrevoir, de la part du greffier, de la répugnance
à s'étendre sur les détails d'une cérémonie qui
étoit douloureuse pour tous bons François. Ce
n'étoit pas le *parchemin* qui manquoit, mais la
bonne volonté.

Le 21 du même mois, le roi d'Angleterre vint
au parlement, en grand cortége, recevoir des
officiers de cette cour, *avocats* et procureurs, le
serment de fidélité, ainsi conçu :

« Vous JUREZ et PROMETTEZ que à nostre souve-
« rain seigneur, Henry, par la grace de Dieu, roi
« de France et d'Angleterre, cy present, vous
« obéyrez diligemment et loyalement, et serez
« ses loyauts officiers et vrais sugiez et de ses
« hoirs perpétuellement, *comme vrai roy de*

« *France*, et que jamais à nul *aultre pour roy de*
« *France ne obéyrez ou favoriserez.*

« Mais si vous sçaviez ou cognoissiez aucune
« chose estre faicte, pourpensée ou machinée qui
« leur puisse porter dommaige ou prejudice, ou
« à leurs adversaires prouffit, aide ou confort en
« faveur, etc. »-

La présence du jeune roi d'Angleterre ne produisit pas sur l'esprit des Parisiens l'effet que le
régent en avoit espéré : inutilement l'offroit-on à
la nation comme l'arrière petit-fils de Charles V,
et le descendant de S. Louis ; l'avantage de cette
illustre origine venoit se briser contre la haine
du gouvernement anglois, dont l'extermination
étoit irrévocablement résolue.

1436.   Le régent, dont la méfiance accroissoit de jour
en jour, ne se guérissoit pas de cette manie d'exiger le renouvellement du serment d'*amour* pour
le gouvernement anglois et de *haine* contre le
dauphin.

A la nouvelle du plus modique avantage obtenu
par l'armée françoise, et aux moindres appa-
rences de sa marche sur Paris, les formalités
recommençoient ; on demandoit à l'*assistance* si
elle n'étoit pas bien résolue à mourir pour la
défense du *traité de Troyes*, avec invitation de
lever la main en signe d'approbation ; et aussitôt

il se faisoit une *levée générale de bras*, de ces mêmes bras qui n'attendoient qu'une occasion propice pour la destruction d'un gouvernement généralement abhorré.

Ce même sentiment qui dominoit dans le *parlement* se laissoit entrevoir par une foule de circonstances qui le rendoient *suspect* au gouvernement anglois.

En effet, il est aisé de comprendre que ce corps, plus familier que tout autre avec les lois, devoit aussi se montrer plus sensible aux outrages qu'elles recevoient.

Dès ce moment, nous ne devons plus considérer le parlement de *Paris* comme l'antagoniste de celui de *Poitiers*; au contraire, il est vrai de dire qu'il n'y avoit qu'*un* parlement divisé en deux fractions, l'une fixée à Paris, et l'autre à Poitiers, toutes deux combattant pour la même cause et les mêmes intérêts, quoique sous deux bannières différentes; séparées par la distance des lieux, mais réunies d'esprit et d'intention; et l'on peut même aller jusqu'à croire qu'il existoit entre elles une correspondance secrète destinée à préparer à Charles VII le chemin de son trône.

Le *régent anglois* avoit bien raison de se méfier des dispositions de la capitale; et lorsqu'il s'en-

1436. vironnoit de *serments* de fidélité pour le *traité de Troyes*, ce traité touchoit à son dernier moment.

Alors même, au sein de Paris, existoit une confédération pour s'arracher à la domination angloise, et se remettre sous les mains du légitime souverain.

Ce projet fut conçu et exécuté avec tant de secret et d'intelligence, que le 13 *avril* 1436 (dix-huit jours seulement après le dernier serment), l'armée du roi, introduite dans Paris par la porte Saint-Jacques, entre sept et huit heures du matin, en prit possession sans trouble et sans tumulte, et avec un tel ordre, que, sur la fin de la journée, toute la ville jouissoit de la plus parfaite tranquillité.

Il n'en faudroit pas d'autre preuve que la transcription paisiblement faite, le même jour, sur les registres du parlement.

« *Du xiij avril.* Ce jour, entre sept et huit « heures du matin, par les *bons bourgeois* et « habitants de cette ville de Paris, fut faicte ou- « verture de la porte Saint-Jacques à monseigneur « Artur de Bretagne, comte de Richemont, « connestable de France ; messire Jean, bastard « d'Orléans ; messire Philippe, seigneur de Ter- « naud ; messire Jean de Villiers, seigneur de

« l'Isle-Adam ; messire Simon Delalain, chevalier,
« et à bien deux mille que chevaliers, escuyers et
« gens de guerre estans en leur compaignie, or-
« donnez par le roy *nostre sire Charles VII, roi*
« *de France, nostre souverain seigneur,* pour
« mestre icelle ville en son obéissance ; et telle-
« ment et si noblement procéderent et se con-
« duisirent lesdicts bons bourgeois et habitants,
« qu'ils reboutterent messire Loys de Luxem-
« bourg, évesque de Thérouenne, chancelier pour
« le roy d'Angleterre, gouvernant cestedicte ville
« à sa singuliere volonté ; le seigneur de Wilhac,
« chevalier anglois, lieutenant des gens de guerre
« estans à Paris ; messire Simon Morhier, cheva-
« lier, occupant la provosté de Paris ; maistre
« Jehan Larchiez, lieutenant criminel d'icelle
« prevosté ; Jehan de Sanctyon, maistre des bou-
« chers de la grande boucherie et grennetier de
« Paris ; Jacques de Raye, espicier, etc.

   « Et tantost après allerent messieurs devant
« nommés et lesdicts bons bourgeois en moult
« grand nombre en l'esglise Nostre Dame de Paris
« rendre graces au doulx Jesus, la benoiste Vierge
« Marie sa mere, et à tous les saincts et sainctes
« de la benoiste court de paradis, de la clemence
« et doulceur que par sa miséricorde il avoit eux
« faicte et montrée en cestedicte ville, et de la

« concorde et union eue entre les seigneurs dessus
« nommés et les bons bourgeois et habitans, qui
« fut telle que par les provisions incontinent arri-
« vées, effusion de sang, prises ne autres incon-
« veniens ne s'ensuivirent, ou moins très peu, que
« toute créature doibt reputer plus œuvre divine
« que humaine. »

Cependant les membres du parlement de *Poitiers* ne voyoient pas sans alarmes le rétablissement du *parlement à Paris*.

Menacés de perdre leur état, pour prix de l'attachement qu'ils avoient montré, depuis dix-huit
ans, à la cause du roi, ils adressèrent, au mois
de juin, de très humbles supplications en divers
articles, sur lesquels ils obtinrent du roi réponse
satisfaisante.

Ce rétablissement fut consommé par des lettres
patentes du mois d'août 1436.

Ce ne fut néanmoins que le 1er décembre 1437
que le parlement fit son ouverture : il avoit été
jusque-là remplacé par une *commission intermédiaire*.

Le barreau se regarnit successivement, et reprit son ancienne activité.

Charles VII ne fit son entrée à Paris que l'année
suivante (11 novembre 1438); il descendit à la

cathédrale, qui avoit été disposée pour recevoir 1446.
son serment. L'évêque de Paris lui présenta un
missel, sur lequel « jura comme roy qu'il tien-
« droit loyalment et bonnement tout ce que bon
« roy faire devoit. »

Les *quatorze* années qui restent à parcourir,
pour compléter ce *demi-siècle*, nous offrent plusieurs réglements utiles pour l'administration du
royaume, de la discipline du clergé et du palais.

Nous ne parlerons que de ceux qui sont de
notre sujet.

Il faut placer à la tête l'ordonnance du 28 octobre 1446.

L'objet de cette *ordonnance* est de réduire en
une seule loi toutes les *ordonnances et réglements*
relatifs à la discipline du palais.

D'abord se présente une disposition toujours
précieuse et chère aux *avocats*; c'est le droit de
remplir, par la *voie de l'élection*, les places vacantes de conseillers au parlement, et des siéges
royaux de son ressort; droit qui datoit de l'origine du parlement, et qui n'avoit été violé que
pendant les troubles et sous la domination angloise.

Le rétablissement de ce droit forme le premier
article, en ces termes :

« *Premièrement.* Pour ce qu'aulcunes desdictes

« ordonnances anciennes font mention d'*eslire*
« officiers conseillers en nostredicte court de par-
« lement ès lieux et sieges d'icelle, quand ils vac-
« queront, *ordonnons* que pour mieulx et plus
« seurement y pourvoir doresnavant, quand il
« viendra à la cognoissance de nostredicte court
« qu'aucun lieu desdicts offices vacquera, *incon-*
« *tinent et de plus brief que faire se pourra,*
« l'ÉLECTION soit faicte, par forme de *scrutin* en
« nostredicte court, par toutes les deux cham-
« bres assemblées, et présent nostre amé et féal
« chancelier, s'il est présent à Paris, et s'il y
« veult et peult estre, d'une, deux ou trois per-
« sonnes que nostredicte court verra *estre plus*
« *idoines et suffisantes à exercer ledict office,* et
« ce faict, nous en advertissent et certifient de
« *ladicte élection,* et lequel des *esleuz* leur sem-
« blera plus propre pour icelui office exercer,
« afin que puissions avoir advis à pourveoir à
« icelui office, ainsi que verrons qu'à faire sera. »

Quoique cet article n'impose pas au parlement
l'obligation de prendre le *remplaçant* parmi les
avocats, cette obligation se trouve implicitement
contenue par l'indication de *trois sujets* que le
parlement reconnoîtra être les plus *idoines et les
plus suffisants* pour exercer cet office.

C'étoit bien là consacrer, en d'autres termes, le droit des *avocats* à cette *élection*, puisque nul autre endroit mieux que le barreau ne pouvoit fournir de sujets *idoines et suffisants;* et quand il en auroit existé ailleurs, le parlement n'étoit pas à portée de les connoître aussi bien qu'il le pouvoit à l'égard des *avocats*, qui journellement exerçoient leur état sous ses yeux.

Aussi voyons-nous qu'à la suite de cette ordonnance, l'*ordre des avocats* fut en possession de remplir les places vacantes.

Toutes les parties de l'*administration judiciaire* sont passées en revue dans cette même ordonnance; et quand le tour des *avocats* est arrivé, ils n'y sont pas plus ménagés que les autres.

Art. 25. « ITEM. Pour ce que les *advocats* de « nostredicte cour en *plaidant* leurs causes sou- « ventes fois sont *trop longs et trop prolixes en* « *préface, réitérations de langages, accumulations* « *de faits et de raisons* sans causes, et aussi en « transcendant souventes fois les mots de *repli-* « *ques et de dupliques,* et de trop s'arrester en « menues fins de petit effect et valeur, VOULONS « et ORDONNONS par nostredicte cour leur estre « enjoinct, sur leur serment, que doresenavant « *ils soient briefz le plus que faire se poura,* et

« qu'en ce ilz se gouvernent selon l'ancienne or-
« donnance de feu nostre bizayeul le roi *Jean* (1) ;
« car s'ilz y font faulte, oultre l'offense de *parjure*
« qu'ilz encourront, sistost que nostredicte cour
« appercevra ladicte faulte, le président ou con-
« seillers d'icelle, sur-le-champ, ou le lendemain,
« délibereront sur ce faict, et *puniront* ceux qu'ils
« trouveront estre trop longs, d'amende arbi-
« traire, selon l'exigence des cas, tellement *que*
« *ce soit exemple à tous.* »

L'article 38 « ENJOINT aux *avocats*, sur leurs
« sermens, que doresenavant ilz soient briefz en
« leurs *contreditz et salvations,* sans réitérer les
« raisons et allégations contenues en leurs escrip-
« tures principales ou plaidoyés, ne poser au-
« cunes frivoles allégations ; car nous VOULONS
« que si nostredicte cour, en jugeant les procès,
« y trouve doresenavant la *prolixité,* telle qu'ilz

---

(1) L'ordonnance dont il s'agit est celle du mois de décembre 1363.

L'article 12 défend aux juges d'entendre l'avocat plus de
deux fois.

Enjoint à l'avocat de s'abstenir de répéter ce qui a été suffisamment expliqué ; d'exposer les faits le plus brièvement qu'il
sera possible, *sous peine de punition.*

« ont accoutumé de faire, elle en *punisse* ceux
« qui le feroient de telle punition que ce soit
« exemple à tous autres. »

C'est par cette ordonnance que je ferai la clôture de cette section, les trois années suivantes
n'offrant rien qui soit relatif à l'histoire de notre
barreau.

CHAPITRE II.

ORDONNANCES, ÉDITS *et* RÉGLEMENTS *rendus sur l'administration de la justice dans l'intervalle de
1400 à 1450.*

Ce chapitre offre à l'esprit quelque chose de
plus intéressant qu'une simple *nomenclature
chronologique.*

L'incohérence, les contradictions, la bizarrerie
de quelques unes de ces ordonnances (surtout
dans l'intervalle de 1406 à 1436), dépeignent
mieux que ne pourroit faire l'histoire la plus
exacte, le déplorable état de la France dans le
cours de ces trente années.

I. ORDONNANCE *de Charles VI, du 3 novembre 1400, portant défense de plaider par procureur avant d'avoir obtenu, en la chancellerie, des lettres de grace à plaidoyer.*

On se rappelle que l'usage des lettres de grace à *plaidoyer par procureur* étoit abandonné, pareeque le parlement, ne le considérant que comme le germe d'un *droit fiscal*, n'y tenoit pas la main.

Mais le gouvernement de Charles, qui étoit aux aguets de tout ce qui pouvoit porter de l'argent au trésor public, voulut remettre en activité cette branche de revenu; et tel est l'objet de cette *ordonnance.*

II. ORDONNANCE *de Charles VI, du 26 avril 1403, portant que la reine, les princes du sang, les prélats, barons et autres sujets, préteront serment de n'obéir qu'à lui seul et aux officiers par lui nommés, et de reconnoître pour roi, après sa mort, son fils aîné.*

Cette *ordonnance* est curieuse sous plusieurs rapports.

1°. Elle manifeste quelque inquiétude sur l'ordre de la succession au trône, quoique les droits du dauphin fussent si évidents, qu'il sembloit inutile de les fortifier par un *serment*.

Cette précaution, qui n'a pas été assez approfondie ni méditée par les historiens, nous annonce qu'à cette époque il y avoit à la cour quelque agitation secrète qui menaçoit l'*hérédité de la couronne ;* et, effectivement, des *mémoires* (conservés dans des bibliothèques particulières) imputent assez ouvertement au duc d'Orléans, frère unique du roi, l'ambition de faire *déposer* le roi, et de transmettre la couronne à la *branche d'Orléans.*

Un autre objet intéressant dans cette ordonnance, c'est la *formule* et le *mode* du serment.

« Comme aussi *de tenir pour leur roi, souverain*
« *et naturel seigneur, après nous, nostre très chier*
« *et très aimé filz le duc de Guyanne, dauphin*
« *Viennois, qui à présent est, ou à nostre aimé*
« *filz qui pour lors sera, et* NON AUTRES. »

A l'égard du *mode* de serment, il est dit qu'il sera prêté « par tous *prélats, comtes, barons,*
« *chevaliers, écuyers, bourgeois des bonnes villes,*
« *et autres gens d'état du royaume,* ès-mains du
« *connétable* et du *chancelier.* »

Cette ordonnance ayant été publiée au parlement et enregistrée, il fut procédé, le 11 *mai*

1403, à la prestation du serment par *appel no-
minal.*

Parmi les noms que le *procès-verbal* de cette
solennelle cérémonie a conservés, on compte
trente-six avocats.

(Ordonn. du Louv., tom. 8, pag. 580.)

III. ORDONNANCE *de Charles VI, du mois d'avril*
   1403, *portant qu'après sa mort son fils aîné*
   sera appelé roi de France, etc.

Cette ordonnance révèle les mêmes craintes
que la précédente; mais elle contient, de plus,
une disposition qui avoit échappé dans la première; c'est celle-ci :

« Et, en outre, s'il advenoit que Dieu ne veuille
« que, par inadvertance, importunité ou autre-
« ment, nous octroissions ou commandissions
« aucunes lettres qui peussent *estre aucunement*
« *dérogatives à cestes, ou faisions aucunes choses*
« *contraires,* nous voulons et décernons dès main-
« tenant, pour lors, *estre nulles et de nul effect,*
« et qu'*ils n'ayent force et vigueur contre cette*
« *présente ordonnance.* »

(Ordonn. du Louv., tom. 8, pag. 583.)

Cette disposition n'annulloit-elle pas d'avance
le *traité de Troyes,* par lequel ce même roi dé-

clara depuis son fils aîné *déchu de son droit héré-ditaire* au trône?

IV. ORDONNANCE *de Charles VI, du 13 novembre 1403, portant établissement d'une commission pour la réduction des procureurs.*
(Ordonn. du Louv., tom. 8, pag. 617.)

Vers la fin du siècle précédent, le nombre des *procureurs* au parlement s'étoit considérablement augmenté, par l'introduction d'une foule de clercs du palais, qui devenoient le scandale de cette corporation, la discréditoient dans l'opinion publique, et décourageoient les gens de mérite.

L'ordonnance dont il s'agit a pour objet d'épurer le palais de ces *intrus,* et de rendre la profession de *procureur* accessible à un grand nombre d'hommes estimables, qui ne s'en éloignoient qu'à cause de la mauvaise compagnie (1).

Nous reviendrons sur cette ordonnance au chapitre V.

---

(1) *Propter inordinatam multitudinem hujusmodi, refugiunt et recusant quamplurimi viri notabiles, variis scientiarum insigniti, industriosi et experti, dare se procuratoris officio, qui tamen aliter ad illud non mediocriter aspirarent totisque viribus anhelarent assumi.*

I.   28

V. EXTRAIT *de l'*ORDONNANCE *de Charles VI, du* **25** *mai* 1413, *sur la discipline du parlement.*

Entre un grand nombre d'articles dont se compose cette ordonnance, il suffira, pour notre objet, d'en extraire *deux* dispositions qui portent directement sur la profession d'*avocat,* mais en sens contraire.

La première de ces deux dispositions (art. 154) a pour objet de maintenir le mode d'*élection aux placès vacantes au parlement, enquêtes et requêtes, tant de l'hôtel que du palais.*

Toutes choses égales, d'ailleurs, entre deux concurrents, dont l'un seulement est *noble,* la préférence est accordée à celui-ci.

Aussitôt la vacance ouverte, le chancelier devoit se concerter avec plusieurs membres du *conseil* du roi, pour élire une commission de *deux ou trois vaillants hommes de la court de parlement, ou autres sages et prud'hommes.*

La fonction de cette *commission* étoit de « s'in-« former diligemment, mais *secretement,* tant à « nos advocats et procureurs de la court de par-« lement, quelle personne sera bonne et idoine « à estre mise et colloquée audict lieu qui lors « vacquera ; et icelle information, faicte due-

« ment, sera rapportée en nostredicte court, en
« la présence de nostredict chancelier et de ceux
« de nostredict grand-conseil. »

Le choix du *candidat* est réglé à la pluralité
des voix, données par scrutin.

« Et ce faict, par *scrutin* duement publié, sera
« pourveu audict lieu à la personne qui, par le
« moyen dudict *scrutin*, sera esleue. »

Le même article prononce l'expulsion et l'interdiction de toute personne qui parviendroit à
obtenir une place vacante par une autre voie que
celle de l'*élection*, ou même qui auroit intrigué
pour l'obtenir.

« Et se il advient que aulcune autre entre ou
« s'efforce d'entrer audict office, par autre ma-
« niere que par la maniere cy-dessus déclarée,
« *nous* voulons qu'il soit *débousté dudict office*,
« comme inhabile à iceluy, et dès maintenant,
« comme pour lors, l'en privons et deboustons,
« et le déclairons à iceluy office estre inha-
« bile, etc. »

(Ordonn. du Louv., tom. 10, pag. 104.)

L'autre disposition de cette ordonnance n'est
pas si favorable aux *avocats;* elle suppose qu'il y
en avoit plusieurs qui, emportés par une basse
cupidité, ne rougissoient pas de s'écarter des

principes de désintéressement et de noblesse qui sont de l'essence de cette profession.

L'article 200 expose ce reproche en ces térmes:

« Pour pourveoir aux complaintes qui faictes
« nous ont été de ce que plusieurs des *advocats* et
« *procureurs* de nostredicte court de parlement,
« et aussi de plusieurs des *advocats* et *procureurs*
« de nostre chastelet, et des autres courts layes
« constituées ès autres sénéchaussées, bailliages
« et prevostez de nostre royaume, sont coustu-
« miers de prendre et exiger de nostre povre
« peuple trop plus grans salaires, profilts et cour-
« toisies qu'ils ne deussent et qu'ils ne desservent
« tant en faicts d'*escritures*, lesquelles ils font trop
« *longues et plus prolixes, sans comparaison, que*
« *nécessité ne fust,* et que les matieres subjectes
« ne requierent, afin de extorquer plus grants
« profits, comme autrement en plusieurs ma-
« nieres qui seroient trop mal gracieuses à reciter,
« nous avons *deffendu* et *deffendons* à tous les
« susdicts *advocats* et *procureurs,* sur les sermens
« qu'ils ont à cause de leurs offices, et sur peine
« d'*amende* et punition exemplaire, que d'ici en
« avant ils ne prennent autre salaire que modéré,
« et ne facent *telle prolixité d'escritures,* mais les
« facent brieves selon les cas et matieres ; et s'il
« est trouvé qu'ils facent le contraire, nous man-

« dons et enjoignons estroictement aux gens de
« nostre parlement présent, et qui tiendront ceux
« d'avenir, au prevost de Paris, et à tous nos sé-
« chaux, baillifs et autres justiciers, et à chascun
« d'eux, si comme à lui appartiendra, que ilz pu-
« nissent et corrigent les dessusdicts rigoureuse-
« ment et *sans déport*, par *restitution* et autrement,
« tellement que ce soit exemple à tous autres. »

(Ordonn. du Louv., tom. 10, pag. 118.)

VI. LETTRES *d'Isabelle de Bavière, reine de France,
du 16 février 1417, portant destitution du parlement, et établissement d'une nouvelle cour de
parlement à Troyes.*

C'est dans ces lettres que le *parlement* orléaniste, est si mal traité, et flétri des imputations les plus ignominieuses : Avecdéfense aux
avocats d'exercer leur ministère devant cette
cour.

Le barreau n'ayant tenu aucun compte de cette
proscription, le parti bourguignon s'en vengea
dans les sanglantes journées des 29 mai, 12 juin
et 20 juillet 1318.

VII. ORDONNANCE *de Charles VI, du 22 juillet 1418, portant nomination des membres du parlement de Paris.*

C'étoit le parlement *Bourguignon*, établi sur la ruine du parlement *Armagnac*.

(Ordonn. du Louv., tom. 10, pag. 459.)

VIII. ORDONNANCE *de Charles dauphin, se disant régent du royaume de France pour l'indisposition (la démence) du roi, du 21 septembre 1418, portant translation du parlement dans la ville de Poitiers.*

(Ordonn. du Louv., tom. 10, pag. 477.)

Cette ordonnance est précieuse pour l'histoire sous plusieurs rapports.

1°. On y trouve un tableau naïf des excès commis dans Paris, à la suite de l'introduction des troupes du duc de Bourgogne, le 29 mai 1418; du danger que courut le dauphin; des *arrestations* nombreuses; du massacre des prisonniers, dans les journées des 12 juin et 20 juillet. (On croit lire les mémoires des journées des 30 et 31 mai, 2 et 3 septembre 1793.)

2°. Parcequ'elle contient l'apologie et les éloges

du parlement *Armagnac*, que la faction de Bourgogne venoit d'exterminer.

3°. Parcequ'on y trouve un débordement d'imprécations flétrissantes contre le nouveau parlement, formé par le duc de Bourgogne pour remplacer le parlement *Armagnac*.

En tout, cette ordonnance est la contre-partie des lettres d'*Isabelle* de Bavière du 16 février 1417.

IX. ORDONNANCE *de Henri V, roi d'Angleterre, se disant roi de France, du mois d'août* 1425, *sur le régime judiciaire.*

(Il y est beaucoup question des *avocats, procureurs* et *notaires.*)

X. ORDONNANCE *de Charles VII, du 22 mai* 1436, *portant suppression du parlement établi à Paris.*
(Ordonn. du Louv., tom. 13.)

XI. ORDONNANCE *de Charles VII, du 25 mai* 1436, *portant établissement d'une commission intermédiaire.*
(*Ibid.*)

XII. LETTRES PATENTES *de Charles VII, du mois d'août* 1436, *portant translation à Paris du parlement séant à Poitiers.*
(Ordonn. du Louv., tom. 13, p. 226.)

XIII. ORDONNANCE *de Charles VII, du*
  *1438 , concernant la discipline du clergé , et
  connue sous le nom de* pragmatique sanction.
    (Ordonn. du Louv., tom. 13.)

La *pragmatique sanction,* publiée, arrêtée par
S. Louis en 1268, avoit éprouvé beaucoup d'altération dans l'intervalle de cent soixante-dix ans.

Charles VII en renouvela les principales dispositions par son ordonnance du   1439,
à laquelle il conserva le même titre de *pragmatique sanction.*

Quoique ce réglement semble appartenir à la
discipline ecclésiastique, il rentre dans le domaine de l'histoire du barreau, par les conséquences qu'il a entraînées.

XIV. ORDONNANCE *de Charles VII, du* 1er *décembre*
    1437, *concernant l'ordre judiciaire.*
  (Ordonn. du Louv., tom. 12.)

XV. ORDONNANCE *de Charles VII, du* 28 *octobre*
  1446, *concernant la discipline du parlement.*
    (Ordonn. du Louv., tom. 13, p. 471.)

FIN DU TOME PREMIER.

TABLE DES MATIERES

DU TOME PREMIER.

LIVRE PREMIER.

LIVRE II.

LIVRE III.

Des avocats et du barreau au quinzième siècle.

FIN DE LA TABLE.

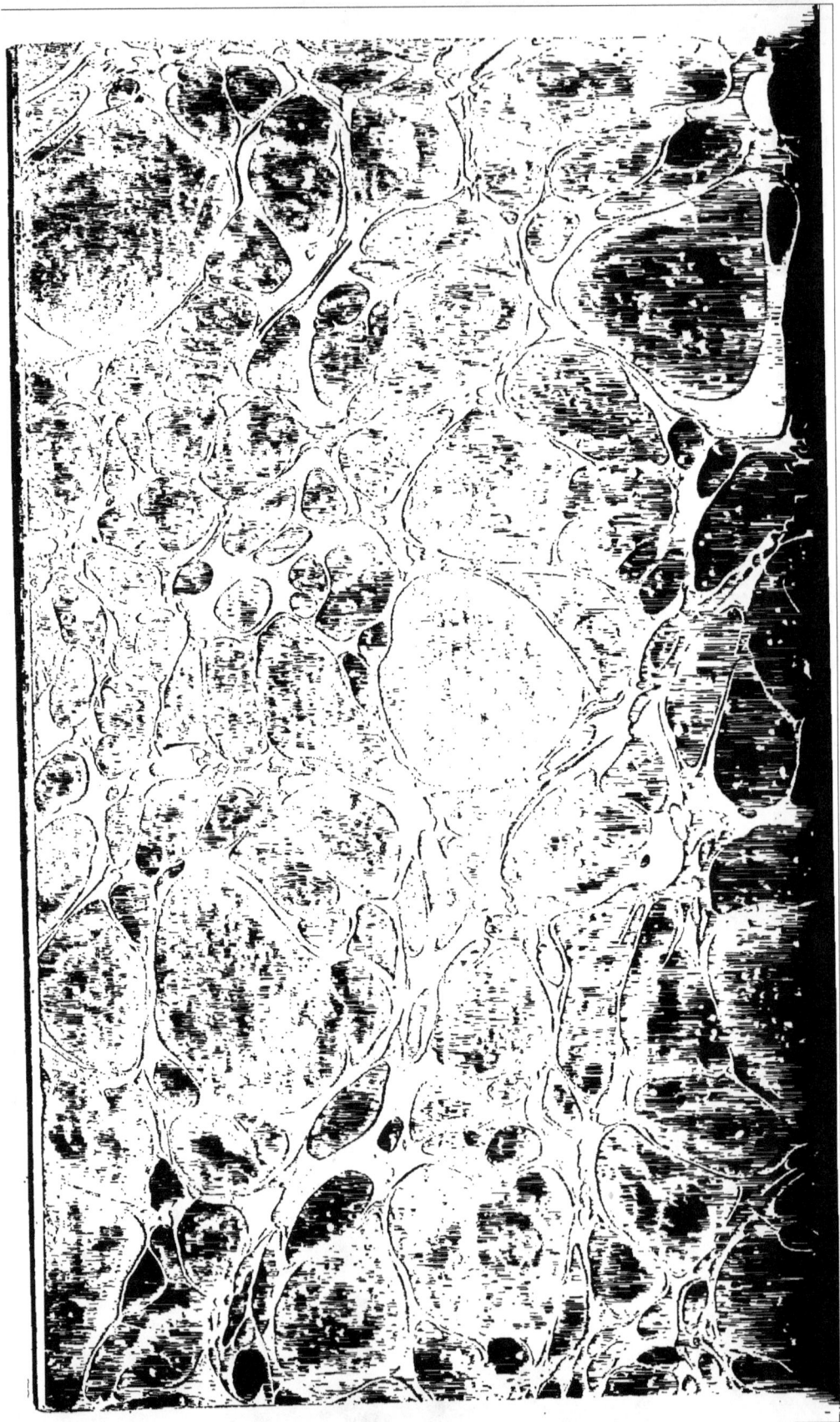

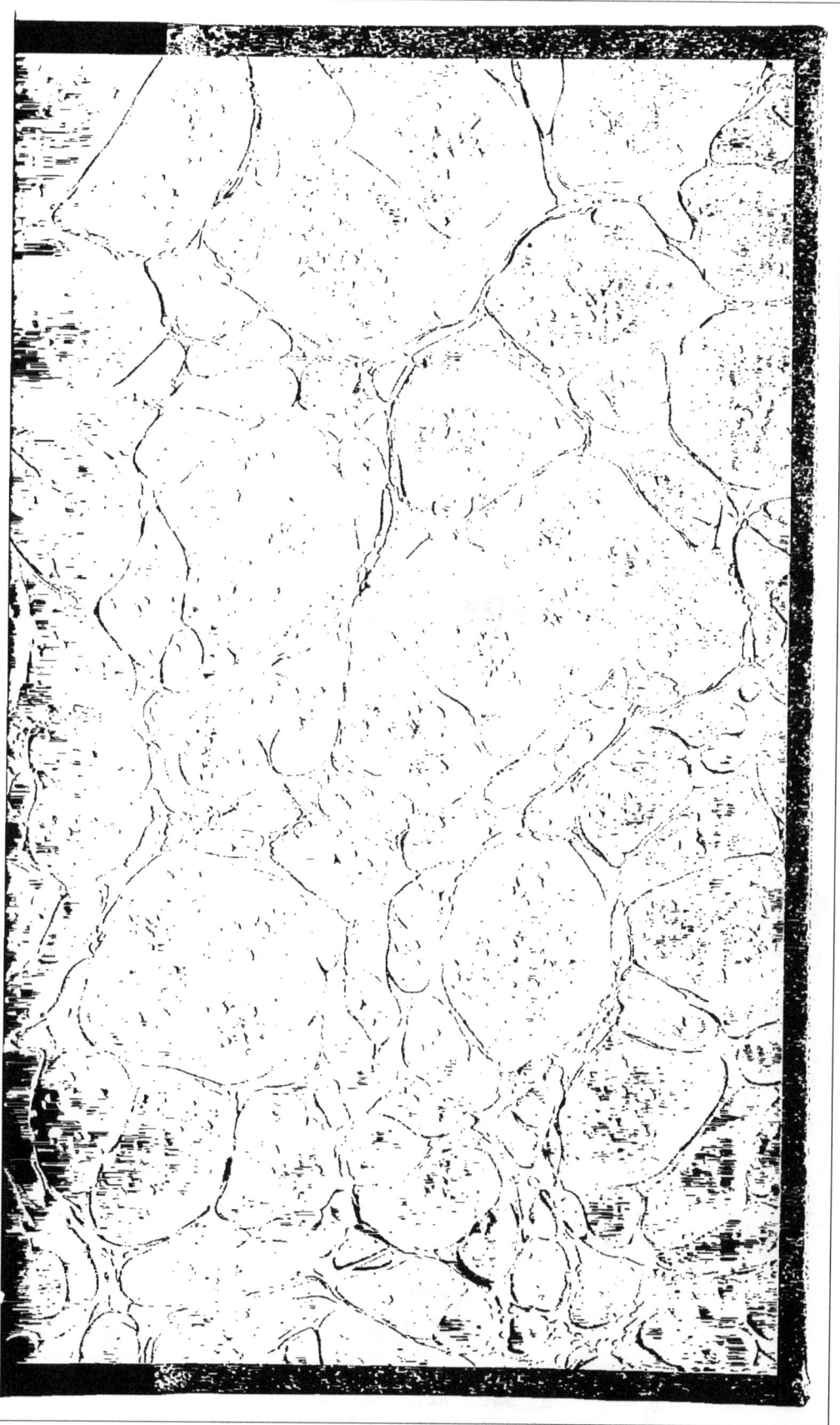

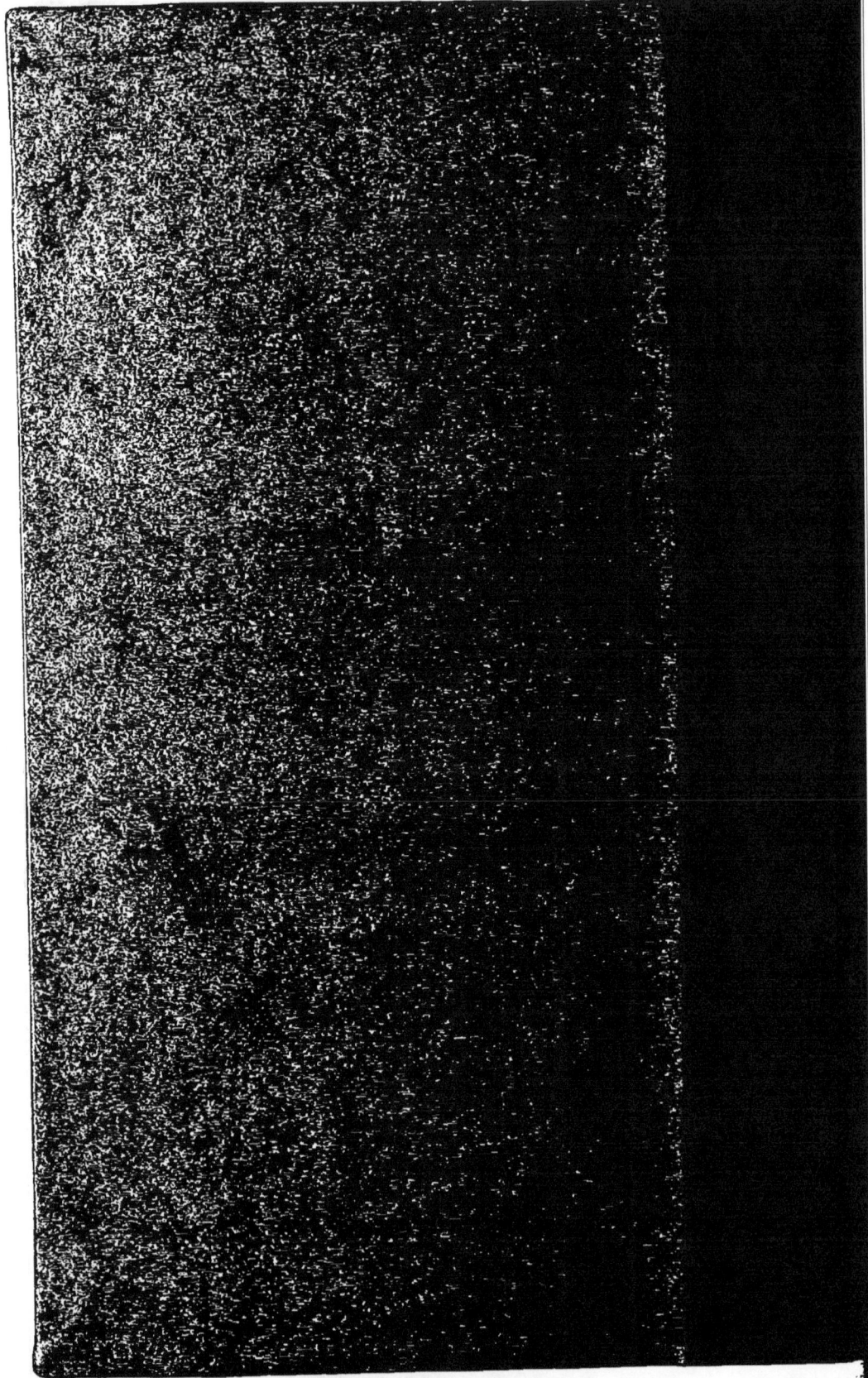